中国历史研究院田澍工作室特别资助

明代河西走廊与丝绸之路研究

A Study of the Hexi Corridor and
the Silk Road During the Ming Dynasty

田澍 著

人民出版社

▌ 田 澍

　　1964年生，甘肃通渭人。中国社会科学院研究生院历史学博士，西北师范大学历史文化学院教授、博士生导师，西北师范大学副校长，甘肃省社科联副主席，中国历史研究院田澍工作室首席专家，全国文化名家暨"四个一批"人才，国家"万人计划"哲学社会科学领军人才，国家社科基金评审组专家，教育部历史学类专业教学指导委员会委员，中国中外关系史学会副会长，中国古代史国家级教学团队带头人，全国高校黄大年式教师团队（简牍学与丝绸之路文明教师团队）负责人，享受国务院政府特殊津贴。曾获教育部霍英东教育基金会高等院校青年教师教学奖、宝钢优秀教师奖、甘肃省先进工作者、甘肃省教学名师。主要从事明清史、丝绸之路与西北边疆史地研究，在《文史》《中国史研究》《政治学研究》《中国边疆史地研究》《光明日报》等报刊上发表学术论文160余篇，出版《嘉靖革新研究》《正德十六年——"大礼议"与嘉隆万改革》《明代内阁政治研究》《从张璁到张居正——明代改革的经验与教训》《史学论文写作教程》等专著、教材十余部。相关成果多次获甘肃省哲学社会科学优秀成果一等奖、教育部高校人文社会科学优秀成果奖以及郭沫若中国历史学奖等。

自 序

自秦汉以来，河西走廊就与中国的国家建构和"大一统"国家的稳定与安全息息相关。如何将河西走廊纳入国家治理体系并予以有效控制，是秦汉以降中国"大一统"国家所面临的一个重大问题。

河西走廊除具有国家建构、"大一统"国家安全稳定、民族交往交流交融等政治功能之外，还扮演着联通中外的重要角色，是古代丝绸之路的核心通道。正因为如此，河西走廊凸显着强烈的世界意义。可以说，伟大的河西走廊造就了辉煌的丝绸之路。河西走廊既是中国的，也是世界的，在早期人类命运共同体的构建中发挥着独特的作用。

长期以来，学界谈及河西走廊与丝绸之路，过于强调汉唐而不及其余，有的甚至认为唐朝以后就没有了丝绸之路，这种十分片面、偏颇的观点严重影响着对丝绸之路整体史的认识。在这样一种学术话语之中，相当一部分学者对14至17世纪明代绿洲丝绸之路漠然视之，一方面无视明朝对河西走廊长期而有效的治理，另一方面轻视明代绿洲丝绸之路的时代特点和重要作用。一谈起明朝的对外交往，大多数人只会讲郑和下西洋的重要意义，而不及陈诚、傅安等一大批出使西域使臣的重要贡献，完全无视明朝的战略重点和战略目标，对明廷全力维护绿洲丝绸之路的种种努力不以为然。自宋元以来，中外海上交往日益频繁，海洋的作用也日趋重要，但这绝不意味着陆路交通变得无关紧要和可有可无。任何轻视陆路交通的观点都是要不得的。

赞颂唐朝丝绸之路的繁盛是必要的，强调或凸显唐代丝绸之路的辉煌也是必须的，但也要清醒地认识到，由于唐朝国家治理能力的严重不足，酿成了导致"大一统"国家四分五裂的"安史之乱"，致使河西走廊和西域在这一混乱中一度脱离中原王朝，使丝绸之路难以正常交往。在蒙元时期，蒙古族大量进入河西走廊，形成了新的民族格局，对此后的中国历史产生了深刻的影响。

明朝占领河西走廊之后，如何治理河西走廊，便是一个十分棘手的问题。面对长期由不同民族控制的河西走廊，明廷不可能简单地照搬汉唐模式进行管理，必须因时制宜，创新管理模式。出于文化的构建、国家治理的需要和现实的需要，明廷打着效法汉代经略河西走廊的旗号而不断地强化对河西走廊的管控。

河西走廊既是一个地理空间，也是一个政治空间，在不同的时代有着不同的区域范围。就明代而言，有狭义和广义两种不同的理解。就狭义而言，是指兰州安宁区沙井驿至酒泉嘉峪关的区域；就广义而言，是指兰州安宁区沙井驿至新疆哈密的广大区域。我个人认为，以广义的视角来认识明代河西走廊更符合当时的实际。明朝从治理河西走廊的实际出发，在河西走廊设置甘肃镇管理该区域，并负责保卫绿洲丝绸之路的安全和维护丝绸之路的畅通。

笔者对河西走廊的关注，始于 1990 年参与《河西开发研究》（1993 年，该书由甘肃教育出版社出版）一书明代部分的写作。该书由吴廷祯先生和我的硕士生导师郭厚安先生共同主编。由于自己此前没有接触明代河西走廊的问题，为了完成写作任务，只能从头开始，在搜集资料中逐渐认识明代的河西走廊。正由此，该书的明代部分比较单薄，与其他学有专长的作者形成了鲜明的对比。但此次写作使我与河西走廊的历史结缘，使河西走廊历史成为自己学术研究的一个主要兴趣点，并由此形成了自己学术研究的特点，即在从事通史重大问题研究的同时，积极思考区域历史的相关问题，同时尽可能地将两者紧密结合起来。我将其比喻为"两条腿走路"，认为只有如此，才能相互观照，得出的结论才不会过于偏颇。

在明代河西走廊的研究中，本人始终坚持以下五个基本维度：一是以发展的眼光认识明代管控河西走廊模式的创新性，并充分肯定明朝的后发优势和管理河西走廊的成效；二是把明代河西走廊与西域形势变化紧密联系起来，并理性看待彼此关系的演变；三是充分肯定明廷通过河西走廊对西域的有效管控和对绿洲丝绸之路的积极维护，高度肯定绿洲丝绸之路在明代"大一统"国家建设中所发挥的重要作用；四是以开放的视角来看待明廷与西域的交往，明确反对用"闭关锁国"的观念来认识明廷与西域的关系；五是把明朝与元朝、清朝的历史结合起来，将三朝看作一个相对独立的历史单元来认识彼此的关系和该时段中国历史的走向。总体而言，在长期研究河西走廊历史时，本人尽可能地将宏观考察与微观探索较好地结合起来，从大历史的视角来审视河西走廊的相关问题。

《明代河西走廊与丝绸之路研究》是笔者二十多年间所发表论文

的部分选集。由于不同时期和不同刊物对论文格式的要求不同，故在选编时做了统一的处理，并对一些错讹做了订正。这项工作十分艰苦，全由 2020 级博士生王猛同学一人在半年多的时间内完成。在此，向王猛同学表示真诚的谢意！

纵观学术研究现状，有关明代河西走廊研究总体水平还不高，成果也不多，直接影响着对河西走廊整体历史的理性认知，也严重制约着对该时期中国历史的客观把握。有鉴于此，自己不揣谫陋，将不成熟的一些看法结集出版，旨在抛砖引玉，以期对河西走廊的研究有所裨益。由于所选论文发表的时间跨度大，不同时期所用的资料也不相同，认识深浅也不同，其中的错误在所难免，敬请读者批评指正！

田　澍

2023 年 7 月 12 日于兰州

目　录

上　编

下　编

上　编

明朝迁都北京与多民族国家治理

明朝迁都北京具有特殊意义，影响巨大。面对全新的民族关系和国家治理格局，明朝顺应自唐朝以来多民族国家深度交融的客观要求，不断探索，最终实现了迁都北京的计划，为中国多民族国家的构建与治理做出了独特的贡献。

对于明朝迁都北京的原因，尽管学者认识的角度不同，但都把抵御元朝残余势力南下骚扰视为主因。如吴晗认为："以北京作为一个政治、军事的中心，就近指挥长城一线的军事防御，抵抗蒙古族的军事进攻，保证国家的统一，从这一点来说，明成祖迁都北京是正确的。"① 张德信认为："在一切权力都集中皇帝手里的时代，把国都建在与外患接近的地方，使皇帝亲临战争的前线，既可以避免鞭长莫及之患，直接与外来的入侵的军事实力相抗争；又能及时掌握变化中的军事情势，做到知彼知己，指挥裕如，以积极进取的精神，

---

① 吴晗：《明史简述》，中华书局 2005 年版，第 57—58 页。

保证了边境的安宁和疆域的开拓。"① 许大龄认为："在当时的情况下，永乐迁都有利于抗击从北边袭来的蒙古人的威胁，又能进一步控制北方地区，对于巩固边防以及维护全国统一都有积极意义。"② 费正清也认为："永乐帝迁都北京，这已经说明明朝政府对抵抗蒙古人的入侵是何等重视了。"③ 从中可以看出，在迁都北京主要是针对元朝残余势力侵扰的问题上，学者的认识是高度一致的。但仅仅以元朝残余势力威胁明朝的视角来认识明朝迁都北京，只是看到了表象，而忽略了唐朝以来的多民族深度交融这一客观事实。只有从多民族国家治理新要求的视角来看明朝迁都北京，才能认清这一举措在适应和构建新时代中国多民族国家中所具有的特殊意义和承前启后的巨大作用。

一、朱元璋的乡土情结与迁都的艰难探索

自夏朝以来，中国共有大小政权 277 个，各类都城 217 处④，其中主要分布在黄河中下游地区的河南、山西、山东一带，如河南安阳、河北涿鹿、山东曲阜等。从西周开始，都城偏向关中地区，陕西、河南交替成为政治中心，主要在长安、洛阳之间移动，而以长安为主。南方偏安政权大都以南京和杭州为都城，而以南京为主。正如明人王鏊所言："自古中原无事，则居河之南；中原多事，则居

---

① 张德信：《明成祖迁都述论》，《江海学刊》1991 年第 3 期。
② 许大龄：《明史》，中国大百科全书出版社 2010 年版，第 34 页。
③ ［美］费正清著，张沛等译：《费正清中国史》，吉林出版集团有限责任公司 2015 年版，第 203 页。
④ 史念海：《中国古都和文化》，中华书局 1998 年版，第 178 页。

江之南。自然之势也。成周以来,河南之都惟长安、洛阳,江南之都惟建康。"① 辽、金、元时期,北京已逐渐显露出作为控制游牧与农耕两大区域的独特优势。

朱元璋建立明朝之后,从定都何地就能看出其要构建一个什么样的国家。不难理解,作为江淮之人,受早年生活和作战区域的影响,朱元璋对家乡的眷恋会使其对南京情有独钟。正如陈梧桐所言:南京既是朱元璋"借以发展势力的基地,又有吴王时代奠定的宫阙,自然首先成为他选作都城的考虑对象"②。同时,朱元璋的"从龙将相都是江淮子弟,道地南方人,不大愿意离开乡土"③。所以,明朝建立之初选择南京建都是十分自然的,符合朱元璋的心态和其追随者的心理预期。特别是在明朝建立之初,元顺帝还在北京,元朝还未被彻底推翻,北方的大部分区域还未平定,只能以南京为临时性的都城。朱元璋即位九个月后,徐达顺利占领元大都。明军进入大都时,"胡君远遁,兵无犯于秋毫,民不移其市肆"④。在攻取大都的前一天,朱元璋刚把开封定为北京,与南京相对,形成了两京制。如明人陈建所言:"我太祖虽因创业,定鼎金陵,然以六朝国祚不永,而历代帝王皆都中原,意欲迁都。及得汴梁,亲往视之,有北京之建。"⑤ 可见,当时朱元璋对大都在"大一统"国家治理中所具有的政治意义认识不清,不可能将其作为明朝的都城。

---

① 《国榷》卷 17,永乐十九年甲辰,中华书局 1958 年版,第 1181 页。

② 陈梧桐:《朱元璋传》,贵州人民出版社 2005 年版,第 234 页。

③ 吴晗:《朱元璋传》,北京联合出版公司 2019 年版,第 124 页。

④ 《明太祖实录》卷 35,洪武元年九月戊寅,台湾"中研院"历史语言研究所校印本,1962 年,第 633 页。(《明实录》版本下同)

⑤ (明)陈建:《皇明通纪》,中华书局 2008 年版,第 131 页。

洪武二年（1369），明军平定陕西之后，出现了在何处定都的争论，主要围绕长安、洛阳、应天、汴梁、北平等地来展开。在讨论中，群臣出发点不同，分歧较大。如有人认为长安"险固金城，天府之国"；有人认为洛阳"天地之中，四方朝贡，道里适均"；有人认为汴梁为"宋之旧京"；有人认为北平为"元之宫室完备，就之可省民力"。朱元璋听后说道："长安、洛阳、汴京，实周、秦、汉、魏、唐、宋所建，但平定之初，民未苏息，朕若建都于彼，供给力役，悉资江南，重劳其民。若就北平，要之宫室不能无更作，亦未易也。今建业长江天堑，龙蟠虎踞，江南形胜之地，真足以立国。临濠则前江后淮，以险可恃，以水可漕，朕欲以为中都，何如？"群臣称善，一致同意。① 由于受乡土情结的极大影响，朱元璋借此机会实现了个人的目的，将自己的"兴王之地"临濠（元时称濠州，洪武七年改为凤阳府）立为中都，"筑新城在临濠府旧城西二十里，于新城内营皇城，皇城内有万岁山，南有四门，曰午门、宣武、东华、西华。建宫殿，立宗庙大社。并置中书省、大都督府、御史台于午门东西。新城门十有二，洪武、朝阳、玄武、涂山、父道、子顺、长春、长秋、南左甲第、北左甲第、前右甲第、后右甲第。于洪武门外立圆丘，于左甲第门外立方丘"②。如此，便形成了南京（应天）、北京（汴梁）和中都（临濠）三都一时并存的奇特情景。

中都的设置，可以说是朱元璋乡土意识的集中反映。在涉及定都北平时，他以冠冕堂皇的爱惜民力而加以拒绝，但要营建毫无政

---

① 《明太祖实录》卷45，洪武二年九月癸卯，第881页。

② （明）黄瑜：《双槐岁钞》卷2《国初三都》，中华书局1999年版，第20页。

治、军事意义的中都，却毫不惜财，从零开始，大手大脚。对于朱元璋因思乡而出现的这一荒唐之举，刘基就予以含蓄的批评："凤阳虽帝乡，然非天子所都之地。虽已置中都，不宜居。"① 直到洪武八年（1375），朱元璋才下令停建中都，公开的理由是劳民伤财，真实的用意在于削弱与自己共同起兵的"淮右集团"对皇权的威胁，但因此体面地中止了无多大意义的中都营建，也算朱元璋能够知错就改，消除了政治隐患，减轻了财政负担。洪武十一年（1378），朱元璋改南京为京师，同时罢除北京，仍称开封府，标志着三都并存的局面结束，朱元璋开始集中力量来解决政治体制的问题，准备废除宰相制度，解决乱政之源，进一步加强皇权。

在强化皇权的同时，朱元璋始终关注着都城的问题。在南京之外，因受传统观念的深刻影响，朱元璋不会选择北平，而是偏向长安。早在洪武三年（1370），御史胡子祺在迁都建议中就没有提及北平。他说："天下胜地可都者四：河东高厚，控制西北，然其地苦寒，士卒不堪；汴梁襟带江淮，然平旷无险可守；洛阳周、汉尝都之，然嵩、邙诸山，非崤、函、终南之固，瀍、涧、伊、洛，非泾、渭、灞、浐之雄。故山河百二，可耸诸侯之望，绵宗社之久，举天下莫关中若也。"② 对此建议，朱元璋表示赞同。可以看出，在北方选择都城时朱元璋君臣依旧在汉唐时代徘徊，将注意力仍集中在河南和陕西一带。正如吴晗所言："京师虽已奠定，但是为了防御蒙古，控制北边，朱元璋还是有迁都西北的雄心。"③ 洪武二十四年

① 《明太祖实录》卷99，洪武八年四月丁巳，第1689页。
② 《国榷》卷4，洪武三年七月乙巳，中华书局1958年版，第423页。
③ 吴晗：《朱元璋传》，北京联合出版公司2019年版，第124页。

（1391），朱元璋派遣太子朱标巡抚陕西，考察迁都西安的可行性。临行前，朱元璋对朱标说："天下山川，惟秦地号为险固，汝往，以省观风俗，慰劳秦父老子弟。"① 朱标视察归来后，一病不起，于次年四月病逝。朱标的去世，无疑是对 64 岁的朱元璋的重大打击，迁都西安的计划"以东宫薨而中止也"②。

尽管朱元璋生前没能完成迁都的夙愿，但他还是能够认识到南京的局限性。他在洪武六年（1373）就说道："朕今新造国家，建邦设都于江左，然去中原颇远，控制良难。"③ 郑晓论道："国朝定鼎金陵，本兴王之地。然江南形势，终不能控制西北。故高皇帝时已有都汴、都关中之意。"④ 然而，对于唐以后中国多民族国家格局的演变和北平战略地位的空前提高，朱元璋君臣的认知还是有限的。徐达进入大都之后，"出于彻底破除胜朝王气传统思维，使大都不能与金陵颉颃"，便立即进行"毁元故宫工程"，要让"先朝都城顿失往日雄风，即便浪费了人力物力，也在所不惜"⑤。也有人认为"元故宫大明宫等的拆除时间范围大体可以假定为是在洪武六年到十四年之间，很大可能是在永乐四年后修建明紫禁城时，元大内宫殿才被彻底拆毁的"⑥。不论如何，洪武君臣在迁都问题上不会将北平作为首选对象来考虑。翰林修撰鲍颖曾对朱元璋说："胡主起自朔北，是以立国在燕。天运已改，不可因也。今南京兴王之地，宫殿已完，

---

① 《明通鉴》卷 10，洪武二十四年八月，中华书局 2009 年版，第 500 页。

② （明）郑晓：《今言》卷 4，中华书局 1984 年版，第 159 页。

③ 《明太祖实录》卷 80，洪武六年三月癸卯，第 1447 页。

④ （明）郑晓：《今言》卷 4，中华书局 1984 年版，第 158 页。

⑤ 李宝臣：《明北京》，北京出版社 2019 年版，第 2 页。

⑥ 单士元：《故宫营造》，中华书局 2015 年版，第 8 页。

不必改图。传曰：'在德不在险也。'"① 此言说明洪武君臣对北平地位的认识远不及忽必烈君臣。当时随从忽必烈的先锋元帅霸突鲁对忽必烈说："幽燕之地，龙蟠虎踞，形势雄伟，南控江淮，北连朔漠。且天子必居中以受四方朝觐。大王果欲经营天下，驻跸之所，非燕不可。"② 与此相反，明初之臣更愿意视南京为"龙蟠虎踞"③、"抚形胜以临四方"④。这一观念在明代是长期存在着的。在明朝灭亡后，黄宗羲还在批评迁都北京之举，认为明朝"上下精神敝于寇至，日以失天下为事，而礼乐政教犹足观乎？江南之民命竭于输挽，大府之金钱靡于河道，皆都燕之为害也"，并明确指出南京是最佳的都城之地，讥讽明朝"舍金陵而勿都，是委仆妾以仓库、匮箧；昔日之都燕，则身守门夫门庭矣。曾谓治天下而智不千金之子若与？"⑤此言足以说明黄宗羲在迁都北京认识上的短浅。

事实上，元朝"大一统"的政治格局就集中表现在北京的政治中心与江南经济中心的有机结合上。正如钱穆所言："元代建都燕京，米粟依然全赖江南，当时遂创始有海运。"⑥ 南北相互依存，相互支持，集中反映着唐末以来中国历史发展的新趋势。只有统摄南北各自的优势，才能稳定统一的多民族国家，才能有效管控农耕与游牧两大区域。否则，就难以为继，政权不稳。叶子奇在明初就看出了这一问题，他说："元京军国之资，久倚海运。及失苏州，江浙

① （明）陈建：《皇明通纪》，中华书局2008年版，第132页。
② 《元史》卷119《霸突鲁传》，中华书局1976年版，第2942页。
③ 《明史》卷129《冯胜传》，中华书局1974年版，第3795页。
④ 《明史》卷136《陶安传》，中华书局1974年版，第3925页。
⑤ 黄宗羲：《黄宗羲全集》（第1册），浙江古籍出版社1985年版，第20—21页。
⑥ 钱穆：《国史大纲》，商务印书馆2010年版，第709页。

运不通。失湖广，江西运不通。元京饥穷，人相食，遂不能师矣。"①
换言之，元朝灭亡的根本原因在于无法协调农耕与游牧两者的关系，
特别是无力管控农耕地区。对此，朱元璋集团在短时期内是不可能
认识到的，故对于他们在迁都问题上的迟疑、摇摆和方向上的偏差，
不应苛求。当时，南京作为朱元璋的根据地和"东南财赋之所辐
辏"，仍有极大的吸引力，要让他们轻易地离开富庶的南京，是相当
困难的一件事。但面对北方巨大的军事压力，特别是如何管控广袤
的游牧区域，处在南京的洪武君臣也深感很有必要将京师向北移动，
并做了一些有益的探索，在一定程度上营造了迁都的氛围，客观上
为朱棣迁都北京奠定了较好的政治基础。正如明人王锜所言：明太
祖"定鼎江南，以资兵食，而都北之志未尝一日忘也。且以燕城为
元旧都，形势可以制虏，因以封我太宗焉。及上登极，即广旧邸为
皇城，频年驻跸。当时群臣不知睿意所向，屡请南还，因出令曰：
'敢有复请者，论以谣言。'河南布政使周文褒等皆遭重创。自此基
命始定，遂成万世之业。虽崤函之固莫能及矣。永乐壬辰之后，大
驾频征沙漠，搜剿遗孽，屡抵巢穴而归。是则都燕之志，太祖实启
之，太宗克成之也。"②

二、迁都北京之始末

从北京的自然状况来讲，对于辽、金、元诸朝而言，具有较大
吸引力，但对于朱元璋君臣来说，则无多大吸引力。来自湖广江陵

---

① （明）叶子奇：《草木子》卷3上，中华书局1959年版，第47页。
② （明）王锜：《寓圃杂记》卷1《建都》，中华书局1984年版，第1页。

的张居正在万历六年（1578）还在说："老母暮龄，暂承上意，迎养京师。然北土苦寒，终非老人所宜。"① 利玛窦也"不觉得北京比南京好，这可能与他已习惯于南京的生活有关。利氏特别留意到北京人'在多灰尘的季节'戴面纱的习俗，'面纱的质料非常精细，可以看见外面，但不透灰尘'"②。不难理解，南方士人在明初对北京的自然环境是不大适应的，加之文化观念上的差别，要让朱元璋君臣在短时期内转变观念，心向北京，并将北京定为京师，是难以做到的。

如果没有朱棣，迁都北京将是不可想象的。而朱棣之所以能够将都城迁到北京，又与朱元璋分封燕王和朱棣发动"靖难之役"息息相关。如果说朱元璋派朱标考察西安是一条明线的话，那么，朱元璋分封燕王则是一条暗线。朱元璋"有心"的长安和"无心"的北京便构成了明朝前期选择都城的两条主线，最后"暗线"取代了"明线"，"无心"压制了"有心"，北京成功取代了长安而成为多民族国家的政治中心。

洪武三年（1370）四月，朱元璋分建亲王，次子朱樉被封为秦王，将西安作为王府；三子朱棡为晋王，封地在太原；四子朱棣为燕王，封地在北平。在这一分封之中，秦王和晋王处于"内线"，相对安全，而燕王处于"外线"，为"国防前线"③，相对危险。在朱元璋眼中，北平是边地，是明朝对抗元朝残余的前沿，非安全之地，

---

① （明）张居正著，张嗣修等编撰：《张太岳集（中）》卷14《答上师相徐存斋之二十六》，中国书店2019年版，第327页。

② 欧阳哲生：《古代北京与西方文明》，北京大学出版社2018年版，第116页。

③ 吴晗：《朱元璋传》，北京联合出版公司2019年版，第124页。

故他根本不可能将都城迁到此地。同时，让诸子中"尤英武"的朱棣来守卫北京①，才能使朱元璋放心。洪武六年（1373），朱元璋对徐达等人说："山西、北平与胡地相接，犬羊之群，变诈百出。仓卒有警，边地即不宁矣，卿等岂能独安乎?"② 朱棣驻守北平，是朱元璋政治布局中的关键一步，确保了明朝的安全与稳定。朱元璋对群臣就此说道："清沙漠者，燕王也，朕无北顾之忧矣。"③ 临终前，由于秦王、晋王皆已离世，燕王便为事实上的长子，故朱元璋对其说："朕之诸子，汝独才智，克堪其任。秦、晋已薨，汝实为长，攘外安内，非汝而谁!"④ 面对制度的约束，朱元璋生前无法将皇位传给"英武宽仁"的朱棣，而是交给了"仁柔"的太孙朱允炆。对此，张居正提出了严厉的批评："高皇帝自失懿文之后，实属意于成祖，而刘三吾等老儒，乃谓置秦、晋二王于何地。不以社稷为重，而牵于长幼之情，此世俗之见也。嗟乎! 建文之时，国本挠弱，强宗并峙，非成祖之雄略，起而振之，天下之势岂不危哉? 此非寻常之人所可语也。"⑤ 但将北平交给朱棣，客观上为明朝迁都北京创造了难得的契机。正如明人焦竑所言："文皇帝殆天之所兴，以长我王国，非偶然也。"⑥ 日本学者檀上宽认为，朱元璋将北平封给了朱棣，"而不是他的两个哥哥，足以表明他对燕王的期望甚高"，朱棣"就藩之时，

---

① （明）郑晓:《今言》卷1，中华书局1984年版，第46页。

② 张德信、毛佩琦主编:《洪武御制全书·宝训补》，黄山书社1995年版，第663页。

③ 《明太祖实录》卷201，洪武二十三年闰四月癸亥，第3010页。

④ 《明太祖实录》卷257，洪武三十一年五月乙亥，第3717页。

⑤ （明）张居正著，张嗣修等编撰:《张太岳集（下）》卷12《杂著之十六》，中国书店2019年版，第308页。

⑥ 《国榷》卷12，建文四年六月乙丑，中华书局1958年版，第846页。

朱元璋允许他直接使用元朝的宫殿开府建藩，其中的隆福寺就成为燕王府……北平既是他的创业之地，也是大明朝的新起点"①。在诸王之中，"被分封于北京的燕王的实力最为强大，其部下有大量投降而来的蒙古骑兵"②。

朱棣既了解蒙古问题，又洞悉北平的战略地位。他明知用武力不可能完全征服蒙古，而只能用防御的方式逐渐柔化蒙古。而北京曾经是元朝的都城，在蒙古人心目中具有特殊的影响。迁都北京，一方面可以彻底打消蒙古人复国的幻想，另一方面可以分化蒙古人，使其不断归顺明朝。郑天挺认为："朱元璋在元末农民战争中就注意解决民族矛盾，他儿子朱棣对这个问题倾注了更多的精力，努力使中国文化远播。他不是单纯为了掠夺财富，因而也不是扩张主义，他为巩固边疆做出了一定的贡献。"③ 美国学者阿瑟·沃尔德隆论道："永乐帝像乃父一样期待元朝蒙古人最终成为明朝中国的一部分。他将首都设在北京，因为那个地点最适宜管理这样的领土。在任何情况下，永乐帝及其继承者宣德帝（1426—1436 年在位）都没有试图将草原排除在外。"④

为了完成朱元璋的未竟之业，朱棣"靖难"的目的在于夺取南京，取代建文皇帝，迁都北平。明人高岱论道："成祖之靖难，与太

① ［日］檀上宽著，王晓峰译：《永乐帝——华夷秩序的完成》，社会科学文献出版社 2015 年版，第 79 页。

② ［日］宫崎市定著，谢辰译：《亚洲史概说》，民主与建设出版社 2017 年版，第 198 页。

③ 郑天挺：《及时学人谈丛》，中华书局 2002 年版，第 16 页。

④ ［美］阿瑟·沃尔德隆著，石云龙、金鑫荣译：《长城：从历史到神话》，江苏教育出版社 2008 年版，第 97 页。

祖创业，其施为次第，固自不同。太祖与群英并起，角力而臣之。一夫未服，不可强而帝也。当时不患元祚不亡，而未知鹿死谁手，故先芟刈群雄，削平海内，而后以混一之势，北逐元君，如摧枯拉朽然。盖所急在四方，而不在元都也。成祖以太祖之嫡子。不得已而兴靖难之师，四方人心，多所观望，惟视金陵成败为向背耳。若复攻城略地，广土众民，必待四方之服，而后徐议根本之计，则稽延岁月，师老时变，非所谓批虚扼吭之兵也。盖其所急，在京师而不在四方，故城有所不攻，地有所不取，长驱入京师，以先图根本。根本既定，四方岂有不服者哉！此二祖用兵，所以有先后之不同也。"① 永乐元年（1403）正月，朱棣仿照朱元璋创立中都之制，做出了将自己的"龙兴之地"北平改为北京的重大决定。从称帝到改北平为北京，只有半年的时间，足以说明朱棣对迁都北平早有谋划。换言之，迁都北京是"靖难之役"的必然结果。

建都北京之决策如此顺利推进，与"靖难"之后明朝政局的显著变化密不可分。朱棣利用皇位更迭的特殊时机，在清洗建文朝势力的同时，迅速宣布营建北京。可以看出，他善抓机遇，快速决断，及时推进，使客观上存在的反对势力在特殊时机难以公开抵制。在成祖的精心策划下，礼部尚书李至刚首先提出了改建之议。他说："自昔帝王或起布衣平定天下，或繇外藩入承大统，而于肇迹之地皆有升崇。切见北平布政司实皇上承运兴之地，宜遵太祖高皇帝中都之制，立为京都。"② 朱棣顺势批准了该建议。需要强调的是，此时

① 《国榷》卷12，建文四年六月乙丑，中华书局1958年版，第842页。
② 《明太宗实录》卷16，永乐元年正月辛卯，第294页。

将北平改称北京，只是模仿朱元璋在临濠营建中都之举，而非定都，但为迁都北京迈出了关键的一步。《明史》为此论道：李至刚"为人敏给，能治繁剧，善傅会。首发建都北平议"①。从此，北京的地位空前提升，迁都计划得以有条不紊地进行，明朝的治理体系将因此而发生重大变化。黄仁宇论道："永乐帝于 1421 年的中国新年宣布迁都北京后，南京实际上变成了中央政府的后方组织，明廷在北京和南京这两个首都都设置了官品相等的部级大臣。"② 事实上，在永乐七年（1409）以后，"成祖多驻北京，以皇太子在南京监国"③。

在改称北京之后，朱棣便对北京展开了多方面的改造升级工作，为迁都做积极准备。如宣布"罢北平布政使司，以所领直隶北京行部；罢北平都指挥使司，以所领直隶北京留守行后军都督府"④、"发流罪以下垦北京田"和"徙直隶苏州等十郡、浙江等省富民实北京"⑤、"徙山西民万户实北京"⑥、"杂犯死罪以下囚，输作北京赎罪"⑦，等等。永乐五年（1407），正式开始建造北京新宫殿。永乐七年（1409），下令在昌平修建长陵。永乐九年（1411），开凿大运河并加强海上运输。成祖从政治、经济、交通、人口等方面全面提升北京的地位与影响，为正式迁都北京奠定了坚实的基础并提供了必要的条件。

---

① 《明史》卷 151《李至刚传》，中华书局 1974 年版，第 4182 页。
② 黄仁宇：《明代的漕运》，九州出版社 2019 年版，第 18 页。
③ 吴晗：《吴晗论明史》，武汉出版社 2013 年版，第 36 页。
④ 《明史》卷 40《地理一》，中华书局 1974 年版，第 883 页。
⑤ 《明史》卷 6《成祖本纪二》，中华书局 1974 年版，第 80 页。
⑥ 《明史》卷 6《成祖本纪二》，中华书局 1974 年版，第 81 页。
⑦ 《明史》卷 7《成祖本纪三》，中华书局 1974 年版，第 97 页。

永乐十四年（1416），是北京迁都史上极为重要的时刻。当年十月，成祖从北京回到南京，拜谒了孝陵，决意迁都。但为了稳妥起见，他认为有必要召集群臣讨论迁都之事，以便进一步消除杂音。胸有成竹的成祖要求工部组织廷议，认为："此大事，须集廷臣议之。"① 毫无悬念，在此次文武群臣参加的廷议中，大家都同意迁都，一致认为：北京是"圣上龙兴之地，北枕居庸，西峙太行，东连山海，南俯中原，沃壤千里，形胜足以控四夷，制天下，诚帝王万世之都也。比年车驾巡狩，四海会同，漕运日广，商贾辐辏，财货充盈，良材巨木，已集京师，天下军民乐于趣事。伏乞上顺天心，下从民望，早敕所司兴工营建，以为子孙万世帝王之业，天下幸甚。"② 从中可以看出，此时人们对明代都城的认识已经发生了重大变化，更加强调它的战略地位和控制天下的作用，即"控四夷，制天下"。当唐末以来的中国历史经过五百多年的民族交融和经济发展，作为大一统王朝，明朝要有效控制天下，整合"华夷世界"，就必须加强对北方民族地区的治理。当时，只有北平具备最佳建都这一条件。而要真正实现迁都，唯有"往来两都，出塞北征"③ 的朱棣才能完成这一历史性的转变。

永乐十八年（1420），北京皇宫正式建成。成祖决定自永乐十九年（1421）正式迁都，改京师为南京，北京为京师，并保留南京六部、国子监等机构，前加"南京"二字。需要指出的是，此时北京的营建工程仍未结束，还在继续修建之中。据帖木儿帝国的使臣于

---

① 《明通鉴》卷16，永乐十四年十一月，中华书局2009年版，第741页。

② （明）陈建：《皇明通纪》卷7，永乐十四年十一月，中华书局2008年版，476页。

③ 《明史》卷145《姚广孝传》，中华书局1974年版，第4081页。

永乐十八年（1420）12月14日所见："北京是一座很雄伟的城市，城池四边各长1法儿珊，共长4法儿珊。在城池周围，由于实际上仍在兴建，有用10万根各长50腕尺的竹竿搭成的架子。"①

永乐十九年（1421）正月，明朝正式迁都，成祖诏告天下："朕荷天地祖宗之佑，继承大宝，统驭万方，祗勤抚绥，夙夜无间。乃者仿成周卜洛之规，建立两京，为子孙帝王永远之业。"② 但新宫殿修成不到四个月，便遭雷击，破坏严重，成祖下诏求言。于是，一些朝臣趁机表达对迁都北京的不满，试图将都城迁回南京。公开反对的理由无外乎工程靡费、劳役繁重、官员中饱私囊、民不聊生，等等。对于借机公开反对迁都的朝臣，成祖予以严惩，毫不宽待。他说："方迁都时，朕与大臣密议数月而后行，非轻举也。"③ 在他看来，利用天灾解除民困则可，反对迁都则不可，这是一条政治底线，不能触碰。在涉及国家治理这一根本问题上，成祖的态度是十分明确的，毫不含糊。

蒙古因素既是明朝迁都北京的真正意图，又是明朝迁都北京所面临的最大问题。这里所谓蒙古因素应至少包含三个方面的内容：一是元朝将近百年的统治，二是残元势力的依然强大，三是北京众多的蒙古人。对于后者，在一些朝臣看来，是北京最严重的隐患，主张还都南京。如翰林院侍讲邹缉认为："昔晋武帝徙胡人于河南内地，群臣皆谏以为不可，恐遗他日之患。武帝不听，其后卒致五胡

① ［波斯］火者·盖耶速丁著，何高济译：《沙哈鲁遣使中国记》，商务印书馆2017年版，第347页。

② 《明太宗实录》卷233，永乐十九年正月戊寅，第2250页。

③ 《明通鉴》卷17，永乐十九年四月，中华书局2009年版，第763页。

之乱。今乃许令鞑靼胡人入中国，以鞍马、弓矢、居室、牛羊、衣服、盛具、供帐以待之。此等皆窥觇中国奸细之人，尤其所不可者。"① 从中不难看出，其见识仍停留在一千多年前的魏晋时期，对日益变化的民族交融新格局视而不见，认识不清。与此相关，便是对北京曾为少数民族政权的都城的忌讳，认为北京为"金、元故都，非中原之都"，"金祚仅百年，元祚不盈百年。"② 对于此类论调，成祖予以反驳，不为所动。由于成祖意志坚定，终永乐之世，反对者不可能撼动北京的京师地位。从此可以看出，永乐时期明代的国家治理思想发生了重大变化，而迁都就是这一变化的集中表现。英国学者柯律格论道："1368年，明朝立国之初，经过仔细的讨论和筛选，帝国的中心选定在扬子江下游一座如今被称为南京的城市，因为新的王朝拒绝了北方那座让人产生不悦联想的蒙古人首都。然而在永乐年间，这个决策又被反转过来，从1420年起直至明朝灭亡，人们对于首都再无争论，皇帝的宝座一直位于今天被称为北京的地方。"③

不可否认，与富庶的南京相比，当时明代北京各方面的条件相对较差。如在迁都150多年后，北京贡院依旧狭窄和破旧。张居正就此说道：成祖未改京师前，"试院规制虽颇湫隘，亦仅能容。及燕鼎既定，人文渐开，两畿诸省，解额岁增，士就试南宫至四千有奇。而贡院偪隘如故，又杂居民舍间。余为诸生，就试南宫。即官词林，

---

① （明）邹缉：《奉天殿灾疏》，（明）陈子龙等辑：《明经世文编》卷4，中华书局1962年版，第165页。

② （明）孙承泽：《春明梦余录》卷1《建置》，北京出版社2018年版，第8页。

③ ［英］柯律格著，黄小峰译：《大明：明代的视觉文化与物质文化》，生活·读书·新知三联书店2019年版，第42页。

典试文武士，数游其中，恒苦之"①。利玛窦在比较两京之后也认为：北京"城市的规模、房屋的规模、公共建筑的结构以及防御都远不如南京，但人口、军队、政府官员的数目则超过南京"②。北京的营建是一个长期的过程，需要量力而行，故在相当长的时期内北京的城市建设落伍于南京，这就要求明朝官员认清使命，面对现实，确保北京的稳定和国家的安全，而不能以种种理由打退堂鼓，试图回到南京享受一时的安乐。

成祖去世后，其子仁宗即位。他长期在南京监国，留恋南京，面对残破的北京皇宫，决意复都南京，并将北京六部印信收回，仍称"行在"。其子宣宗即位后，北京仍为"行在"。可以说，仁、宣二帝在对待北京作为京师的问题上缺乏远大的战略眼光和政治定力。英宗即位后不久，出现了转机。正统六年（1441），浙江宁波府知府郑恪认为："自太宗鼎定北京以来，四圣相承，正南面而朝万方四十年于兹矣，而诸司文移印章乃尚仍行在之称，名实未当，请正名京师，其南京诸司宜改曰南京某府某部，于理为得。"③英宗采纳此议，正式废除了"行在"之称，南京各衙门前加"南京"二字，正式确立北京为明朝京师，并进行大规模的营建活动。"北京之为京师，不复称行在也，盖自正统辛酉始也。"④英宗"定都北京"意义重大，应予高度肯定。正德年间中亚使臣认为北京就是英宗营建的，说道：

---

① （明）张居正著，张嗣修等编撰：《张太岳集（下）》卷3《京师重建贡院记》，中国书店2019年版，第133页。

② ［意］利玛窦、［比］金尼阁著，何高济等译：《利玛窦中国札记》，中华书局1983年版，第329页。

③ 《明英宗实录》卷82，正统六年八月丁丑，第1642页。

④ （明）郑晓：《今言》卷4，中华书局1984年版，第140页。

自正统以来，"在建造北京城之后，皇帝及其宫廷才离弃了南京而前往北京。其原因是他们的敌人（卡尔梅克人）居住在北方，大明占据北京之后就可以同时保护蒙古人入侵的必经之路了。自从明朝的宫廷和政府设立于北京之后，蒙古人（卡尔梅克人、瓦剌人）再也无法入侵中原了，明朝政府组织得非常好，以致于使这样的入侵变得不可能了。"① 王天有论道："明朝把政治中心移往顺天府北京是从明成祖朱棣开始的，经永乐、洪熙、宣德、正统四朝才成定制。"②

通过辽朝的上京、金朝的北京、元朝的大都、明朝的布政司和燕王府，再到京师，北京才最终成为中国多民族国家的真正首都。成祖迁都北京，绝不是简单的京师移动，而是明前期政治观念变革和主动顺应中国历史发展的具体体现。谈迁论道："文皇帝都燕，虽袭元旧，而元不足以当之。彼斡难之胡雏，以应昌为上都，直雁集耳。自我明拱极，其势始壮。郏鄏之鼎早定，诸臣不脱挽辂而先之，犹呶呶恋旧，洵难与虑始也。"③ 尽管明朝的经济中心在江南，但面对新形势的要求，必须将政治中心迁往能够统摄农耕和游牧两大区域的北京。而将京师从朱元璋的崛起之地迁到朱棣的兴起之域，"去虏之近，制虏之便，莫有如今日者也"④，使北京由"燕王戍边"的小局面变为"天子戍边"的大格局，这是明朝前期政治的重大转折，也是 15 世纪初叶中国历史的重大变化。朱棣出色地解决了朱元璋的

---

① ［法］阿里·玛扎海里著，耿昇译：《丝绸之路——中国—波斯文化交流史》，中华书局 1993 年版，第 252 页。

② 王天有：《王天有史学论集》，北京大学出版社 2018 年版，第 329 页。

③ 《国榷》卷 17，永乐十九年四月甲辰，中华书局 1958 年版，第 1182 页。

④ （明）朱健：《古今治平略》卷 24《古今都会》，上海古籍出版社 2002 年版，第 198 页。

难题，也解决中国多民族交融新格局时代的定都难题，改变了中国传统的政治生态，使"大一统"中国从此步入了一个全新的时代。明人王锜论道：自成祖登基之后，"即广旧邸为皇城，频年驻跸。当时群臣不知睿意所向，屡请南还，因出令曰：'敢有复请者，论以妖言。'于是，河南布政使周文褒等皆遭重罚。自此基命始定，遂成万世之业。"①

需要指出的是，南京由京师降为陪都，绝非历史上陪都的简单再现，而是多民族国家新形态下的陪都新模式。面对经济重心的南移和明孝陵的存在，南京保留六部，是明朝的一大创新，正如明人顾起元所言："龟鼎虽奠于北，神居终表于南。且水殿之舟楫犹供，陪京之省寺不改，所以维万世之安，意固远也。岂前代旧邦可得而并论哉！"②

三、迁都北京与国家治理

明朝迁都北京，一方面顺应了长期以来中国多民族交融的客观要求，另一方面推动了中国多民族国家走向新的发展阶段，影响深远。正如万历时兵部左侍郎杨兆所言："国家定鼎幽燕，北控大漠，盖枕夷夏之交，示弹压之势，居重驭轻，为远猷矣！"③

明朝迁都北京，表明成祖能够积极应对元朝残余势力的威胁，并对其形成持久的强大压力，消除其对明朝的觊觎之心，标志着中

---

① （明）王锜：《寓圃杂记》卷1《建都》，中华书局1984年版，第1页。
② （明）顾起元：《客座赘语》卷2《两都》，中华书局1987年版，第36页。
③ （明）刘效祖撰，彭勇等校注：《四镇三关志校注·序一》，中州古籍出版社2018年版，第1页。

国历史迈向新的时代，意味着国家治理模式的重大变革。将京师迁到当时边防最危险的地方，表明明朝君臣意识到了北京在整合国家各方力量中所具有的独特作用，同时也表明明代君臣意识到了自己所担负的历史责任。隆庆二年（1568），穆宗到天寿山考察时对辅臣说：“朕躬诣祖考陵寝，始知边镇去京切近如此。”① 这种情形足以说明明朝君臣的历史担当。史念海论道：“成祖初为燕王，久居北方，对于当前和以后来自北方的威胁，应是深知的……他把皇陵建在北京之北，燕山之下。这就可以昭告他的后世，在任何情形之下，祖宗的坟茔都不可以失去。”② 尽管在迁都过程中必然存在着反对声音，也有暂时的退缩，但迁都的脚步最终还是向前迈进，定都北京成为不可逆转之势。如果明朝的京师不在北京，随着残元势力的增长，明朝将遭遇极大的危机和难以估量的损失。吴晗就此论道：“假如成祖当时不迁都北京，自以身当敌冲，也许在前两次蒙古人入犯时，黄河以北已不可守，宋人南渡之祸，又要重演一次了。”③

成祖在位 22 年，事功卓著。迁都北京、派郑和下西洋、命陈诚出使西域、创设哈密卫、设置奴儿干都司、设立贵州布政司、出兵安南、五征塞外、新设内阁、纂集《永乐大典》，等等，形同开创，故在一百多年后嘉靖皇帝将其庙号从“太宗”改为“成祖”，充分肯定了朱棣在明代创制立法方面的独特贡献。其中成祖迁都北京之举“肯定是明代进行的最复杂和意义最为深远的帝国计划”④，意义非凡。

---

① （明）余继登：《典故纪闻》卷 18，中华书局 1981 年版，第 326 页。

② 史念海：《中国古都和文化》，中华书局 1998 年版，第 227 页。

③ 吴晗：《吴晗论明史》，武汉出版社 2013 年版，第 37 页。

④ ［英］牟复礼、［美］崔瑞德编，张书生等译：《剑桥中国明代史》，中国社会科学出版社 1992 年版，第 264 页。

（一）"天子戍边"的非凡决心与认知

成祖"定都北京的决定可以视为解决了他父亲的困境"，北京"既可充当对付北方入侵中国的堡垒，又可以作为支持皇帝在北方执行扩张政策的一切活动的中心"①。称帝后，他身先士卒，多次征讨元朝残余，最后死在征伐途中。在成祖看来，抵抗元朝残余势力将是一个漫长的历史阶段，不可能在短时期内用武力将其彻底剿灭，所以北部边防始终是明朝的战略重点和持久的防御地带。将明朝的政治中心迁至北平，与军事重心统一起来，既能有效地控制中原农耕地区，又能积极应对来自北方草原的军事威胁。换言之，北京必须担负起统摄农耕和草原的政治功能，在元朝的基础上强化对华夷秩序的整合能力，特别是加强对华北和广大北方地区的有效控制。费正清论道："北京远离中国人口和生产的中心地区，易受游牧民族的侵害，而且严重依赖长江下游地区的产粮，但它却成为中国好几个政权的首都，实在是太令人惊奇了。这绝不能是巧合，原因之一就是中国的首都必须同时也是亚洲腹地非汉族地区的首都。'蛮夷'们始终是中华帝国军事和政治的有机组成，结果中国的首都自然就要向边境移动了。"② 震惊天下的"土木之变"并没有丝毫改变明朝君臣坚守北京的信心，而是以更加坚定的意志固守北京，不断加强北部边防和完善北京城防。即使是遇到了空前的危险，明代君臣也

---

① ［英］牟复礼、［美］崔瑞德编，张书生等译：《剑桥中国明代史》，中国社会科学出版社 1992 年版，第 263—264 页。

② ［美］费正清著，张沛等译：《费正清中国史》，吉林出版集团有限责任公司 2015 年版，第 202—203 页。

决不会放弃北京。《剑桥中国明代史》认为：土木之变发生后，"明朝廷没有被赶出它的新首都，并且表现出了它要保持它在华北的地位与决心。从其他更早发生的事件看，这种反应就显得更加坚定和果敢……有大量的证据证明，甚至在发生这些主要事件的京城，官僚体制依然稳定，文武官员决心要进行必要的改革。各省本身几乎没有卷入这些事件。明朝在15世纪余下的时期中相对稳定，在很大程度上是由于土木事件的震动和北京的新领导为了应付危机而采取了大胆和有效的措施"①。明代北京城"经历了几次战争的考验，在军民共同配合下，凭借坚固的城池，曾获得过辉煌战果"②。

长期以来，相当一部分学者认为明朝对残元势力的持久防御是被动的，主张不切合实际的进攻，幻想在短时期内彻底征服逃往大漠深处的元朝残余，一味地指责明朝的"内敛性"。事实上，面对新的情势，明朝将京师迁往北京，恰恰说明明朝"天子戍边"的进取精神和务实态度。经过洪武、永乐时期的征伐，明朝君臣清楚地意识到，对付残元势力的侵扰将是一个长期而又艰巨的任务，绝不是一朝一夕所能解决的问题。永乐之后，尽管明朝对元朝残余由进攻逐渐转向防御，但成祖的子孙对定都北京的基本国策还是坚守了下来，这是需要充分肯定的。

（二）明朝迁都北京与继承元朝天下的正统

对于元朝广袤的疆域，作为视元朝为"正统"的明朝自然会竭

---

① ［英］牟复礼、［美］崔瑞德编，张书生等译：《剑桥中国明代史》，中国社会科学出版社1992年版，第364页。

② 中国军事史编写组：《中国历代军事工程》，解放军出版社2005年版，第299页。

力继承，自朱元璋以来的迁都探索，就充分说明了这一点。法国学者勒内·格鲁塞认为："朱元璋真正的继承人是第三个皇帝，他的四子，在位时的年号为'永乐'（1403—1424 年），因此我们应当称其为'永乐帝'。这位好战的君主，对自己的角色有着一种扩张的设想。忽必烈曾着手为蒙古人建立一个中华帝国，而如今的永乐皇帝，却努力想为汉人赢得忽必烈后人的蒙古遗产。大汗忽必烈由黄河向北部湾推进，得到了整个中原的臣服，成为一个名副其实的天子。明朝第三位皇帝则希望征服蒙古，并扮演大可汗的角色。"又言："无论从地理位置还是历史意义上来说，北京都是一个汉人与鞑靼人妥协的产物；在那里，汉人依旧是在本土，鞑靼人也没有远离自己的自然环境。通过将其都城从南京移到蒙古的大门口，迁到昔日忽必烈的京城，也就是对这位大可汗后人的遗产提出了拥有权。"①将都城迁到北京，表明汉族统治者正式认可了北京作为"大一统"中国的政治中心，放弃了"对汉族单一民族国家的追求"，不得不"继承了元朝的规模，成为一个巨大的外向征服型的王朝。只不过王朝的支配者发生了变化，汉人取代蒙古人登上了历史舞台"②。这是自唐末以来多民族交融最大政治成果的集中表现。对此后人给予极高的评价。如言："燕蓟内跨中原，外控朔漠，真天下都会"；自古建都之地"上得天时，下得地势，中得人心，未有如此者也"；自古以来"建都之地，皆莫过于冀都"③。正由于此，清朝所修《明史》对

---

① ［法］勒内·格鲁塞著，张勇译：《中华帝国史——从上古部落到大清王朝》，新华出版社 2016 年版，第 256 页。

② ［日］宫崎市定著，谢辰译：《亚洲史概说》，民主与建设出版社 2017 年版，第 198—199 页。

③ （明）孙承泽：《春明梦余录》卷 2《建置形势》，北京出版社 2018 年版，第 15 页。

朱元璋和朱棣父子予以极高的赞誉。如对朱元璋的评价是："武定祸乱，文致太平"，"崛起布衣，奄奠海宇，西汉以后所未有也"。① 对朱棣的评价是："知人善任，表里洞达，雄武之略，同符高祖。六师屡出，漠北尘清。至其季年，威德遐被，四方宾服，受朝命而入贡者殆三十国。幅员之广，远迈汉唐。"② 如果说朱元璋即位后承认元朝正统地位的话，那么朱棣则将元朝多民族国家的政治文化通过迁都北京融入明代政治文化之中，集中诠释了"明承元制"的真正含义。

（三）明朝多民族国家治理模式的确立

随着唐朝的衰亡，中国"大一统"国家治理中长安模式也走向末路。经过辽、金、元的不断实践，北京的京师地位得以逐渐凸显，以无可比拟的优势超越其他故都。尽管成祖迁都北京是洪武政治的延续，但他毅然决然地选择北京，远超朱元璋君臣的见识。檀上宽认为："洪武时期，朱元璋即便想要迁都，但由于诸多原因，那也是不可能实现的……明朝定都南京、重心南移之后，对北方的控制力度随之减弱，客观条件不允许对蒙古继续采取攻势政策。"③ 又说："与朱元璋心目中完美的政治体制相比，南京京师体制是朱元璋在建立统一王朝的各种尝试中，在明初历史条件下不得已采取的次善之

---

① 《明史》卷 3《太祖本纪三》，中华书局 1974 年版，第 56 页。
② 《明史》卷 7《成祖本纪三》，中华书局 1974 年版，第 105 页。
③ ［日］檀上宽著，王晓峰译：《永乐帝——华夷秩序的完成》，社会科学文献出版社 2015 年版，第 241 页。

策。归根到底，南京京师体制只是暂时的过渡性体制。"① 迁都北京之后，"中国仍然是中国，但北京却必定永远作为天子之都存在"②。

当然，迁都对南京的影响也是巨大的。利玛窦说道："由于皇帝不在那里，南京已逐渐衰微，像是一个没有精神的躯壳，而北京则由于有皇帝在而变得越来越有吸引力。"③ 永乐十九年（1421），"虽然在形式上依旧保持着'两京体制'，但北京与南京的地位已经完全逆转，名副其实的北京京师体制的时代到来了"④。黄仁宇也说道："自从永乐皇帝迁都北京以后，这个名义上称为陪都的南京，除了正德皇帝一度在此驻跸以外，从来没有举行过全国性的大典。这里的各种中央机构，实际上等于官员俱乐部。他们的官俸微薄，公务又十分清闲，于是就殚思竭虑地设法增加额外收入。"⑤ 北京在政治上的崛起和南京的衰落，标志着明朝国家政权的最后定型，同时也标志着15世纪的中国进入了新的历史时期。檀上宽论道："对于永乐帝而言，迁都北方还有他个人的因素，即他所背负的超越忽必烈的宿命。他所承担的使命并不是单纯的对北方边患的消极防御，而恰

---

① ［日］檀上宽著，王晓峰译：《永乐帝——华夷秩序的完成》，社会科学文献出版社2015年版，第242页。

② ［日］檀上宽著，王晓峰译：《永乐帝——华夷秩序的完成》，社会科学文献出版社2015年版，第243页。

③ ［意］利玛窦、［比］金尼阁著，何高济等译：《利玛窦中国札记》，中华书局1983年版，第329页。

④ ［日］檀上宽著，王晓峰译：《永乐帝——华夷秩序的完成》，社会科学文献出版社2015年版，第240页。

⑤ 黄仁宇：《万历十五年》，中华书局1982年版，第158页。

恰是积极完成中华与夷狄的统合。"① 这一认识是有见地的。

元朝建立后，如何有效管控"大一统"的中国，将是一个漫长而艰难的历史探索过程。元、明、清三朝先后接力，在不同时代分别做出各自的贡献。如果说朱元璋即位后明确承认了元朝统治中国的合法性的话，那么，朱棣迁都北京则意味着明朝直接继承了元朝的政治遗产。这两件事是一个统一体，前者是后者的基础，后者是前者的升华。迁都北京之后，明朝面对的将是一个漫长的政治吸附过程，以极大的耐心对不甘失败的残元势力逐渐进行融化。对于明廷与长城以北蒙古诸部的关系，必须要看到相互交往和相互依存是主流，对双方短时期内的一些冲突不必过于放大。换言之，明朝迁都北京，旨在完成元朝未能完成的任务，即在稳定长城以南农耕区域的同时，进一步探索对游牧区域的有效管控办法，标志着明朝多民族国家进入一个全新的时期。日本学者新宫学认为：忽必烈结束了"第二次南北朝"的分裂局面，"但是，在元朝统治的90多年间，社会的底层还存在着分裂时代的残余。其明显的表现是南北实行不同的税法，元朝在华北的'汉地'实行粮税、科差之法，在江南实行两税法。因此，结束了蒙古统治的明朝，重新继承了被分裂的南北社会统一的课题。"② 日本学者杉山正明论道："明朝和之后的清朝这两大帝国，无论如何也是建立在蒙古时期庞大的'中华'基础上的。明清帝国不仅幅员辽阔，在多民族共生这一点上，更是大大地

---

① ［日］檀上宽著，王晓峰译：《永乐帝——华夷秩序的完成》，社会科学文献出版社2015年版，第236页。

② ［日］新宫学：《北京迁都研究——"近世"中国的首都迁移》，《文集》编委会：《顾诚先生纪念暨明清史研究文集》，中州古籍出版社2005年版，第107页。

沿袭了元朝时的情况。"①

在着力治理长城以南农耕区域的同时，明朝对西南边地、西藏、西域和东北地区亦根据实际情形而积极探索有效的治理模式，进一步强化了控制力度。如在西南地区推行土司制度的同时，又适时进行"改土归流"，不断强化管理，并于永乐年间设置贵州布政司；通过朝贡贸易、茶马互市和僧官制度等措施强化了对西藏的进一步管控；对于部族众多的西域，通过羁縻卫所、朝贡贸易和部族安置等方式进行管理，以确保肃州卫的安全和河西走廊的长期稳定；对于东北地区，通过先后设置辽东都指挥司使、奴儿干都司进行有效管理，并通过朝贡贸易强化了联系。对于元朝残余势力，明朝通过分化瓦解的手段分而治之，特别是通过封王、朝贡贸易和互市等手段强化联系，使其在经济上一直依附于明朝，与明朝的和平交往始终是主流。《明史》的编纂者就此论道："明太祖奋起淮右，首定金陵，西克湖、湘，东兼吴、会。然后遣将北伐，并山东，收河南，进取幽、燕，分军四出，芟除秦、晋，迄于岭表。最后削平巴、蜀，收复滇南。禹迹所奄，尽入版图，近古以来，所未有也。"② 顾祖禹亦言："太祖有天下，高丽、安南、占城、日本、西域海外诸蛮夷悉来朝贡，声教所被，尽禹迹而止。"③

特别需要指出的是，迁都北京，使明朝"整个的中央，几乎全

① ［日］杉山正明著，孙越译：《蒙古帝国的兴亡》，社会科学文献出版社2015年版，第197页。

② 《明史》卷40《地理志一》，中华书局1974年版，第881页。

③ （清）顾祖禹撰，贺次君、施和金点校：《读史方舆纪要》卷9《历代州域形势九》，中华书局2005年版，第377页。

仰给于南方"①，客观上要求生产力发展水平较高的江南发挥辐射全国的作用，在新时期的"大一统"国家建设中担当经济引擎的角色。梁方仲认为："迁都还有更重要的影响，这就是由于沟通南北的运河畅通以后，全国的经济生活得到了比以前更密切的联系。同时在明初社会经济普遍高涨的基础上，商品经济得到进一步发展。这些首先表现在沿运河由南至北的一些城市繁荣起来了。"② 作为陪都，南京在明朝发挥着独特的功用，使江南经济对多民族国家的统一与发展持久发力，做出了积极的贡献。当然，迁都之后，由于北方长城一线的安全与稳定，使江南经济得以持续发展。换言之，政治中心与经济中心的相互作用，是明代"大一统"国家政治形态的根本表现，并由此奠定了明清时代中国的基本政治格局。

四、余　论

从成祖改北平为北京，再到正式迁都北京，用了将近 20 年的时间；从成祖迁都北京到英宗定都北京，又用了 20 年的时间。前一个 20 年，由于成祖的威严，使反对者不敢公然地站出来抵制迁都，确保了迁都北京能够按照成祖的意图有条不紊地推进。在这一时期，明朝建国已有 35 年的历史，人们安于现状是不争的事实，在没有明显的内外压力下将都城从条件较好的南京迁往条件较差的北京，其难度可想而知，但成祖做到了。这一迁都模式是史无前例的。而后一个 20 年的摇摆，反映着强势的成祖去世之后持不同意见者的公开

---

① 钱穆：《国史大纲》，商务印书馆 2010 年版，第 711—712 页。

② 梁方仲：《明代粮长制度》，上海人民出版社 2001 年版，第 117 页。

表达。面对迁都北京以后所出现的各种现实问题，他们试图用"还都南京"来解决。但在经过短暂的反复之后，明代君臣真切地认识到了朱元璋的困惑和朱棣迁都的意图，便毅然决然地放弃南京，重回北京。

英宗定都北京之后，明朝的使命便是以北京为政治中心，将南方的经济重心与北方的政治和军事活动有机结合起来，全力构建新的"华夷秩序"，真正实现中国的"南北一体化"。将北京确定为永久的京师，并誓死捍卫北京的安全，这是明朝对中国"大一统"国家所做的最大贡献。成祖迁都北京，旨在继承元朝天下的雄心壮志。而在清朝取代明朝之际，更能清晰地认识到明朝定都北京的独特意义，自然也就顺势地以北京为政治中心继承了明朝最大的政治遗产。正如蔡美彪所言："清军入关，战败李自成的大顺军，定都北京。这标志着大清国已企图取代明朝，建立对广大汉地的统治。"① 以北京为中国"大一统"国家的政治中心，使元、明、清三朝自成一体，而明朝迁都北京，更具有关键作用，承前启后，意义巨大而深远。

在清朝崛起后的一百多年间，其使命在于完成明朝未能完成的任务，即彻底征服蒙古势力，在新形势下继续解决农耕与游牧的冲突问题。清朝之所以能够较好地解决这一问题，就在于明朝已经奠定了坚实的政治基础，使其能够专注于北部边疆问题。那种过分夸大元、清两朝而刻意贬低明朝的看法是偏颇的。只有将三朝看成相互联系的一个整体，明白各朝所面临的困难和所担负的责任，才能看清这六百多年间"大一统"国家的发展历程，而不能简单地以暂

---

① 蔡美彪：《史林札记》，中华书局 2015 年版，第 160 页。

时的疆域大小来认识三朝。特别是在研究清史时，要有"向前朝看"和"向南方看"的意识。"向前朝看"就是要认真研究明史，真正认清明朝的地位与作用，而不是一味地贬损明朝。正如黄仁宇所言："在大历史的观点看来，清朝因袭明朝的成分多，而溯本归原的改革少。所以我们研究中国现代的很多问题的时候，可以追根究底地追究到明朝去。"① "向南方看"就是要关注明朝对农耕区域的精心治理，这是清朝入关后得以稳定统治的关键因素，也是清朝统治者将主要精力转向北方游牧区域治理的前提条件。特别是明朝迁都北京，为清朝进一步统一中国奠定了坚实的政治基础。如吴晗所言："有了这个基础，清朝入关后才能继续建都北京。"② 可以说，这是清朝在前期能有所为的根本原因。顺治皇帝在比较汉高祖、汉文帝、汉光武帝、唐太宗、宋太祖和明太祖后认为："明太祖立法周详，可垂永久，历代之君皆不能及也。"③ 康熙皇帝随后亦言："朕观《明史》，洪武、永乐所行之事，远迈前王。我朝现行事例，因之而行者甚多"④。新宫学论道："入关以前，已经由满族、蒙古族、汉族等民族组成的清朝也定都北京，全面继承了明朝所建立的'北京体系'，使中华帝国的繁荣一直持续到 18 世纪末。"⑤ 黄仁宇则明言："在中国

---

① 黄仁宇：《放宽历史的视界》，生活·读书·新知三联书店 2007 年版，第 87 页。

② 吴晗：《明史简述》，中华书局 2005 年版，第 64 页。

③ （清）蒋良骐撰，鲍思陶、西原点校：《东华录》卷 7，顺治十年二月，齐鲁书社 2005 年版，第 102 页。

④ （清）蒋良骐撰，鲍思陶、西原点校：《东华录》卷 17，康熙三十六年正月，齐鲁书社 2005 年版，第 260 页。

⑤ ［日］新宫学：《北京迁都研究——"近世"中国的首都迁移》，《文集》编委会：《顾诚先生纪念暨明清史研究文集》，中州古籍出版社 2005 年版，第 108 页。

历史上还没有其他主要的王朝像清朝这样几乎完全承袭前朝制度。"①
特别是清朝对明代紫禁城未加任何改变,"继续使用明代宫殿,在中
轴线上的建筑,其位置布局一如明代中后期一样,都是重建复原。
在个别殿堂的外形上,虽有改作,但位置布局则均未变。"② 同时,
清朝花费大量的银两"精心呵护""最为敏感的纪念物"——南京的
孝陵和北京的十三陵,并允许明朝的皇室宗亲"定期对陵墓进行祭
祀"。③ 在强调"康乾盛世"时,必须要理性地认识到明朝的重要作
用。而在清史研究中过分强调所谓"满洲因素"而无视"明朝因
素",则是只见树木不见森林。

---

① 黄仁宇:《十六世纪明代中国之财政与税收》,生活·读书·新知三联书店 2015 年
版,第 469 页。
② 单士元:《故宫营造》,中华书局 2015 年版,第 67 页。
③ [英] 柯律格著,黄小峰译:《大明:明代的视觉文化与物质文化》,生活·读
书·新知三联书店 2019 年版,第 262 页。

20 世纪 80 年代以来明代西北边镇研究述评^①

20 世纪 80 年代以来的明史研究中，明代"九边"一直是史学界关注的一个重要内容。分布在西北边境的延绥、宁夏、甘肃、固原四镇，作为明长城防线上"九镇"中的四大重镇，其地位在整个防御体系中举足轻重。为了便于进一步深入研究这一课题，有必要对有关西北边镇的学术研究成果做一简要的评述。在资料搜索中，难免挂一漏万，不妥之处，敬请专家斧正。

一、明代北部防御体系构建的时代背景及西北四镇的设置

有明一代对北部的防务建设始终是明朝的头等大事。元顺帝虽在明军的强大攻势下逃往漠北，但仍有很强的军事力量，对明朝的国防安全造成了巨大而持久的威胁。华夏子认为，元顺帝逃至塞北后，"占有东至呼伦贝尔湖，西至天山，北抵额尔齐斯河及叶尼塞河

① 本文由田澍、毛雨辰合作，系其教育部人文社会科学研究"十五"规划项目"明清时期的西北边疆政策及其实践研究"（01JC770005）的阶段性研究成果，原文发表在《西域研究》2005 年第 2 期。

上游，南至现在长城一线的广阔的领土。在陕西、甘肃则有河南王扩廓帖木尔的十八万人马。在辽东方面有右尉纳哈出指挥下的二十万军队。在云南则有元宗室梁王的一支力量。元顺帝以辽东和陕甘为左、右翼，居中调度，时刻都在想收复失地，重主中原"①。肖立军也认为："蒙古是明王朝最大的威胁，对此朱元璋及以后的历朝君臣都十分清楚。洪武初年，已稳坐江山的朱元璋说到，'今天下一家，尚有三事未了：一，历代传国玺在胡；二，统兵王保保未擒；三，前元太子不闻问。'所言三事无一不与蒙古有关。直到晚年，他仍然'对北鄙尤加系心'。到了嘉靖时期，甚至有人认为'今日之事莫大于边防'。明代的北部边防主要是为防御蒙古而设。"② 可以说，欲图复辟的残元势力是明朝在北部的主要边患，也是明廷特别重视北部防御的主要原因。这是学界比较一致的认识。

战略防御是明王朝一贯奉行的军事方略，这一策略是建立在当时明廷与残元势力长期对抗基础上的。不论是明前期曾一度采取的进攻态势，还是中后期的退守策略，都是当时双方力量对比变化的反映。刘仲华认为：明朝初年，"封建统治者诉诸武力，欲一举歼灭北元政权，先后北征数次，削弱了蒙古军事实力，但始终没能使蒙古臣服。在通过战争征服不了蒙古的情况下，明朝改变了策略，从洪武年间就开始进行全面的防御布置，到永乐年间，修筑了东起鸭绿江，西到嘉峪关，绵延万里的防线，史称'万里长城'。"③ 华夏子

① 华夏子：《明长城考实》，档案出版社 1988 年版，第 29—30 页。
② 肖立军：《明代中后期九边兵制研究》，吉林人民出版社 2001 年版，第 1 页。
③ 刘仲华：《明代嘉隆两朝九边消极的防守策略》，《青海民族学院学报》1999 年第1 期。

认为：由于生产力遭到严重破坏，"明王朝想要巩固住自己的统治地位，所面临的首要问题是如何缓和社会矛盾，恢复生产。这就从根本上决定了明王朝无力彻底解决蒙古族在塞北的压力"。同时认为：朱元璋在洪武五年大举进攻漠北的失败，使其深刻认识到，明朝是"不可能彻底消灭蒙古族军事力量的，虽然以后又有多次对蒙古族的征战，但也是以攻为守，并没有改变战略上的防御局面"①。

明朝北部防线的形成及建设的基本格局，是在洪武至永乐年间奠定的，在正统以后得以逐渐充实和完善。华夏子认为朱元璋五次北征，"基本上奠定了明朝边地的稳定局面。"② 韦占彬认为："明代北部边防的建设始于明太祖洪武时期。"③ 而对"九镇"的形成，肖立军认为："辽东、甘肃、大同三镇设立于洪武时期；宁夏、宣府、蓟镇设立于永乐即位之初；山西镇以设于宣德年间，但不够稳定，弘治年间进一步加强，嘉靖二十一年得以完善；固原（陕西）镇设立于正统即位之初，弘治十五年中心从西安移至固原；延绥镇设立于正统年间。"设镇的具体时间多不可详考，总的说来，"九边肇设于明初，正统、弘治、嘉靖等时不断充实，形成边镇防线。"④

明代西北的延绥、宁夏、甘肃、固原四镇，是明朝在西北的四大军政重镇，也是明朝北部防御体系的重要组成部分。四镇的设置与当时经济、政治、军事等诸多方面有着密切的关系。对此，学者从不同方面予以论述。华夏子认为：残元各部先后"进入河套，并

---

① 华夏子：《明长城考实》，档案出版社 1988 年版，第 30 页。

② 华夏子：《明长城考实》，档案出版社 1988 年版，第 32 页。

③ 韦占彬：《明代"九边"设置时间辨析》，《石家庄师范专科学校学报》2002 年第 3 期。

④ 肖立军：《明代中后期九边兵制研究》，吉林人民出版社 2001 年版，第 81—82 页。

以此为根据地，出河套则寇宣府、大同、三关以震畿辅；入河套则寇延绥、宁夏、甘肃、固原，以扰关中。"① 史念海认为："嘉峪关东的甘州设有甘肃镇，若北来的进攻者冲过甘肃镇，企图东入关中，固原一途也是必经之路。延绥镇固在关中之北，然有河套南下的鞑靼，却也扩展其抄掠的地区，不以延绥为限。"② 韦占彬指出："甘肃、青海一带正是丝绸之路的必经之地，控制着中原王朝通使西域的惟一途经。该地区的稳定与否，直接关系到中原王朝与西域地区诸政权的正常往来。"③ 明朝边镇是在沿边都司卫所设置的基础上逐渐形成的，并在历朝统治者的关注下得以逐步完善。赵毅、胡凡认为："沿边都司与卫所的设立，是洪武年间乃至整个明代北部边防的基本建设，它是北边防线的物质基础"④。对于各边镇的设置，肖立军认为："一般说来，边防都司或镇守武将的设置表明该镇的初设，而巡抚一职的定设则表明此镇最后形成。"⑤ 现就西北四镇的研究概况分述如下：

1. 延绥镇

延绥镇亦称榆林镇，为明朝初设的边镇之一。学界对延绥镇设置的时间有不同的看法，华夏子认为："镇守延绥总兵挂镇西将军印，为洪熙元年（1425）所颁。"⑥ 史念海论道："明代长城西起嘉

---

① 华夏子：《明长城考实》，档案出版社 1988 年版，第 37 页。

② 史念海：《论西北地区诸长城的分布及其历史军事地理》（下篇），《中国历史地理论丛》1994 年第 3 辑。

③ 韦占彬：《明初西北边镇述略》，《石家庄师范专科学校学报》1999 年第 1 期。

④ 赵毅、胡凡：《论明代洪武时期北部边防建设》，《东北师大学报》1998 年第 4 期。

⑤ 肖立军：《明代中后期九边兵制研究》，吉林人民出版社 2001 年版，第 72 页。

⑥ 华夏子：《明长城考实》，档案出版社 1988 年版，第 72 页。

峪关，东抵鸭绿江畔，绵亘万里，只好分地守卫。明代为此，初设辽东、宣府、大同、延绥四镇。"① 肖立军则认为："正统以前，延绥总兵官至少没有定设。"② 赵毅、胡凡也认为延绥不应该为明代初设军镇，"延绥之成为军事重镇，乃是正统以后的事，《明史》将延绥列为初设之四镇，揆诸史实，殊为谬误。国内学者不察，论述明代九边时基本按照此说，统而论之。"③ 韦占彬则认为延绥设镇似在天顺初期："杨信为延绥总兵官是在天顺二年（1458），这与'初设'之说显然相矛盾。天顺初鞑靼部崛起，出入河套，直接威胁到陕北的安全，所以，天顺二年，明王朝封镇守延绥都督同知杨信为彰武伯，'命充总兵官，佩征虏副将军印，镇守延绥等处地方'。这是延绥总兵官设置之始，此后相沿不变，成为常设官职。所以，延绥设镇时间应为天顺二年。"④

学界对延绥在明代北部边防的战略地位认识基本一致。史念海认为："延绥之北就是河套，敌骑奔驰，不仅累次冲毁长城向南抄掠，而且还时时企图东越黄河，进扰山西"，进而论道："自明初放弃东胜，其后鞑靼入据河套，遂使延绥无险可守，所恃的只是长城及其内外的一些城堡，每当秋高马肥之际，长城就常为敌骑所突破，不仅西安、固原往往因之一夕数掠，就是都城北京也不免感到威

---

① 史念海：《论西北地区诸长城的分布及其历史军事地理》（下篇），《中国历史地理论丛》1994 年第 3 辑。

② 肖立军：《明代中后期九边兵制研究》，吉林人民出版社 2001 年版，第 79 页。

③ 赵毅、胡凡：《论明代洪武时期北部边防建设》，《东北师大学报》1998 年第 4 期。

④ 韦占彬：《明代"九边"设置时间辨析》，《石家庄师范专科学校学报》2002 年第 3 期。

胁"①。显而易见,在明代西北四镇中,蒙古"套寇"每每南下,延绥受到的威胁最大。

2. 宁夏镇

宁夏镇为明代设置较早的边镇之一。尹钧科认为:"宁夏设镇,当在永乐年间。明代第一位以伯爵并挂征西将军印镇守宁夏者是陈懋。陈懋是泾国公陈享少子,永乐元年封宁阳伯,禄千石。六年(1408)三月佩征西将军印,镇宁夏,善抚将卒。懋在镇久,威名震漠北。由此可见,宁夏称镇当始于永乐六年。"②韦占彬则认为:"宁夏总兵官之设应是在明成祖即位之初的建文四年(1402)八月。当时明成祖登基仅两个月,便命右军都督府左都督何福佩征虏前将军印,充总兵官,驻镇陕西、宁夏等处。此后,宁夏总兵官之设相沿不变,成为定制。所以,宁夏镇属于初设之镇,设置时间应为建文四年。"③

关于宁夏镇战略地位,华夏子认为:"顾祖禹在《读史方舆纪要》中论述宁夏镇长城地理形势时称其为'关中之屏蔽,河陇之上之嗓喉'",在明朝"放弃内蒙古河套平原,退守宁夏之后,失去了地利。宁夏镇特别是黄河以东地势较为开阔的今盐池、灵武一带就首当其冲,成为游牧民族南下的突破口"④。尹钧科认为:"由于元明

---

① 史念海:《论西北地区诸长城的分布及其历史军事地理》(下篇),《中国历史地理论丛》1994 年第 3 辑。

② 尹均科:《宁夏镇成为明代九边重镇之一的军事地理因素试析》,《大同高等专科学校学报》1994 年第 2 期。

③ 韦占彬:《明代"九边"设置时间辨析》,《石家庄师范专科学校学报》2002 年第 3 期。

④ 华夏子:《明长城考实》,档案出版社 1988 年版,第 73 页。

两代民族矛盾的激化和明政府的腐败等原因，致使有明一代边患之惨烈，达到空前绝后的地步，加强北部边防，始终是明廷要务。在这种军事情形下，加上宁夏固有的地理条件，遂使宁夏成为九边重镇之一。成化以后，因蒙古部落入居河套，宁夏镇的边防地位益加重要。"①

3. 甘肃镇

在明代九镇之中，甘肃镇位于最西端，是设镇最早的边镇之一。华夏子认为："据《重修肃州新志》载：'明洪武五年（1372），宋国公冯胜将兵略定河西。甘肃镇，即汉河西四郡地。明初，下河西，弃敦煌，划嘉峪关为界。由庄浪迤南三百余里为姑藏地，置镇番卫。又设甘州等五卫于张掖，肃州卫于酒泉'"②。肖立军也认为："洪武五年六月戊寅征西将军冯胜至甘肃同月壬寅奏捷。洪武十年正月甲午，置陕西行都指挥使司于庄浪（今甘肃永登），后徙于甘州。洪武二十五年二月癸酉'命都督宋晟为总兵……其西凉、山丹诸卫军马凡有征调，悉听节制。'这是洪武期间北边较早的总兵官。洪武二十八年六月乙丑，肃王之国。所以说甘肃镇设立于洪武时期。"③ 韦占彬认为，甘肃镇"在永乐元年（1403）正式派设总兵官前往镇守，自此甘肃镇守总兵官成为常设。《九边考》《明史》将其列为继设边镇的说法明显不符实，甘肃镇应是初设边镇之一，时间为永乐元年

① 尹均科：《宁夏镇成为明代九边重镇之一的军事地理因素试析》，《大同高等专科学校学报》1994 年第 2 期。
② 华夏子：《明长城考实》，档案出版社 1988 年版，第 79 页。
③ 肖立军：《明代中后期九边兵制研究》，吉林人民出版社 2001 年版，第 81 页。

（1403）。"① 尽管对甘肃镇设置的时间看法不尽相同，但学者对于甘肃镇应为明代初设边镇的认识基本一致。

甘肃镇位于河西走廊，在明代九镇中具有特殊性。田澍认为："甘肃镇北有蒙古，西有诸番，朱元璋担心两者如若联合起来共同对明朝，那将会造成严重的军事危机，西北地区永无宁日"，而"甘肃镇内外复杂的民族关系，使其在九镇中更具有特殊的政治地位"②。特别是在西域朝贡贸易中，甘肃镇的"首要职责就是确保丝路贡道的畅通和贡使的安全，这是西域朝贡贸易顺利进行的根本保证，也是昭示世界大国明朝形象的一个窗口"③。

4. 固原镇

固原镇在九镇中地位比较特殊，建镇情况与明代边防形势发展变化密切相关，所以该镇设置时间比其他三镇时间较晚。华夏子认为固原镇为弘治十四年（1501）始设。韦占彬认为固原镇"是在边防中逐渐形成的。在宣德时期明朝在陕西设镇守，延绥镇设置后，陕西镇守所辖地区邻近的地方已很有限，'所备者靖虏一面耳'。成化以后，鞑靼诸部侵占河套，形势发生变化。尤其在弘治十四年，'固原一带遂为虏冲'。在这种情况下，明廷认识到固原一带边防的重要性。弘治十五年，明王朝命户部尚书兼督察院右副督御史秦纮为陕三边总制，由于总制屯驻固原，所以固原一带屯聚了相当数量的军队，至此，一个新的防区开始形成。弘治十八年，陕西镇守移

---

① 韦占彬：《明代"九边"设置时间辨析》，《石家庄师范专科学校学报》2002 年第 3 期。

② 田澍：《明代甘肃镇边境保障体系述论》，《中国边疆史地研究》1998 年第 3 期。

③ 田澍：《明代甘肃镇与西域朝贡贸易》，《中国边疆史地研究》1999 年第 1 期。

驻固原"①。

固原镇的军事地理位置是在明以后开始显现重要的。随着蒙古鞑靼诸部占据河套，明朝北部边防形势发生变化。史念海认为："明宪宗成化二年（1466）大入延绥之役，就曾散掠平凉，入灵州及固原，长驱为寇于静宁、隆德诸处。这都可显示出固原在当时的军事上的重要性。因此当时驻在西安的陕西巡抚，防秋时也移驻固原。"②可见，固原是蒙古南下的必经之路，是挡敌的要塞。所以说，固原镇与西北其他三镇均是明代在西北防务体系上的重要边镇。

二、西北边镇的防御体系及后勤供给

明代九边的设置是建立在明朝被动防守战略基础上的，北部边防建立与之战略地位相适应的完备的边境防御体系，是明朝统治者所要解决的主要问题。

1. 西北边镇的组织管理体系

从洪武年间开始，朱元璋在平定西北的过程中，先后在各地设立卫所，用来加强对占领区的控制。田澍在论及甘肃镇的组织管理体系时认为："设立陕西行都指挥司和卫所等军事机构管理河西是明朝的独创。"在陕西行都指挥使司的基础上，"明廷又不断地增设巡抚、总兵官、镇守太监等官职和连续地派遣重臣巡视甘肃或专督兵

---

① 韦占彬：《明代"九边"设置时间辨析》，《石家庄师范专科学校学报》2002年第3期。

② 史念海：《论西北地区诸长城的分布及其历史军事地理》（下篇），《中国历史地理论丛》1994年第3辑。

马，建立了一整套'文经武纬、杜渐防危、提纲振目'的完备的制度"①。韦占彬认为："明朝建立西北边防体系从设置卫所开始。卫所是明朝军队的基本建制，以五千六百人为一卫，一千一百二十人为一千户所，千户所下辖十个百户所。'度地要害，系一郡者设所，连郡者设卫'。在西北地区则主要依据地势的险易、位置的缓冲和形势的需要，建卫设所。如宁夏附近设四卫，甘州署五卫。西北地区的卫所可分为三类：一为极边卫所，如甘州、肃州、宁夏诸卫，倚塞而建，与北元势力相邻相望，有警首当其冲；二为次边卫所，如洮州、岷州等诸卫，邻近边塞，既为极边卫所者援，也是腹里的又一屏障；三为腹里卫所，如西安等诸卫，从地理位置上说，已离边较远。这些卫所错落有致地分布在西北地区，使西北边防形成了严密的层次性。"② 卫所之上受督司节制，洪武时期，朱元璋数次变更陕西行都指挥使司的治所，在洪武二十六年（1393）将其治所移至甘州（今甘肃张掖），统辖甘青地区的卫所。弘治年间，明廷在固原设置三边总制，总辖陕西、甘肃、延绥、宁夏军务。

卫所制度的废弛则是明中后期的事。吴奈夫认为，明代卫所制度废弛的原因有三："首先是军屯制度破坏；其次是卫所军丁困于役作；第三是将校军吏营私舞弊"③。正由于此，卫所军丁不断逃亡，导致明代卫所制度日渐瓦解，并逐步由营兵制所替代。关于明代中后期的营兵制，肖立军认为："明代中后期镇戍兵制后来居上，其地位及影响逐渐超过了卫所兵制。主要表现是：第一，镇戍兵制是一

---

① 田澍：《明代甘肃镇边境保障体系述论》，《中国边疆史地研究》1998 年第 3 期。
② 韦占彬：《明初西北边镇述略》，《石家庄师范专科学校学报》1999 年第 1 期。
③ 吴奈夫：《略论明代卫所制度及其演变》，《中学历史》1984 年第 3 期。

种临战兵制，实用性强，凡是边患严重、战事吃紧的地区便实行镇
戍兵制。第二，明代中后期的边防专著所介绍的不是都司卫所的内
容，而是镇戍兵制的内容。第三，努尔哈赤进入辽东前后修订官名
以及清军入关后组建绿营兵，均是效仿镇戍兵制而不是卫所兵制。"①

2. "关西七卫"的设立对西北边镇的影响

明代洪武和永乐时期，在今嘉峪关以西、哈密以东以及青海湖、
柴达木盆地一带先后建立了七卫。王玉祥认为："明朝设立关外卫的
目的是巩固西北边防，加强对西域地区的控制，维护明朝与阿拉伯
和中亚各国的道路畅通，并为朝贡提供某些服务。"② 关于关西七卫
的战略位置，田澍认为："关西七卫犹如甘肃镇西部的'长城'，与
甘肃镇互为表里，宛如唇齿。唇亡齿寒，七卫不守，甘肃则不安。
为了巩固七卫与甘肃镇的这一特殊关系，确保西北边疆的安定，明
朝对于七卫的经营也是非常关注的。"③ 唐景绅尤其强调了哈密卫在
七卫中的重要战略地位："哈密卫西接吐鲁番，北邻瓦剌，东接罕
东、赤斤等卫，战略地位重要。新疆各地方势力，要东进甘肃，首
先必须夺取哈密，明朝则以哈密为甘肃藩屏，势在必保。并且明朝
与七卫在政治上建立隶属关系的同时，也以'茶马互市'、'贡赐贸
易'进行经济交往，哈密是新疆进入甘肃的门户，以哈密为枢纽，
古老的丝绸之路仍然是明代中西陆上贸易的主要通道。"④ 关西七卫
的设置较关内卫有所不同。王玉祥认为："首先是关外卫的组织形式

---

① 肖立军：《明代中后期九边兵制研究》，吉林人民出版社 2001 年版，第 82 页。
② 王玉祥：《浅说明朝的关外卫》，《甘肃社会科学》2000 年第 4 期。
③ 田澍：《明代甘肃镇边境保障体系述论》，《中国边疆史地研究》1998 年第 3 期。
④ 唐景绅：《明代关西七卫述论》，《中国史研究》1983 年第 3 期。

较为特殊。内地的卫一般都以汉族人为主体",而"关外卫则由居住在当地的少数民族组成,其官员则由各族首领担任";"其次是关外卫的设立不会给明朝带来财政负担……明朝给各部落首领授以官爵后,只是颁发一些赏赐,或在进行朝贡贸易时给予一些优惠,并不为其提供军费。"[1] 正德以后,随着明统治者的日趋腐败和土鲁番日渐强盛,明朝失去对关西七卫的控制,七卫日渐残破,部众相继内迁,不复存在。田澍提出了"哈密危机"的概念,认为嘉靖初年哈密危机的解决,"标志着长期以来明朝以闭关绝贡为主要手段试图收复哈密的策略的终结。从此以后,明朝与土鲁番的关系由矛盾对抗转为友好往来,并因此与西域各国的关系趋于稳定。"[2] 对明代关西七卫的作用,唐景绅曾作过如下的概括:"从明初置关西七卫到嘉靖初年罢废,经历了整整一个半世纪。在这期间,各族人民在共同的阶级斗争、生产斗争、民族斗争的基础上,通过互相通婚,互易牧地,人民交流,战争中掠夺人口,内迁后插花式地交互耕牧等途径,逐渐接近、融合,使蒙、藏、回、维等民族共同体更加巩固发展,并逐步形成了一些新的民族。"[3]

3. 西北边镇的防御工事体系

对于明代北部防御体系,学界从不同侧面进行了考察。肖立军认为:"北边防御工事主要分为城堡、墩台和边墙(长城)三大类。"[4] 日本学者松本隆晴在叙说万里长城时,又将防卫工事归为

---

① 王玉祥:《浅说明朝的关外卫》,《甘肃社会科学》2000 年第 4 期。

② 田澍:《明代哈密危机述论》,《中国边疆史地研究》2002 年第 4 期。

③ 唐景绅:《明代关西七卫述论》,《中国史研究》1983 年第 3 期。

④ 肖立军:《明代中后期九边兵制研究》,吉林人民出版社 2001 年版,第 168 页。

"边墙""营和堡"。① 华夏子将甘肃镇防御工事分为"墙、壕、墩、堡"②。史念海指出："说起长城，一般都认为是构筑于地面上的防御工事，或以石累筑，或以土夯实"，并特别强调作为防御工事并不是都要垒石堆土筑为墙垣的，"作为墙垣自是后来的发展。可是壕沟依然有其作用，并未完全废去"③。可见，壕也应列入明代防御工事之列。田澍在论述甘肃镇防御体系时说道："明廷在河西的防御体系主要是由墩堡、驿站和边墙三部分组成的。"④ 对于城堡，肖立军认为："城和堡略有不同，城大多建立较早，堡的设立一般晚于城，分布在城的外围，或防守薄弱之地"，进而认为关城以嘉峪关和山海关等为代表，"关城修于重要通道，长城修成后相当于长城的一个大门（但门修成了城的规模），两边与长城连于一体"。如嘉峪关城除内城外，还有其它相关设施，瓮城"在内城东门外，不与内城门直通，有回护作用。罗城，在关城之西与西瓮城衔接，为一道厚墙，形成重关。外城，黄土围墙，在关城东、北、西三面。关城外还有城壕，又称护城河。这样，该城成了甘肃南北向长城间的一把锁钥"⑤。就堡而言，田澍认为："明朝规定：在五、七屯或四、五屯内，选择近而便利之地修筑一大堡，堡墙高七八尺或一二丈不等，堡墙四面开八门以供军民出入；近屯辎重粮草都集中于大堡之内。每一大堡设堡长

---

① ［日］松本隆晴撰，南炳文译：《试论余子俊修筑万里长城》，《大同高等专科学校学报》1994年第1期。

② 华夏子：《明长城考实》，档案出版社1988年版，第79页。

③ 史念海：《论西北地区诸长城的分布及其历史军事地理》（上篇），《中国历史地理论丛》1994年第3辑。

④ 田澍：《明代甘肃镇边境保障体系述论》，《中国边疆史地研究》1998年第3期。

⑤ 肖立军：《明代中后期九边兵制研究》，吉林人民出版社2001年版，第168—169页。

一人，屯堡一人；小堡只设屯长一人。大堡设有守备、操守、防守等官，小堡则设防御掌堡官或总旗。他们平时'守护城池，有警则收敛人畜'。凡'农务已毕，或有警收敛，则皆归墩之内'。"①

墩台可分为墙外墩台和跨墙墩台两类，可统称为瞭望台，在墩上瞭望敌情，有警及时传报。外墩多建于边墙以外。杨辛、章启群在考察榆林镇北台后写道："镇北台是明代长城中最大的一座烽火台，建于万历三十五年（1607 年）。镇北台基础宽大而严整，分 4 层，总高 30 余米。台基北长 82 米，南长 76 米，东西各长 64 米，周长 286 米，向上逐层收缩。第一层高 10.74 米，第二层高 11.35 米，第三层高 4.15 米，第四层高 4.5 米。第四层的周长缩小到 60 米。"②关于跨墙墩台，肖立军也有详尽的描述："跨墙墩台分为两种，一种是墙台，本身并不高，只是在长城顶上搭建小棚一类建筑，供士卒巡逻、射击或休息。另一种称敌台，实际上是高级墩台，多骑墙（边墙，即长城）而建。嘉靖初年，陕西三边总制王琼修筑宁夏边墙，沿墙间设敌台，'比城（边墙）尤高七尺，阔二丈，上筑空洞八尺，内盖天棚一所……棚上再盖小房一间，端备墩军……瞭望'。这是两层建筑"。③

边墙是明代北部防御体系的主要工事之一，是逐渐修葺完善的。松本隆晴认为："边墙不是一时修成的，它的修筑经过了自明代中期至明朝末年大约二百年左右的漫长时间。"④据尹钧科考证，明代西

---

① 田澍：《明代甘肃镇边境保障体系述论》，《中国边疆史地研究》1998 年第 3 期。

② 杨辛、章启群：《关于长城的美学思考》，《北京大学学报》1996 年第 2 期。

③ 肖立军：《明代中后期九边兵制研究》，吉林人民出版社 2001 年版，第 171 页。

④ ［日］松本隆晴撰，南炳文译：《试论余子俊修筑万里长城》，《大同高等专科学校学报》1994 年第 1 期。

北防线绵长，"西北四镇守御的地界共达 5000 余里，占九边防御全界的三分之二之多。"① 明朝守军在西北这条绵长的防线上，并无太多的自然山川险要来做防守屏障。史念海认为："河套之南，明朝的防边布置，分属延绥、固原、宁夏三镇。东西距约一千二三百里。这样遥远的距离，从事补苴自要多费一番功夫。按照明人的惯例，补苴这里的自然形势就是筑长城。"② 西北边境上的边墙虽是明代各朝不断修葺完善的，但规模较大的是成化时期余子俊大修延绥边墙。艾冲认为：余子俊所修的边墙是以"缮塞为垣"，即沿袭隋代长城旧路线而帮筑，进而认为，"延绥镇边墙有南、北二道，分别称为'大边墙'和'二边墙'"，确切地说，二边墙实际是一道蜿蜒曲折的沟堑，并非夯土筑墙的工程。其所筑延绥边墙的长度"暂时采用'一千一百五里'，表示余子俊所筑延绥大边墙的长度比较合适"③。除余子俊大规模修筑延绥边墙以外，有史料可载的还有弘治年间秦纮修筑固原边墙，嘉靖时期王琼修筑宁夏边墙，杨博修筑河西边墙等。这些都是明廷在西北边地大修边墙的事例。修筑边墙的材料因地制宜。杨辛、章启群认为："与东部的崇山峻岭不一样，西部的长城大多坐落于戈壁大漠之中。由于缺少砖石材料，这里的长城基本上都用黄土夹以芦苇和柳条夯制而成。"④ 松本隆晴在论及榆林、延绥边

---

① 尹均科：《宁夏镇成为明代九边重镇之一的军事地理因素试析》，《大同高等专科学校学报》1994 年第 2 期。

② 史念海：《论西北地区诸长城的分布及其历史军事地理》（下篇），《中国历史地理论丛》1994 年第 3 辑。

③ 艾冲：《余子俊督筑延绥边墙的几个问题》，《陕西师范大学》（哲学社会科学版）1986 年第 1 期。

④ 杨辛、章启群：《关于长城的美学思考》，《北京大学学报》1996 年第 2 期。

墙时也指出："边墙所使用的材料，在黄河折向南流的地点以东与以西，互不相同。以东用砖砌成，很坚固。其西，即自清水营紫城茨起，越过宁夏、南到嘉峪关，除了各处关门附近，原则上是版筑而成的土壁。"① 关于边墙的高度和厚度，肖立军认为："正德初杨一清所修宁夏边墙高厚'皆逾两丈'。嘉靖间王琼所修边墙，底宽 2 丈，顶阔 1 丈 5 尺，上安女墙。共高 2 丈 5 尺。"② 松本隆晴认为："边墙的高度为'二丈五尺'，如果将明代的一尺按 31.1 厘米来计算的话，二丈五尺则约合 8 米 78 厘米。"③

　　明代西北地区远离京师且防线绵长，为了确保交通运输和信息传播，朝廷在沿西北边墙一线设立了驿站。田澍在论及驿站时，以甘肃镇的驿站为例，说明了驿站作为西北防御工事的职能，指出：明代"驿递在京师称会同馆，在外称水马驿和递运所。在甘肃镇，只有马驿。马驿的交通工具是马、骡、驴所牵引的车辆，并配有人数不等的甲军"，进而认为："从庄浪至嘉峪关的狭长地带中，相隔四五十里的驿递将甘肃镇的众多卫所紧密地连结在一起，最大限度地强化了各卫所之间的联系。"④ 又认为："甘肃镇驿站的另一个主要功能是扮演明朝与西域各国通贡贸易的枢纽角色，送往迎来各国贡使。"⑤ 所以说，分布在西北边境上的驿站是西北防御体系中不可或

---

　　① ［日］松本隆晴撰，南炳文译：《试论余子俊修筑万里长城》，《大同高等专科学校学报》1994 年第 1 期。

　　② 肖立军：《明代中后期九边兵制研究》，吉林人民出版社 2001 年版，第 174 页。

　　③ ［日］松本隆晴撰，南炳文译：《试论余子俊修筑万里长城》，《大同高等专科学校学报》1994 年第 1 期。

　　④ 田澍：《明代甘肃镇边境保障体系述论》，《中国边疆史地研究》1998 年第 3 期。

　　⑤ 田澍：《明代甘肃镇边境保障体系述论》，《中国边疆史地研究》1998 年第 3 期。

缺的重要组成部分，应给予足够的重视。

4. 西北边镇的军需供给

在明代西北边境漫长的军事防御线上边兵的军需是边防的生命线，也是困扰明廷的一大难题。明代九镇中有四镇在西北边境，所以在西北地区驻扎着相当数量的军队。关于明代西北四镇驻扎的具体军队数量，学者的论述不尽一致。根据《明长城考实》中所列数据，榆林、宁夏、固原、甘肃四镇合计实在军官二十二万余人①。梁淼泰则列表说明明永乐至崇祯各朝九边的军数，总计西北四镇的军数为"190812"②。张萍认为：陕西四镇一般均有军数"二十万"③。可见，西北四镇的实有军数为 20 万左右。有关明代军士粮饷的供应标准，杨艳秋认为："一般军士月粮为一石。"④ 张萍也采用这个标准，认为："明朝士兵军饷支给方法为'洪武二十五年令，各处极边军士，不拘口数多少，月支粮一石'。以后虽或米钞兼支，但标准大体相当。"⑤ 按照每名军士月粮一石的标准计算，西北四镇 20 万军士一年的军饷就是 240 万石粮食（尚不算十余万匹马的草料）。除了如此大批量的粮食供应以外，其他军需的供给量同样不小，最主要的当是棉布、棉花等的需求。据张萍换算，"以陕西四镇二十万军队计，每年需布六十万匹左右，棉花三十万斤"⑥。从以上可以看出，明廷的边防开支中，仅西北四镇的开支是非常庞大的。为了解决军

---

① 华夏子：《明长城考实》，档案出版社 1988 年版，第 70—82 页。
② 梁淼泰：《明代"九边"的军数》，《中国史研究》1997 年第 1 期。
③ 张萍：《明代陕北蒙汉边界区军事城镇的商业化》，《民族研究》2004 年第 1 期。
④ 杨艳秋：《明代初期北边边粮供应制度探析》，《中州学刊》1999 年第 1 期。
⑤ 张萍：《明代陕北蒙汉边界区军事城镇的商业化》，《民族研究》2003 年第 6 期。
⑥ 张萍：《明代陕北蒙汉边界区军事城镇的商业化》，《民族研究》2003 年第 6 期。

饷问题，明朝政府推行了一系列行之有效的措施，其中最主要的是屯田、起运和开中三项。明代西北地区地旷人稀，屯田法的实施，有力地促进了西北地区的经济发展。杨艳秋认为："明初北边屯田的效果是非常显著的，韦正治宁夏即有'开屯数万顷，兵食饶足'之说。洪武二十二年（1389）经过军屯的西北庄浪、河州、洮州、岷州、西宁、凉州、宁夏、临洮等八卫月粮充足，米价日减，每石折钞二贯五百文……据《大明会典》卷28各镇饷额计算，九边总饷额为4562196石，其中屯田粮2686456石，所占比例约为59%。无疑，军屯粮是北边边粮的最主要来源。"① 所谓"起运"即是明廷对财政供给的军粮采用对拨的方法，责令纳粮户直接运送供给。邱义林认为，明时"西北几镇大概由山西、陕西、河南、四川、湖北等省供给……对拨各地卫所军粮，视各地军屯自给程度而定，彼消此长，此长彼消。"② 对于"起运"供军，杨艳秋认为："对拨边粮采取就近原则……延绥镇由陕西河南布政司供给；兰州、凉州、河州、岷州、洮州、宁夏、庄浪、西宁、临洮、甘肃、山丹、永昌等西北军卫的边粮由陕西西安的平凉、巩昌等府沿大路官仓纳粮供给。为了便于转运，明政府在驿道有军民处广建仓储保证边粮足额。"③ 所谓"开中"，就是明政府为利用盐的专卖权对盐商采取的办法。邱义林认为："商人入粟塞下，换取政府盐引，米缺则纳米中盐，马缺则纳

① 杨艳秋：《明代初期北边边粮供应制度探析》，《中州学刊》1999年第1期。

② 邱义林：《明代中前期军费供给特点的形成与演变》，《江西社会科学》1994年第6期。

③ 杨艳秋：《明代初期北边边粮供应制度探析》，《中州学刊》1999年第1期。

马中盐，灵活机动而又及时地补充了军饷的不足。"① 田澍以甘肃镇为例，探讨了明朝对河西走廊的财政政策，认为"明廷通过直接拨款、减免税粮、开中法等手段，不断地向河西走廊划拨所需费用或运送所需物资。同时，河西走廊所在的陕西布政司亦采取相应的政策，从钱、物等方面对河西走廊予以长期的支付。通过中央和地方双重财政的支持，使河西走廊始终起着稳定明代西北边疆的积极作用"②。

三、西北边镇对西北地区的作用和影响

明朝设置西北边镇的主要目的是为了抵御元朝残余势力和安抚西番以保证西北边疆的稳定和安宁，学界对其作用和影响也给予了极大的关注。邓沛认为，九边的设置，"不但考虑了敌军从正面（即蓟州、宣府、大同诸镇）发起的进攻，而且考虑了敌军取甘、陕、晋组织战略迂回的可能，其军事考虑是相当缜密的，战略眼光是独到的，充分体现了环形防御的军事战略思想"③。历史实践证明，其设置后所产生的实际防御效果，反映了这一战略思想的成功。田澍认为："尽管战争和兵灾时时笼罩着甘肃镇，甘肃镇仍常保持和平与安宁。"④ 松本隆晴也认为，在余子俊和杨一清修筑延绥边墙以后的二十年间，"蒙古没有对延绥地区进行侵犯。蒙古的入寇事例，也以

① 邱义林：《明代中前期军费供给特点的形成与演变》，《江西社会科学》1994 年第6 期。

② 田澍：《明朝对河西走廊的财政政策》，《甘肃社会科学》2001 年第 2 期。

③ 邓沛：《明代"九边"考述》，《绵阳师范高等专科学校学报》1999 年第 4 期。

④ 田澍：《明代甘肃镇边境保障体系述论》，《中国边疆史地研究》1998 年第 3 期。

成化十年为界急剧地减少了，这就是说，边墙的军事效果可以认为是有相当程度的"①。马雪芹亦言："自边墙修成以后，榆林兵士增加，边境渐宁，于是沿边军民得以安心耕种。"②同时，由于西北边镇各级官员能够切实地执行明廷对西番各部的怀柔政策，不仅有效地阻断了蒙古高原诸部与西番的联合，而且有效地安抚了西域各少数民族。韦占彬认为："明朝西北地区军事的部署获得了成功，既有效的阻遏住了北元势力的进攻，又及时镇压了西番中的叛乱，起了震慑作用，保障了西北地区的稳定与安全。"③

西北边镇的设置客观上带动了这一地区社会经济的发展，特别是城堡的设立加速了城镇的兴起。张萍认为，自延绥镇建立以后，各营堡的规模"与明代陕西小规模的州县城池基本相当"④。城镇的发展自然带动了人口的聚集。张萍认为："明清陕西以农业为立命根本，农业人口占绝大多数，城居人口数量并不大"，而"陕北沿边军事营堡因驻扎军户而构成的居民群体动辄即达五六百户（参见表1），有些地理位置重要的营堡，驻军户口在千户以上，榆林镇城更高达三千余户，这样规模的营堡不亚于明代的州、县城居人口数量，甚至有过之。"⑤而交通建设促进了内地的联系。张萍认为："一镇军事上的供给多取于内地，故内地与各营堡间的路线成为这一带最重要

---

① ［日］松本隆晴撰，南炳文译：《试论余子俊修筑万里长城》，《大同高等专科学校学报》1994 年第 1 期。

② 马雪芹：《明代西北地区农业经济开发的历史思考》，《中国经济史研究》2001 年第 4 期。

③ 韦占彬：《明初西北边政述略》，《石家庄师范专科学校学报》1999 年 3 月第 1 期。

④ 张萍：《明代陕北蒙汉边界区军事城镇的商业化》，《民族研究》2003 年第 6 期。

⑤ 张萍：《明代陕北蒙汉边界区军事城镇的商业化》，《民族研究》2003 年第 6 期。

的交通线，而核心则为榆林镇城。"① 同时西北边镇消费市场的日渐形成，城堡建设带动了居地人口商品交换的需求，利益驱动又带动了政府和商贾的参与，于是"在沿边形成了一个以军事消费为主的稳固市场区"②。

在西北地区形成的市场中最典型的当为"马市"和"茶马互市"。姚继荣认为："明代西北边防甚重，单靠仆苑自身孳牧，难能保障各边官军骑征备御的需要。所以，明朝通过番族纳马与贡马、商人中盐马、钱钞市马、丝绸布帛易马和马市互易等多种渠道采办马匹。"③ 田澍认为：茶马互市是一种政府行为，具体事宜由朝廷专设的茶马司负责。茶马司的设置，是明朝不断控制互市的集中反映，"当茶马互市成为明朝与甘肃镇周边各族民众贸易形式之后，便标志着明代西北边疆的日益巩固。"④

明廷在西北设置边镇的初衷，在于抵御长城以北蒙古诸部的侵扰，其效果不容置疑，但同时也应看到，边墙没有也不可能阻断各民族之间的交往。华夏子认为："蒙古部族无论是瓦剌也先，还是达延汗，在完成其霸业后，都积极要求明廷允许互市贸易"⑤。嘉靖时，蒙古的俺答汗多次要求通贡互市之举就反映了蒙古各部族的这种愿望。同时，经过长期经营，西番部族不仅接受了明王朝的统治，而且在政治经济等方面与中原的联系日益加强。一些学者将沿长城一

---

① 张萍：《明代陕北蒙汉边界区军事城镇的商业化》，《民族研究》2003 年第 6 期。
② 张萍：《明代陕北蒙汉边界区军事城镇的商业化》，《民族研究》2003 年第 6 期。
③ 姚继荣：《明代西北马政述论》，《青海师专学报》1996 年第 1 期。
④ 田澍：《明代甘肃镇边境保障体系述论》，《中国边疆史地研究》1998 年第 3 期。
⑤ 华夏子：《明长城考实》，档案出版社 1988 年版，第 38 页。

带划分为农、牧两大经济区。李凤山认为："根据人类自身生存与生活和发展的需要，农、牧两大区域自始就不断地进行着大规模的经济文化交流活动"，并通过相互之间的交流，"促进了两大经济区内各地区的经济文化及社会的发展，丰富了各大区域内人们的社会生活，同时，也促进了各区域人类自身的发展与繁荣"①。战争在客观上是一种交往，史念海认为："由争执至于战争，争执和交战的双方都难免有所损失。但经过这样一些交往，双方都会有更多的了解，化干戈为玉帛，最后都联合在一起。我国是一个多民族国家，多民族国家的形成，自然是有很多途径，经过争执到了解，更进而相互和睦共处，应该也是其中重要的途径。"②

包括西北四镇的九边设置自然有其消极的一面。诸多学者在肯定九边防御基本取得满意效果的同时，也指出了其负面影响。一些学者特别对屯田给边境地区尤其是西北地区带来的生态破坏提出了批评。梁四宝认为："明代九边地区推行的屯田垦荒，对黄河流域自然环境产生了非常深远的恶劣影响，直至现代难以消除其后患。"③马雪芹也认为："西北地区明代以后许多地方沙漠出现或扩大，是和明代在这里过度的开垦有直接关系的。"④

---

① 李凤山：《长城带经济文化交流述略》，《中央民族大学学报》1997 年第 4 期。
② 史念海：《论西北地区诸长城的分布及其历史军事地理》（下篇），《中国历史地理论丛》1994 年第 3 辑。
③ 梁四宝：《明代"九边"屯田引起的水土流失问题》，《山西大学学报》1992 年第 3 期。
④ 马雪芹：《明代西北地区农业经济开发的历史思考》，《中国经济史研究》2001 年第 4 期。

四、结　语

综上所述，20世纪80年代以来诸多学者围绕"九边"特别是西北边镇的形成、加强、完善和其作用等问题进行了集中探讨，并取得了一系列重要成果，给人们以多角度的启发。在充分肯定已取得的成就的同时，还应看到研究中存在的不足，这主要反映在对西北诸边镇集中研究的深度不够，即：一是对西北边镇专题探讨的论著相对较少，而系统研究的论著少之又少。二是选题一般过大，涉及的范围广、问题多，难以深入。三是对西北诸镇特殊性的探讨不足。只有放宽视野，将"九边"的宏观研究与各镇的微观研究紧密结合起来，进行系统、细致、深入的考察，才能在这一领域取得更大的成绩。

河西走廊：明朝成功管控西北边疆的锁钥^①

　　明朝对河西走廊的治理，一方面继承和恢复汉代的做法，尽可能地发挥其隔绝蒙古高原和青藏高原各种势力联合的作用；另一方面面对元末以后的西域乱局，通过多种方式分化各种势力，竭力维护河西走廊的安全与稳定。在异常艰难的情势下，明朝克服种种困难，创新治理模式，有效管控河西走廊，使河西走廊为西北边疆的稳定和明朝的长治久安发挥了独特的作用，为"大一统"的多民族国家的进一步发展做出了积极贡献。

　　众所周知，元朝为中国的民族交融和疆域拓展做出了空前的贡献。尽管其治国理念、执政能力和管理水平被人们所诟病，但元朝对促进中国历史上各民族大融合所做出的巨大贡献是毋庸置疑的。当然，由于自身不可克服的种种缺陷，元朝没有也不可能真正找到

　　① 本文由田澍、胡睿合作，系其国家社科基金重点项目"边疆治理视野下的明代绿洲丝绸之路研究"（18AZS022）；教育部人文社会科学研究青年项目"明代绿洲丝绸之路上的贡使活动及其管理研究"（18YJC770023）的阶段性研究成果，原文发表在《中国边疆史地研究》2020 年第 4 期。

治理多民族国家新格局的良方，其无法有效管控内部的冲突与分离，无法找到农耕文化和游牧文化之间的平衡点，无法确保多民族国家的正常运转。在世祖忽必烈和成宗铁穆耳之后，"元代很快衰败了。它的王公沉迷于酒色淫乱之中，缺乏意志力，只能通过喇嘛教来救赎其罪恶，遂让儒家文士对这些人有了新的不满。最糟糕的是，他们自己内部从来没有停止过争吵，并在短短数年内毁掉了忽必烈统治时期得到马可·波罗赞叹的、恢宏的行政外观"①。针对元朝覆灭的教训，明朝的主要任务就是根据完全变化了的情势在继承与发展中构建政治新秩序，创新国家治理模式，确立"大一统"国家发展的新方向。和田清就此论道："明朝兴起取代元朝，这不只是汉族以反抗北方民族压迫的势力恢复了南宋时代所丧失的中原，而是扭转唐末以来汉族的被动地位，完全夺回汉、唐最盛时代直到北疆的一次巨大运动。"②

为了避免重蹈元朝的覆辙和有效清除元朝的弊政，一方面，明朝必须继承与弘扬汉唐文化，以全新的姿态凸显华夏文化，移风易俗，赓续中国文化；另一方面，明朝必须从实际出发，尊重现实，正确对待元朝近百年的统治，承认其合法性，尽可能地继承元朝的政治遗产，全力固守疆土，竭力稳定秩序，夯实统治基础，维持长久统治。正由于此，明朝在时机成熟之后，便迅速将都城迁往北京，不再留恋南方的安逸与富庶，以北京为中心，统摄农耕与游牧两大

---

① ［法］勒内·格鲁塞著，张勇译：《中华帝国史：从上古部落到大清王朝》，新华出版社 2016 年版，第 252 页。

② ［日］和田清著，潘世宪译：《明代蒙古史论集》，内蒙古人民出版社 2014 年版，第 1 页。

区域，分化瓦解元朝残余势力，无惧战争，以极大的勇气推行"天子戍边"的治国策略，开创了治理中国疆域的新局面。

长期以来，学界对元朝和清朝的疆域拓展予以积极评价，而对明朝颇多微词，认为其前不如元，后不及清，这种观点是值得商榷的。而要理性地认识明朝国家治理中的务实、创新和成效，能否长期有效控制河西走廊并由此稳定西北边疆，无疑是一个极为重要的观察点。

一、河西走廊的独特作用

河西走廊有自然意义上的范围，也有政治意义上的区域。在边疆治理的视野中，一般是指政治意义上的河西走廊。相对而言，政治意义上的河西走廊范围要小。而政治意义上的河西走廊在不同历史时期也有不同的范围。《河西开发史研究》的编撰者认为："河西的范围，所指不一：或泛指甘、宁、青三省、区黄河以西之地，或指甘、青黄河以西，即河西走廊与湟水流域。本书所指，系乌鞘岭以西，现在甘肃的武威、张掖、酒泉三个地区和金昌、嘉峪关两个省辖市的区域，合计21个市县，面积27万多平方公里。"①《河西通史》的编撰者认为："河西位于甘肃西部，因其地处黄河以西而得名。但是，人们通常所说的河西地区，却不是严格以黄河为界的，而主要是指祁连山以北，今嘉峪关、酒泉、张掖、金昌和武威五市辖区。今兰州市所辖的永登、皋兰两县和白银市所辖的景泰县及靖

---

① 吴廷祯、郭厚安主编：《河西开发史研究》，甘肃教育出版社1996年版，第1页。

远县的一部分，虽然也位于黄河以西，但一般并不将其视为河西地区。"① 随着行政区划和地名的改变，当今的河西走廊东起乌鞘岭，西至星星峡，包括武威、张掖、酒泉、金昌和嘉峪关五个地级市所辖之地。

自汉代起，河西走廊在国家安全中发挥着连通西域、稳定西北边疆和巩固中原的独特功能，与"大一统"国家的安全息息相关。一方面，河西走廊连通蒙古草原和青藏高原；另一方面，河西走廊连结中原和西域。河西走廊既是特殊的军事战略区域，又是多元文化交流融通的独特平台。河西安宁，则中原稳定；河西不保，则天下荒乱。故河西走廊对"大一统"王朝来说是至关重要的，"当大一统王朝实现了内部均衡之后，能够连接起多个区域的河西走廊便一转成为王朝内部至关重要的一个过渡地带，让王朝所需要的各种要素通过这里而被整合起来"②。与辽西走廊、苗疆走廊等不同，河西走廊在中国疆域的拓展和多民族的交融过程中发挥着更为独特的作用。正如李大龙所言："从长期的历史发展看，这些走廊的作用恰似代表中国建筑文化精髓的构件——卯榫一样，将中华大地上的不同区域有机地联系在了一起。这种作用在河西走廊体现得尤为典型。河西走廊犹如一个巨大的'榫'，将南部的青藏高原、北部的蒙古高原、西部的西域和东部的陕甘与中原地区'卯'在了一起，使四大不同区域共同成为多民族国家中国疆域的重要组成部分，众多的族

---

① 高荣：《河西通史》，天津古籍出版社 2011 年版，第 1 页。
② 施展、王剑利：《从河西走廊看"多元互构"》，黄达远、王颜龙、蔺海鲲主编：《从河西走廊看中国》，社会科学文献出版社 2018 年版，第 4 页。

群融入中华民族之中。"① 换言之，一个"大一统"王朝能否有效控制核心边疆地区——河西走廊，体现着其治国理政的能力与水平。

元狩二年（前121），汉武帝派遣霍去病进兵河西，匈奴浑邪王降服，西汉先后设置酒泉、张掖、武威、敦煌等"河西四郡"，至更始二年（24）窦融保据河西，西汉共控制河西走廊145年。东汉从建武五年（29）窦融归汉后光武帝任命其为凉州牧，到建安二十五年（220）灭亡，共控制190年。唐朝从武德二年（619）割据凉州的李轨被灭到广德二年（764）吐蕃兵进河西，共控制145年。从中可以看出，三朝对河西走廊控制的时间都无法突破200年。其中东汉表面上控制河西的时间最长，其实最弱。特别是由于长期受到"羌乱"的影响，边患频发，使东汉难以真正有效控制河西走廊。而唐朝对河西的管控能力最差，不及其统治时间的一半（包括武则天时代），充分说明其在控制边疆特别是西北边疆时创新不足，弊端甚多，无法长期有效地统辖河西走廊，并留下了一时难以消除的分裂因素。熟悉西北边疆情形的明臣王琼就此论道："唐自武德以来，开拓边境，地连西域，皆置都督府。开元中，置朔方、陇右、河西、安西、北庭诸节度使以统之，岁发山东丁壮为戍卒，缯帛为军资，开屯田，供糗粮，设监牧，畜马牛，军城戍逻，万里相望。及安禄山反，边兵精锐者皆征发入援，谓之'行营'，留兵单弱。数年之间，胡虏蚕食，自凤翔以西，邠州以北，皆为左衽矣。至代宗广德

① 李大龙、李鸿宾、王子今、王剑利：《河西笔谈：从河西走廊发现更广阔中国》，黄达远、王颜龙、蔺海鲲主编：《从河西走廊看中国》，社会科学文献出版社2018年版，第156页；李大龙：《榫卯：走廊与中国疆域的形成与发展》，《广西民族大学学报》2020年第3期。

元年，吐蕃入大震关，陷兰、廓、河、鄯、洮、岷、秦、成、渭等州，尽取河西、陇右之地。"① 唐朝丧失河西走廊，使京师长安失去了基本的保障，中原王朝的压力骤然增加，迫使都城东移和南迁。北宋穆衍就此认为："唐失河湟，西边一有不顺，则警及京都。"② 葛剑雄亦言："到唐后期，情况已经发生了根本变化。安史之乱使黄河流域受到极其严重的破坏，而叛乱平息以后，北方又一直没有恢复安定。"③

唐朝的盛衰与能否有效掌控河西走廊密切相关，并为明朝提供了深刻的教训。在明朝治理河西走廊和通好西域时，积极进取的西汉是明朝效法的样本。自洪武五年（1372）冯胜攻占河西走廊到明朝灭亡，明朝控制河西走廊长达 270 年。仅就能够实际控制河西走廊的时间而言，明朝远远超过了以前诸朝。明臣马文升据此认为："切照甘凉地方，乃古胡虏左贤王之地，汉武帝倾海内之财，劳数十万之众，方克取之，设立酒泉、张掖等郡，以断匈奴之右臂。盖北则胡虏所居，南则番戎所处，若不分而离之，使番虏相合，不下数十余万，而中国何以当之？则甘凉地方，诚为西北之重地也。汉唐之末，终不能守，而赵宋全未能得。至我朝复入职方，设立都司，屯聚重兵。"④ 因为明朝面临的北部防守压力远远超过汉唐，其对手——元朝残余势力与昔日的匈奴和突厥不可同日而语。谷应泰认

---

① 单锦珩辑校：《王琼集》，山西人民出版社 1991 年版，第 61 页。

② （清）许容监修、李迪等撰，刘光华等点校整理：《甘肃通志》卷 4《疆域》，兰州大学出版社 2018 年版，第 200 页。

③ 葛剑雄：《统一与分裂：中国历史的启示》，上海三联书店 1994 年版，第 149 页。

④ （明）马文升：《为预防虏患以保重地事疏》，（明）陈子龙等辑：《明经世文编》卷 63，中华书局 1962 年版，第 525 页。

为："若夫高皇帝之定天下也，与汉、唐异。汉、唐之主，所称胜国之孽者，悉中原之人耳。乾符一御，丑类尽歼，宝箓攸归，余胤革面。然而汉围白登，唐苦突厥，内地既辑，边患乘之，强弩之末，殊未可以易视也。又况顺帝北出渔阳，旋舆大漠，整复故都，不失旧物，元亡而实未始亡耳。"① 美国学者巴菲尔德亦认为，与汉唐所面对的游牧力量完全相反，"明朝取代蒙元王朝这一征服中原的直接草原力量则是绝无仅有的"②。

通过朱元璋和朱棣的多次北征，明朝击碎了残元势力，使其进一步走向分裂，难以对明朝组织大规模的进攻。但不断的征讨，也使明朝君臣认识到仅仅依靠武力是不可能彻底征服来去无常的残元势力的，而只能用防御战术来消耗其力量并消磨其意志，以使其逐渐回心转意，实现真心归附的长久战略。达力扎布认为，"靖难之役"后，面对逐渐恢复的"北元势力"对明朝的威胁，"明朝被迫收缩防线，放弃洪武末年设立的外线卫所，逐渐退回到有山险可依的内线防守区域。因此，明朝中后期出现了'弃大宁界兀良哈'之说，将大宁、开平、东胜等外线卫所的丢失归咎于永乐皇帝。燕王朱棣为夺皇位发动的所谓靖难之役以及即位后对守边诸王的限制，确实削弱了明朝的防御力量。但是放弃以上卫所的主要原因还是难于防守，这些卫所不仅无险可守，而且粮饷转运困难。否则，很难解释明成祖五出（沙漠）、三犁（'虏'廷），而不能守区区几个卫所。

---

① （清）谷应泰：《明史纪事本末》卷 10《故元遗兵》，中华书局 1977 年版，第 149—150 页。

② ［美］巴菲尔德著，袁剑译：《危险的边疆：游牧帝国与中国》，江苏人民出版社 2011 年版，第 320 页。

从永乐朝开始，明朝的防区逐渐收缩到洪武初期固守的诸关隘内，并继续修筑边墙，逐渐形成了自山海关至甘肃嘉峪关的明长城"①。全面防御元朝残余势力的侵扰是明朝的基本国策，明成祖反复强调防御的重要性。如永乐八年（1410），他对宁夏备御都指挥王俶说："闻虏欲寇近边，须严备之。寇若入境，慎勿轻战。"② 永乐十三年（1415），成祖又对镇守宁夏的宁阳伯陈懋说："大抵御寇之道，勿轻与战，但坚壁清野最上计也。"③ 对于长期"战""守"的争论，熟悉北部边防的明臣杨一清仍以"守"为远谋。他在正德元年（1506）说道："世之论边事者，或专主于战伐。臣亦非敢忘战者，方将蒐选官军，策励将士，修车马、备器械、储糗粮、明斥堠。今冬虏贼若复侵犯，仰仗神武之威，谨当督率诸将，恭行天罚。雪耻除凶，臣之志也；以身殉国，臣之分也。成功在天，臣不敢必；凡所当为，臣不敢避。今首以筑墙挑衅为言，宜必增兹多口，但受恩深重，自当为国远图。"④

对于元朝残余势力而言，明朝的经济优势使其不可能持久地与朝廷对抗，而是必须想法从明廷不断获得经济利益。不论瓦剌也先的入侵还是鞑靼部俺答汗的屡屡进犯，其目的都是为了获取更多的经济利益，而不是为了挑战明朝的统治地位。他们清楚自己绝不是明廷的对手，内部的分裂与矛盾使其没有实力向明廷叫板。尽管明廷先后数次遇到了极大的军事压力，但未被其吓退，而是坚守北京，

① 达力扎布：《明清蒙古史论稿》，民族出版社 2003 年版，第 34 页。

② 《明太宗实录》卷 111，永乐八年十二月戊午，第 1425 页。

③ 《明太宗实录》卷 171，永乐十三年十二月戊辰，第 1904 页。

④ （明）杨一清：《为经理要害边防保固疆场事》，（明）杨一清撰，唐景绅、谢玉杰点校：《杨一清集·关中奏议》卷 7，中华书局 2001 年版，第 246 页。

以坚定的意志抗击残元势力的挑战。正如和田清所言："明朝取代元朝兴起以后，有人认为元朝就此灭亡了，这当然是误解。当时，成吉思汗的遗裔诚然被逐出了中国的内地，但后来还很久盘踞在蒙古本土，继承了元朝的帝位和称号。明朝所称的北虏，也就是北元的朝廷。北元朝廷后来经过明军几次攻逐，奔走穷荒，逐年丧失了中国式的文化，后来便慢慢恢复了蒙古原来的陋俗。"[1] 即使被人们所凸显的"土木之变"，也非瓦剌恢复元朝的计划。蔡美彪就此论道："土木堡之战，也先获全胜，俘虏明英宗，是明代历史上的一大事件。也先的侥幸获胜，主要是明英宗、王振君臣不明形势，仓促出兵，以致不战先溃，并非瓦剌有计划地兴元灭明。"[2] 巴菲尔德亦言："明代的游牧力量不是试图重新统治中国的元朝复仇者，更多的是采取外部边界战略的典型的早期游牧力量。他们试图在远方从中原获得好处，而没有打算重新征服中原。在明代，不管是也先、达延汗还是俺答汗，都未能建立一个长久的游牧帝国，这点非常明显，这种情况并不表明草原处于衰落之中，反而是草原帝国自身结构和明朝的对外政策所造成的。"[3]

为了有效防御元朝残余势力对西北边疆的侵扰，保证对河西走廊的绝对控制，明朝在甘州设立陕西行都司，统制诸卫所，是长城沿线的两个行都司之一（另一为大同的山西行都司）；肃王朱楧就藩甘州（建文时迁往兰州）；甘肃镇总兵官驻节甘州；分巡西宁道驻扎

---

① ［日］和田清著，潘世宪译：《明代蒙古史论集》，内蒙古人民出版社2014年版，第692页。

② 蔡美彪：《辽金元史考索》，中华书局2012年版，第466页。

③ ［美］巴菲尔德著，袁剑译：《危险的边疆：游牧帝国与中国》，江苏人民出版社2011年版，第296页。

甘州；甘肃行太仆寺置于甘州。"其大吏曰巡抚都御史，曰平羌将军总兵官，讦谟壮猷悉于是乎任之。而往来经理，若杨荣、若王骥、若陈镒、若许进、若王越及彭泽辈，其得失可考也。行太仆寺专理马政，按察分司特重粮储。行都司甘山六卫，亲民任也。又有屯兵同知、监牧通判、儒学教授等官"①。明代河西走廊"为关陇重地"，"控全陕之扼塞"，"近而藩垣四镇，远而纲领九边。通玉帛于天方，列毡庐于疆场"②，是故"甘肃之安危系全陕之安危，全陕之安危系天下之安危"③。

在明代，河西走廊被称为"甘肃"，或"汉之河西四郡"，或"甘凉之地"，或"河西十五卫所"，或"孤悬重镇"。在一般情况下，明代"河西"与"甘肃"可以互称，与元朝的"甘肃等处行中书省"和清朝的"甘肃布政使司"完全不同。

二、明代管控河西走廊的新模式

明朝之所以能够长期有效地控制河西走廊，就在于其能够总结历史经验，从实际出发，创新河西走廊的管控模式。面对空前强大的元朝残余势力的持续压力，明朝对河西走廊必须采取全新的治理模式，而不能简单地照搬前代的套路。自吐蕃攻陷河西走廊之后，该地区先后被吐蕃、回鹘、党项、蒙古等民族所占领。特别是自凉

---

① （清）钟赓起编著，张志纯等校注：《甘州府志校注》卷9《官师》，甘肃文化出版社1995年版，第259—260页。

② （明）赵锦：《行都司题名记》，（清）钟赓起编著，张志纯等校注：《甘州府志校注》卷13《艺文上》，甘肃文化出版社1995年版，第524页。

③ （明）杨博：《大将欺罔贪暴疏》，（明）杨博撰，张志江点校：《杨博奏疏集》，上海古籍出版社2018年版，第21页。

州会盟以来，蒙藏联合进一步加强，河西走廊先后深受藏族文化和蒙古文化的影响。而明朝要控制西北，征服元朝残余势力，只能在平定兰州周边地区后派遣主力部队攻占河西走廊，不断扫除该区域内的残元势力，以便清除西北边疆的军事隐患，尽可能恢复汉代河西走廊的政治、军事和对外交流的功能。

在河西走廊被少数民族占领的近五百年间，蒙古族的影响最大。"蒙元时期，陆续以各种形式迁居今西北甘青宁地区的蒙古族人很多，其中有相当一部分人先后在各地安家落籍，成为新的土著。明代，汉族以及其他民族称这些蒙古族遗裔为'鞑靼'（达达）、'达民'、'土达'、'土民'、'土人'等等。"① 在安史之乱后，河西走廊隔绝青藏高原和蒙古高原的功能已完全消失，并逐渐成为蒙藏联合的枢纽，一方面成为元朝抵御西域分裂势力的前沿，另一方面成为蒙古高原和青藏高原交往的通道。杨富学论道："自 1260 年忽必烈即位始，元朝内乱频仍。先是阿里不哥在和林独立，与世祖争夺汗位，战争历四年乃息。正值百废待举之际，又有窝阔台孙海都倡乱西域，察合台孙都哇响应之，二者结为同盟，势力强大，共同反对中原王朝，不断袭扰元朝西北边境，给元朝的统治带来了极大的威胁。在局势岌岌可危之时，豳王出伯家族奋起于西域，脱离察合台汗国叛乱势力而东归元朝，临危受命，出镇河西至西域东部地区。豳王家族英勇善战，以骑兵万人为主力，抵御西域诸王叛乱，中流砥柱，屡屡粉碎叛军对元廷所辖西域东部及河西走廊的觊觎，使以

---

① 崔永红、张得祖、杜常顺主编:《青海通史》，青海人民出版社 1999 年版，第 268 页。

上诸地皆免于战争的蹂躏，确保了一方安宁。"① 明朝占领河西走廊之后，除了承认蒙古族的存在之外，最迫切的任务就是尽可能地恢复汉代河西走廊的军事功能，并不断移民，大兴儒学教育，将军事体制与文化教育结合起来，持续推进河西走廊的文化建设，使其逐渐接近内地的发展水平。当然，这一进程是需要时日的，不可能一蹴而就。嘉靖年间，甘肃巡抚杨博对世宗疏言："我国家自混一以来，绝徼穷荒，莫不有学。其在陕西，如延绥，如宁夏，则文雅蔚然，科第相望。本镇百八十年来，甲科不过一二人，乡科亦仅仅数人，方之二镇，天渊悬绝。臣近日将生徒略加考校，大半皆句读不通之士，亟求其故，寔因提学官经年不到，无所惩劝，以故狼狈至此极尔。"②

需要强调的是，元朝对西北边疆的控制力也是有限的，并处于不断的变化之中。李治安认为："世祖、成宗二朝相当长的时间内，元朝方面在今新疆及中亚不断进行军事攻势，曾经在甘肃行省以西地区屯驻重兵，元帝国实际辖区西部和与海都、笃哇叛王军事对抗的前线，主要在今新疆及中亚一带。然而，在至元二十六年后，特别是到大德中叶，元军已逐步东撤到哈里密一线。甘肃行省随之变为元帝国实际辖区西部和与笃哇等叛王军事对抗的前线。"③ 到了明代，西域地区蒙古内部的矛盾与冲突依旧不断，东察合台汗国和帖

---

① 杨富学、张海娟：《从蒙古豳王到裕固族大头目》，甘肃文化出版社 2017 年版，第 55—56 页。

② （明）杨博：《边方学校十分废弛疏》，（明）杨博撰，张志江点校：《杨博奏疏集》，上海古籍出版社 2018 年版，第 18—19 页。

③ 李治安：《元代行省制度》，中华书局 2011 年版，第 500 页。

木儿帝国对明朝西北边疆也虎视眈眈，不可能在短时期内臣服明朝。换言之，要让成吉思汗的后裔彻底承认自己的完全失败，需要相当长的时间，这就要求明朝以极大的耐心和定力与他们打交道，尽可能通过朝贡贸易等和平手段来加强联系，逐渐消除彼此的分歧，为双方的融通乃至一体化不断清除障碍。而对于原有的民族格局，明初基本保留，不做大的变动。洪武三年（1370），中书省提出："西北诸虏归附者，不宜处边。盖夷狄之情无常，方其势穷力屈，则不得已而来归；及其安养闲暇，不无观望于其间。恐一旦反侧，边镇不能制也。宜迁之内地，庶无后患。"朱元璋反对这一建议，认为："凡治胡虏，当顺其性。胡人所居，习于苦寒。今迁之内地，必驱而南。去寒冷而即炎热，失其本性，反易为乱。若不顺而抚之，使其归就边地，择水草孳牧，彼得遂其生，自然安矣。"[1] 美国学者拉铁摩尔论道：对游牧势力"不能在王朝建立于中国之后，拿一些钱将他们来遣散，因为他们也许会背弃其领袖而叛变。也不能将他们整体迁入中国，因为会消耗太多必须谨慎管理并增加的收入。在这种时候，'贮存地'的现象才变得最为重要。这个王朝必须在它所占领的土地及统治的民众间，建立起等级来"[2]。

在明朝初年"一方面受到'华夷之辨'文化观念与两宋亡国之种族情绪之影响，以'复宋'为战争口号、以'驱除胡虏、恢复中华'为正统标榜，明确表达了驱逐、抗拒北方民族之政治观念，从

---

[1] 张德信、毛佩琦主编：《洪武御制全书·宝训》卷5《怀远人》，黄山书社 1995 年版，第 597 页。

[2] ［美］拉铁摩尔著，唐晓峰译：《中国的亚洲内陆边疆》，江苏人民出版社 2005 年版，第 374 页。

而在制度建设中呈现了复归华夏旧制的特点，此为明初制度建设之'明流'；另一方面，北族政权历史传统既已长期影响至于中国北方乃至全国近百年，明朝不仅一时难以消除，而且北族传统中亦有加强君主专制之观念与制度，明朝亦有自觉继承之意。故而，明初历史又有自然延续、暗地继承北族脉络，尤其蒙元传统之现象，是为明初历史之'暗流'。在这一时代背景下，明初制度建设遂呈现'胡汉杂糅'、'内胡外汉'之'双层脉络'特点"①。与汉唐两朝不同，明代河西走廊远离京师，"孤悬天末"，遥控难度明显加大。杨一清认为："甘肃一镇，比之各处不同，东起庄浪，西抵肃州，绵亘千五百里，南有番，北有达，止是一线之路通人行走。四时俱防贼寇，军马不得休息，自来号为难守。"② 杨博亦言："照得本镇地方孤悬河外，南番、北虏、西夷，三面受敌，视之他镇，独为难守。"③ 特别是处于"极边"的肃州卫"尤荒远孤悬，衰草壁垒，仅与张掖错绣联唇，北界胡虏，南逼火酋，西复畛接羌域，三面受敌"④。所以要有效地控制河西走廊，就必须吸取历史教训，建立严密的防守体系。洪武时期对河西走廊治理模式的反复试验和调整就集中反映了明朝破局的种种努力，其治理的核心就是从实际出发，不断加强军事控制和防御能力，而不再是简单地恢复或照搬郡县制的管理模式。在

---

① 赵现海：《明代九边长城军镇史》，社会科学文献出版社 2012 年版，第 126—127 页。

② （明）杨一清：《论调用将官奏封》，（明）杨一清撰，唐景绅、谢玉杰点校：《杨一清集·密谕录》卷 7，中华书局 2001 年版，第 1059 页。

③ （明）杨博：《大将欺罔贪暴疏》，（明）杨博撰，张志江点校：《杨博奏疏集》，上海古籍出版社 2018 年版，第 21 页。

④ （清）高弥高：《〈肃镇华夷志〉序》，（明）李应魁撰，高启安、邰惠莉点校：《肃镇华夷志校注》，甘肃人民出版社 2006 年版，第 1 页。

局势稳定之后，明代政治意义上的河西走廊与汉代虽有一定的差异，但明代朝臣还是以"汉代河西四郡"的观念来描述河西走廊。如王琼认为："汉于张掖郡置金城属国，以处蛮夷降者。又于匈奴昆邪王故地，置酒泉郡，隔绝匈奴与羌酋通路。宋为西夏所据。国初于张掖设甘州五卫，于酒泉郡设肃州卫，命将屯兵拒守。肃州外为嘉（原文为"加"）峪关，关外蛮夷因各其种类建卫，曰赤斤，曰苦峪，曰蒙古，曰安定，曰沙州，曰曲先，曰罕东，降给印信，各命其酋长管束夷众，内附肃州，外捍达贼。又于肃州外千里许建哈密卫，外通土鲁番、撒马尔罕、天方诸夷朝贡往来。自古据有河西，修饬武备，羁縻羌戎之法，惟本朝最为精密。"① 许论亦言："甘肃即汉之河西四郡，武帝所开以断匈奴右臂者。盖自兰州为金城郡，过河而西，历红城子、镇羌、古浪六百里，至甘州为张掖郡。甘州之西，历高台、镇夷四百余里，至肃州为酒泉郡。肃州西出嘉峪关，为沙、瓜、赤斤、苦峪，以至哈密等处，则皆敦煌郡地也……自庄浪岐而南，三百里为西宁卫，古曰湟中；自凉州岐而北，二百里为镇番卫，古曰姑臧。此河西地形之大略也。"②

在明代河西走廊的防御体系中，庄浪卫发挥着独特的作用，"其于河东为兰州门户，凉、湟堂奥，甘、肃之咽喉，靖、夏之捷径"。有明一代"考道里之迂直，通四郡者，由兰州而渡黄河，故庄浪重而置卫焉。其制，文武官必备，卒必精，其民居中，土兵居外地，外而熟番，又外而生番。其四境之外，东兰、西凉、西南湟中，皆

① 单锦珩辑校：《王琼集》，山西人民出版社1991年版，第31页。
② （明）许论：《甘肃论》，（明）陈子龙等辑：《明经世文编》卷232，中华书局1963年版，第2439页。

接连疆界，易以防闲。其可患者，莫若北之大松山，此有明之故辙也"①。明朝在庄浪卫设置整饬兵备道。正是因为庄浪卫所具有的特殊地位，当嘉靖前期调任庄浪分守参将鲁经为延绥总兵时，杨一清立即表达了不同意见，极力主张慎重选人用人。他用密疏方式对世宗说道："陕西镇守官在固原驻扎，管辖至兰州为止，与庄浪接壤。及看得陕西总兵张凤乃延绥世将，若将张凤调延绥，地利素知，人心素服；鲁经改任陕西，虽不管事庄浪，其土兵而土民见其切近，终有所惮而不敢犯，其子亦易于钤束，最为两便。且河西若有大警调集各镇兵马，须得一大将节制，鲁经之外，恐无堪是任者。留之近地，以备急用，亦一策也。"此议中午送达，晚上便得到世宗的批示："卿所奏谓鲁经调充延绥总兵官，恐彼所部人马、幼子难服一事，深合朕意。经虽简用，朕亦尝闻彼世守此地，恐难于别用也。前日点用，亦欲另推，但提督尚书王宪举于朝，兵部推于首，故用。待或有辞疏，再处。今闻卿言，见虑国之尽心也。朕欲待其来辞新任，可准其请，量升一级，使之世殚其力，以卫边城。"② 嘉靖二十一年（1542），"大虏入寇，云中、上谷间告急。上命邻镇遴精兵往援。时夜半，中官传旨：朕思庄浪鲁经将勇兵强，可备急用"③。世宗对鲁经的充分信任，表明位于庄浪卫的鲁土司是抵御蒙古贵族侵扰的一支十分重要的力量，反映了庄浪卫在蒙藏关系和河西走廊安

---

① （清）梁份著，赵盛世等校注：《秦边纪略》卷1《庄浪卫》，青海人民出版社2016年版，第108—111页。

② （明）杨一清：《论调用将官奏封》，（明）杨一清撰，唐景绅、谢玉杰点校：《杨一清集·密谕录》卷7，中华书局2001年版，第1060页。

③ 王继光：《安多藏区土司家族谱辑录研究》，民族出版社2000年版，第111页。

危中所具有的特殊作用。

正是由于西北边疆民族的复杂性，明代河西走廊的范围就与前代有较大不同。除了传统的区域之外，今兰州、青海部分地区和哈密也属于明代河西走廊的范围。为了有效管控河西走廊，明朝采取多种形式进行管理，并形成了多层次的防卫体系。

第一，在河西走廊以东，即从现今兰州安宁堡以东，实行与内地完全相同的郡县体制，由陕西布政司直接管理。一般而言，在明代，人们将兰州安宁堡以东称为"内地"，以西称为"边地"。如隆庆年间礼部所言："肃府始封甘州，今徙兰州，在内地，不得称极边。"① 但杨一清认为兰州亦边地亦内地，"似为腹里"②，他更愿意将兰州与河西走廊相提并论，认为"兰州地方军民，原额纳粮田地，俱在河外，北去十里，极临虏境，漫通贼路，实为紧关喉襟要害重地"③，进而认为"兰州比甘、凉尤为要紧"④。在明代之前，兰州所在的金城郡曾与张掖、酒泉、敦煌、武威诸郡合称"河西五郡"⑤。尽管明代兰州所辖区域与先前明显不同，但依旧与河西走廊紧密相连，兼有"内地"与"边地"的双重属性，为"防关重地"，其"视甘、凉尤为要害，与虏止隔一河，而河北盐场堡、定火城二处俱

---

① 《明穆宗实录》卷50，隆庆四年十月庚子，第1249页。

② （明）杨一清：《为传报声息预防虏患事》，（明）杨一清撰，唐景绅、谢玉杰点校：《杨一清集·关中奏议》卷5，中华书局2001年版，第152页。

③ （明）杨一清：《为存留守城官军以防虏患事》，（明）杨一清撰，唐景绅、谢玉杰点校：《杨一清集·关中奏议》卷4，中华书局2001年版，第129页。

④ （明）杨一清：《为存留守城官军以防虏患事》，（明）杨一清撰，唐景绅、谢玉杰点校：《杨一清集·关中奏议》卷4，中华书局2001年版，第132页。

⑤ 《晋书》卷14《地理志》，中华书局1974年版，第432页。

贼所从出没"①，经常受到蒙古部族的侵扰。如在成化二十二年（1486）和二十三年（1487）冬天，"虏连入兰州境，杀虏居民二百余人，掠孳蓄以万计"②。特别是在冬季，蒙古部族可利用河面结冰而南渡黄河抢掠，故必须加强兰州自身的防卫，并在军事上与庄浪卫、凉州卫相互呼应。成化二十三年，京营指挥使颜玉疏言："兰州距陕西一千四百余里，其镇守将臣每冬于兰州防守，倏往忽来，人无固志，宜令其恒驻兰州，西应庄浪，东保河桥，北为固静声援。"③宪宗批准了该建议，加强了兰州自身的防御以及对河西走廊的军事支持。弘治元年（1488），兵部尚书余子俊建议："肃州、甘、凉、庄浪、兰州相离为近，如有警，请令相互策应，不得于宁夏、延绥等卫调遣。如贼势重大，必用兵者，乃如旧例。"④孝宗亦从之。

第二，在明代，兰州是内地与河西走廊的唯一通道，"逼临黄河，路当冲要"⑤，"密迩河西"⑥，为"甘肃喉襟"⑦，是明代"丝绸之路中西方交通的必经之地"⑧。明臣马文升疏言："陕西路通甘、凉，止有兰州浮桥一道。若贼以数千人拒守河桥，粮运不能通，援兵不能进，不数年而甘凉之地难保无虞。万一甘凉失守，则关中亦

---

① 《明武宗实录》卷 2，弘治十八年六月辛酉，第 56 页。

② 《明孝宗实录》卷 22，弘治二年正月丙戌，第 515 页。

③ 《明宪宗实录》卷 289，成化二十三年四月辛卯，第 4894 页。

④ 《明孝宗实录》卷 21，弘治元年十二月丁巳，第 501 页。

⑤ 《明英宗实录》卷 297，天顺二年十一月壬寅，第 6321 页。

⑥ （明）杨一清：《为急处边储以防虏患以安地方疏》，（明）杨一清撰，唐景绅、谢玉杰点校：《杨一清集·关中奏议》卷 11，中华书局 2001 年版，第 406 页。

⑦ 《明英宗实录》卷 124，正统九年十二月甲寅，第 2472 页。

⑧ 杨林坤：《西风万里交河道——明代西域丝绸之路上的使者和商旅研究》，兰州大学出版社 2014 年版，第 14 页。

难保其不危。"① 由于"甘肃孤悬河外，山多土少，且通于虏患，不敢耕垦，岁入不足，必须仰给河东"②，故兰州是支援河西走廊的大后方。永乐十年（1412），秦州百姓张源认为："巩昌、临洮等府夏秋二税，岁令民运甘州，其地相去二千余里，皆陆行负荷，及载以牛驴，中途民罢畜死，所输者少，而所耗者多。乞将夏秋二税储于本处仓，遇农隙，令旁近州县民运输兰州仓，自兰县抵甘州，每五十里设一站，或役刑徒，或令军转输，庶少苏民力。"③ 成祖从之。正统元年（1436），行在户部官员再次要求："请自今各府税粮运至兰县，然后起发军夫，自兰县运至凉州，自凉州运至各卫，则民免凋毙而军食足矣。"④ 英宗亦从之。为了更好地支持河西走廊，明朝便在兰州设置管粮郎中，"籴买收贮，以备河西不测之变"⑤。兰州事关河西走廊和内地的安危。一旦兰州受到极大的军事威胁，河西将处于孤立无援的危险境地。成化三年（1467），甘肃巡抚徐廷章奏："万一有警，兰县河桥被阻，粮运不通，极为可忧。"⑥ 与河西走廊密切的关系使兰州的战略地位日益上升，其区位优势日渐凸显。

第三，兰州安宁堡以西至肃州，是明代河西走廊的核心区域，明朝在此设立卫所制度，实行军事化的管理体制，由陕西行都司统辖。在其东部，明朝大力扶持藏传佛教，稳定庄浪卫与河湟地区藏

① （明）马文升：《为预防虏患以保重地事疏》，（明）陈子龙等辑：《明经世文编》卷 63，中华书局 1962 年版，第 526 页。

② 《明世宗实录》卷 122，嘉靖十年二月丙子，第 2924 页。

③ 《明太宗实录》卷 128，永乐十年五月丙申，第 1594 页。

④ 《明英宗实录》卷 21，正统元年八月戊辰，第 406 页。

⑤ 《明世宗实录》卷 122，嘉靖十年二月丙子，第 2925 页。

⑥ 《明宪宗实录》卷 43，成化三年六月丙申，第 871 页。

族部众，积极利用这一地区忠于明朝的"土达"，让其拥兵管束，确保该区域的安宁。尹伟先认为："明代河西南山一带确有不少藏族农牧民在生息繁衍，这从当时褚铁等人的奏疏中可以得到印证。明朝为防止'南番''北虏'交恶，对这些藏族部落控制得非常严格。洪武年间，曾在黄河以西自庄浪到肃州南山一线，即所谓阿吉等二十九族所居之地北边树立界碑，划分疆场，严厉禁止藏民越疆采樵、牧耕。"① 设立陕西行都司是明朝管理河西走廊的创举，有力地保证了该地区的稳定与安全。

第四，在肃州以西至哈密，设立赤斤蒙古卫、沙州卫、哈密卫等军事机构，以羁縻方式拱卫河西走廊的核心区域。其中，永乐年间哈密卫的设置对"明西部边疆的安定，无疑有着重要意义"②。正如杨一清在嘉靖初年所言："嘉峪关以外，赤斤、罕东、哈密三卫夷人，俱以永乐年间率众来降，我太宗文皇帝授官降印，蓄为藩篱，迄今百五十年，坚守臣节。此固圣主深谋远虑，措置得宜，断匈奴右臂之微意也。"③ 该段亦可视为明代河西走廊的次区域，大体属于汉代敦煌郡所辖之地，是明代河西走廊最难治理的一个区域。由于该地区"在元代因成为诸王封地而出现蒙古化、部落化、游牧化的趋势，所以明代的行政建置止于肃州，在嘉峪关外设羁縻诸卫，因俗而治，即以归顺的故元蒙古诸王游牧部落为单位设立卫所，进行管辖，与元代情形一脉相承"④。关西七卫"民族成分极为复杂，藏、

---

① 尹伟先：《明代藏族史研究》，民族出版社 2000 年版，第 176 页。

② 田卫疆：《新疆历史丛稿》，新疆人民出版社 2011 年版，第 237 页。

③ （明）杨一清：《为整理边务以备虏患事》，（明）杨一清撰，唐景绅、谢玉杰点校：《杨一清集·关中奏议》卷 18，中华书局 2001 年版，第 683 页。

④ 胡小鹏：《元代西北历史与民族研究》，甘肃文化出版社 1999 年版，第 65—66 页。

撒里畏吾儿、回、蒙古、汉诸族杂居，各族之间尽管相互通婚融合，但在明朝中期以前，它们的区别还是显著的"[1]。其中哈密卫的治理难度最大，其在"肃州卫西北一千五百十里，至京师七千四百里。南抵沙州，西距火州，北连瓦剌，古伊吾庐地，其西八百里为土鲁番"[2]。自元末以后，"欧亚大陆西北部的蒙古系各股势力则形成了极为松散的权力集团。这样的模式一直延续了近二百年"[3]，明朝不可能在短时期内将其彻底征服。用羁縻卫的形式来管控嘉峪关至哈密这一复杂区域，并作为民族交融的实验区域，是明朝从实际出发而控制河西走廊的又一创举。《明经世文编》的编纂者难以理解明初的这一做法，提出了"荒服之地虽难守，胡得遽弃之"[4]的疑问，说明对该区域管理的难度认识不清。

第五，在哈密以西，通过朝贡贸易方式，与东察合台汗国、帖木儿帝国等保持贡赐关系，尽可能化解西域矛盾，减少冲突，以减轻哈密卫的压力，确保河西走廊的安全。自元末以后，察合台汗国分裂的政治原因"主要是成吉思汗后裔汗权的没落"，其"内部的专权争位以及不断进行的蒙古宗王间的战争，都使掌权的成吉思汗后裔没落下去。以至于最后权力完全落到了非成吉思汗一族的突厥化蒙古部落首领的手中"。这些突厥部落的首领"在中亚各地都占据一

---

① 曹永年：《明代蒙古史丛考》，上海古籍出版社 2012 年版，第 181 页。

② （清）顾祖禹撰，贺次君、施和金点校：《读史方舆纪要》卷 65《陕西十四》，中华书局 2005 年版，第 2881—2886 页。

③ ［日］杉山正明著，孙越译：《蒙古帝国的兴亡》，中国社会科学出版社 2015 年版，第 182 页。

④ （明）许论：《甘肃论》，（明）陈子龙等辑：《明经世文编》卷 232，中华书局 1963 年版，第 2439 页。

定的地区作为自己的采邑。他们的势力一天一天强大起来，甚至凌驾于察合台后王之上。他们互争雄长，混战不息，使得中亚各地扰乱不宁"①。在察合台汗国的衰落瓦解之中，明代哈密以西就处于长期的分裂与混乱之中，像元朝一样，明朝也没有更好的办法来有效化解其固有的矛盾与冲突，加之北部瓦剌的挤压，使哈密卫在明代中后期难以扮演明朝所期望的角色。

从上述可以看出，明朝根据元朝所造成的既有事实，因地制宜，对以河西走廊为核心的西北边疆实行了与以往完全不同的管理办法。换言之，在应对河西走廊周边复杂关系时，通过不断的探索，明朝逐渐构筑了较为严密的防御体系。在这一防御体系中，哈密卫是第一道防线，嘉峪关在内的肃州卫是第二道防线，甘州卫是第三道防线，凉州卫至庄浪卫为第四道防线，固原镇所在的兰州卫是第五道防线。不言而喻，第一道防线压力最大，哈密卫的多次废立直至最后的残破，就说明了这一点。但第二道防线是明朝的生命线，需要严防死守，不能像哈密卫那样任由西域部族和瓦剌侵扰和践踏。在两百多年间，处于要冲之地的嘉峪关经受住了考验，总体上确保了关内的和平与安宁。正如明臣王鸿儒所言："明太祖高皇帝既定中原之五年，命宋国公冯胜拓地西陲，而甘肃始入职方氏。自是而后，率以宿将镇守其地，后复益以文臣保厘，其所以南辑羌戎，北御胡虏，西控西域城郭诸国者，无复遗算。自是关中无事，而海内晏然矣。"② 王琼亦言："守臣相继抚驭，诸夷一尊旧规，不敢生事启衅，

---

① 王治来：《中亚通史》（古代卷下），人民出版社 2010 年版，第 221—223 页。

② （明）王鸿儒：《都察院题名记》，（清）钟赓起编著，张志纯等校注：《甘州府志校注》卷 13《艺文上》，甘肃文化出版社 1995 年版，第 522—523 页。

所以百五十年来西陲宴然无事，而海内宴然矣。"① 明朝能够持久地固守河西走廊，就在于根据实情创新防御体系，以极大的勇气抵抗元朝残余势力的侵扰。

三、明代通过河西走廊管控西北边疆的意义

长期以来，一些学者往往以"闭关锁国"来评价明朝的对外交往，这是偏颇的。事实上，明朝并没有闭关锁国，特别是从自身安全来讲，明朝也不可能闭关锁国。就陆路而言，面对强大的元朝残余势力，明朝必须走开放之路，必须通过与西域的经济互补关系来强化联系，以此来化解西北边疆十分复杂的部族矛盾和尽可能地消除军事威胁。

元朝西域格局的混乱在明朝依旧延续，故明代河西走廊既经受着西域部族的不断干扰，又承受着元朝残余势力的持续侵扰，所面临的军事压力是空前的。对于这一情势，不能简单地以明朝的软弱来看待，而必须认识到解决唐末以后西北边疆地区国家统一的难度和复杂性，需要持久的耐心和有效的防御。固守河西走廊是明朝的底线，也是明朝维护其核心利益的必然选择。即在吐鲁番残破哈密卫过程之中，作为明朝"经营西域的桥头堡"② ——肃州卫多次经受住了其侵扰，度过了明代最为艰难的时期，说明明朝精心构筑的河西防御体系在总体上是非常有效的。

正是由于河西走廊被明朝所牢牢掌控，故其对明朝的国家安全

---

① 单锦珩辑校：《王琼集》，山西人民出版社1991年版，第31页。

② 施新荣：《吐鲁番学与西域史论稿》，浙江大学出版社2017年版，第127页。

和边疆稳定始终发挥着独特而重要的作用。特别是明朝以极大的自信和持之以恒的定力，坚定执行对西域的开放与交往国策，克服困难，排除杂音，确保通过河西走廊保持西域与明朝的持续交往，创造了"大一统"王朝对河西走廊的控制力度与时间长度的空前纪录。明朝在衰亡之中没有发生汉唐时期反复出现的河西失控的情景，证明了明朝管控河西走廊的方式和治理西域的政策选择是符合实际的，说明明朝通过控制河西走廊来管控西北边疆是成功的。这是以前各朝都无法做到的。

　　由于明代河西走廊远离京师，故称为"极边"和"绝域"，或视为"孤悬"。要认识明代管控河西走廊的特点，都城变迁的因素是不能忽略的。在汉唐时期，河西走廊与"长安模式"联系在一起，都城与河西走廊较近，朝廷易于控制；在明代，河西走廊则与"南京模式"和"北京模式"联系在一起，都城远离河西走廊，控制难度更大。正如李鸿宾所言："河西走廊地位的全局性抑或地区性的呈现，与其说在它自身，不如说建基于全国性王朝的整体架构之中。当以关中为核心的全国架构成立之时，意味着走廊战略地位确定之始；当以东部河北为重心的全国架构另行确立，河西走廊的战略地位就变化了。决定河西走廊战略地位的就是它所担负的沟通王朝核心本部同外界联系最为密切也是最为关键的那个世界的角色。前期的外界重心在西域乃至西域以外的西方，后期外界的重心并不局限于西域，更包括了王朝的周围四方。"① 明初，朱元璋不断思索迁都

---

① 李大龙、李鸿宾、王子今、王剑利：《河西笔谈：从河西走廊发现更广阔中国》，黄达远、王颜龙、蔺海鲲主编：《从河西走廊看中国》，社会科学文献出版社 2018 年版，第167页。

北方的可能性，以顺应唐以后多民族国家治理的新要求。当时，在南方长期活动的朱元璋倾向于相对安全的西安，而对地处元朝残余势力易于攻击的北平多有顾虑。而在北平崛起的燕王朱棣正好弥补朱元璋认识上的不足，称帝后毅然将都城从南京迁到北京，不怕元朝残余势力的威胁，以"天子戍边"的决心立志继承元朝的政治遗产，整合"华夷"秩序，构建全新的多民族国家。而长城的修筑表明明朝统治者对元朝残余势力侵扰的长期性和自我保护的艰巨性有着清醒的认识，通过长城与驿站将北京与河西走廊紧密联系在一起，客观上顺应了民族交融的新要求。顾祖禹论道："都燕者固以肃为右掖矣，乃其地孤悬绝域，四顾丛梗，经略未可易也。"[1]"中外巨防"嘉峪关的崛起就是明朝成功控制河西走廊的一个缩影。

特别需要指出的是，目前学界对明代河西走廊的治理以及通过河西走廊与西域的通贡贸易所产生的积极意义认识不够，并对这一成效为清朝统一西北特别是统一新疆所奠定的坚实基础认识不足。更甚者，一些学者割裂明朝与清朝的关系，一方面一味地凸显清朝的功绩，而无视明朝将近三百年间对河西走廊的有效控制和对西域的苦心经营；另一方面大谈特谈所谓的"内亚"因素，无视自明代以来西域格局的自身演变和明朝与西域关系的持续推进。特别需要指出的是，明代对河西走廊的治理模式在很长一段时间内为清朝所继承，清朝是在继承明朝西北边疆治理的基础上逐渐统一西北的。只有当新疆的局势稳定下来后，河西走廊的治理模式才能发生改变，

---

① （清）顾祖禹撰，贺次君、施和金点校：《读史方舆纪要·舆图要览》卷3《山丹甘肃边第八》，中华书局2005年版，第5837页。

才能与内地实现一体化管理。可以说，没有明朝对河西走廊长时间的绝对控制和有效治理，没有明朝通过河西走廊对西域的和平交往与交流，没有近三百年明朝有效维护绿洲丝绸之路的畅通，清朝要真正统一西北，拓展疆域，将要付出更大的代价。这是在构建新时代中国历史学学科体系、学术体系、话语体系中必须重视的一个重要内容。

明代甘肃镇边境保障体系述论

甘肃镇是明朝特殊的边境保障地区，在明朝的国防体系和对外贸易中具有其他边镇不可比拟的作用和难以替代的功能。这一问题在明史和边疆史研究中常被忽略，少数文章涉及该问题时，也只是泛泛而谈。本文专门研究这一问题，敬请专家指正。

一、甘肃镇的独特地位

朱元璋于 1368 年在南京登基称帝，大将徐达率兵北伐，攻占元大都。元顺帝逃往北方草原，统帅扩廓帖木儿（王保保）从山西逃往甘肃。洪武五年（1372），朱元璋任命冯胜为征西将军，领兵进剿甘肃境内的元朝残余势力。西征军势如破竹，迅速向河西地区推进，甘肃境内的元朝残余被消灭殆尽。冯胜西征军行至瓜（今甘肃安西）、沙（今甘肃敦煌）而归。从此以后，便形成了明廷在西北的疆域格局，嘉峪关以西的广袤地区难以为明王朝绝对控制。这样，甘肃镇成为明王朝的边防前哨和对外交往的窗口，战略地位日益突出。

尽管朱元璋推翻了元朝在长城以南的统治地位，仍不能再现昔日元朝所拥有的广阔疆域。明王朝与北元的军事对抗构成了有明一代北部边疆的基本格局。甘肃镇北有蒙古诸部，西有诸番，朱元璋担心两者如若联合起来共同对付明朝，那将会造成严重的军事危机，西北地区将永无宁日。《明史·西域传》载：朱元璋"甫定关中，即法汉武创河西四郡隔绝羌、胡之意，建重镇于甘肃，以北拒蒙古，南捍诸番，俾不得相合"①。甘肃便成为明代九镇之一。《明史·兵志》对明朝沿边设镇的原因及九镇的分布有一概括性的论述："元人北归，屡谋兴复。永乐迁都北平，三面近塞。正统以后，敌患日多。故终明之世，边防甚重。东起鸭绿，西抵嘉峪，绵亘万里，分地守御。初设辽东、宣府、大同、延绥四镇，继设宁夏、甘肃、蓟州三镇，而太原总兵治偏头，三边制府驻固原，亦称二镇，是为九边。"②九边亦称"九镇"，是明朝在北部与北元势力对峙沿线的九大防御区。各镇皆派重兵防守，形成了北部边防的鲜明特色。

在九镇之中，甘肃镇位于最西端，其"夹夫以一线之路，孤悬几二千里，西控西域，南隔羌戎，北遮胡虏"③，"近而藩垣四镇，远而纲领九边，通玉帛于天方，列毡庐于疆场，黄河、黑水、昆仑、崆峒际天极地，巍然一大镇也"④。特别是甘肃镇内外复杂的民族关系，使其在九镇中更具特殊的政治地位。弘治六年（1493），明孝宗对经略甘肃守臣说："盖以本朝边境惟甘肃为最远，亦惟甘肃为最

① 《明史》卷330《西番诸卫传》，中华书局1974年版，第8549页。

② 《明史》卷91《兵志三·边防》，中华书局1974年版，第2235页。

③ （明）程道生：《九边图考·甘肃》，季羡林、江措主编：《中国少数民族古籍集成》（第四册），四川民族出版社2002年版，第295页。

④ （明）赵锦：《行都司题名记》，（清）钟赓起编著，张志纯等点校：《甘州府志校注》卷13《艺文上》，甘肃文化出版社1995年版，第524页。

重。祖宗于此屯兵建阃，非但制驭境外之生夷，亦以抚绥境内之熟羌也。"① 所以说，甘肃镇是明朝西北边疆的战略要地。

虽然甘肃镇远离京师，不像宣府、大同诸镇那样直接影响着北京的稳定与安危，但它仍然与京师的稳定与安危息息相关。《肃镇志》中言：甘肃镇"关乎全陕之动静，系夫云晋之安危。云晋之安危关乎天下之治乱"②。一旦"甘凉失守，则关中亦难保其不危"③。只有甘肃"守备得安，而贼之出没可以预知，非惟庄浪、甘肃地方保无虞，而中卫、靖远、兰州等处亦不被深入大扰之害矣"④。明人将甘肃镇比作九镇之中的"踵足"，以说明它的重要性，认为"京师，犹人之心腹也；宣、大，项背也；晋、蓟、辽东，肘腋也；延、宁，肢体也；甘肃，踵足也"⑤。查继佐在《罪惟录》中进一步描述道："若以地之轻重论，诸边皆重，而蓟州、宣大、山西尤重，何则？拱卫陵寝，底定神京，宣大若肩背，蓟晋若肘腋也。以守之难易论，诸边皆难，而辽东、甘肃为尤难。何则？辽东僻远海滨，三面皆敌，甘肃孤悬天末，四面受警也"⑥，而在万历以前，甘肃镇的防守最难。明臣杨一清在弘治年间说："甘肃一镇，自兰州渡河，所

---

① 《明孝宗实录》卷 74，弘治六年四月己酉，第 1392 页。

② （清）高弥高、李德魁等纂修：《肃镇志》卷 2《建置志》（顺治十四年抄本），成文出版社 1976 年影印本，第 35 页。

③ （明）马文升：《为预防虏患以保重地事疏》，（明）陈子龙等辑：《明经世文编》卷 63，中华书局 1962 年版，第 526 页。

④ 周树清等纂修：《永登县志》卷 3《艺文志》（民国抄本），成文出版社 1976 年影印本，第 77 页。

⑤ （明）赵锦：《行都司题名记》，（清）钟赓起编著，张志纯等点校：《甘州府志》卷 13《艺文上》，甘肃文化出版社 1995 年版，第 525 页。

⑥ （清）查继佐：《罪惟录》卷 12《九边志总论》，浙江古籍出版社 1986 年版，第 746 页。

辖诸卫绵亘二千里，番虏夹于南北一线之路。其中肃州嘉峪关外，夷羌杂处，寇盗无时，自昔号为难守"①，所以说建立与甘肃镇战略地位相适应的完备的边境防御体系是至关重要的。

二、甘肃镇的组织管理体系

根据甘肃镇周边情势，建立一套完备的组织管理体系，以增强抵御外部敌对势力侵逼的能力，是明朝统治者所要解决的首要问题。当然，要建立这样一套完备的组织管理体系，并非朝夕所能完成。换言之，甘肃镇的组织管理体系是逐渐形成的。

在平定甘肃的过程中，明朝先后在各地设立卫所的军事制度，用来加强对占领区的控制，如河州、岷州、凉州、西宁等卫，洮州、西固城等千户所。洪武七年（1374）七月，在河州府设置西安行都卫，管辖河州、朵甘、乌斯藏三卫。次年十月，将西安行都卫更名为陕西行都指挥使司。洪武九年（1376），朱元璋进行机构调整与改革，罢撤了陕西行都指挥使司，由设在西安的陕西都指挥司遥控广袤的甘青地区的卫所。后因该地区内诸族叛服无常和北元各部的屡屡进犯，明廷又不得不从体制上强化对甘肃镇的管理。洪武十二年（1379），朱元璋下令恢复陕西行都指挥使司的机构，并将其治所由河州移至庄浪（今甘肃永登）。这一举措表明了明朝对甘肃镇战略地位的重新审视，认识到了它所具有的独特的国防地位。但是，以庄浪作为陕西行都指挥使司的治所，仍然难以有效地管理甘肃镇，于

---

① （明）杨一清：《论甘肃事宜》，（明）陈子龙等辑：《明经世文编》卷19，中华书局1962年版，第1137页。

是，在洪武二十六年（1393），明廷又将其治所西移至适中的甘州（今甘肃张掖），使其便于东西兼顾，并根据敌情，迅速作出反应。从此以后，陕西行都指挥使司的治所再未变更，说明选择甘州为其治所是适宜的。这样，甘州便成为明代甘肃镇的"总会之地"，是明代经略甘肃的大本营。

陕西行都指挥使司上隶右军都督府，下辖十二卫和三个千户所，兹列表加以说明①：

表1　清前期江苏州县建置及变更表（1644—1795）

卫所名	初设时间	废置情况	今名	与甘州的距离（里）
甘州左卫	洪武二十三年	洪武二十七年罢，次年复置	张掖	——
甘州右卫	洪武二十五年	——	张掖	——
甘州中卫	洪武二十五年	——	张掖	——
甘州前卫	洪武二十九年	——	张掖	——
甘州后卫	洪武二十九年	——	张掖	——
肃州卫	洪武二十七年	——	酒泉	510
山丹卫	洪武二十三年	——	山丹	180
永昌卫	洪武十五年	——	永昌	310
凉州卫	洪武九年	——	武威	940
镇番卫	洪武二十九年	建文元年罢，永乐元年复置	民勤	550
庄浪卫	洪武五年	建文中改卫为千户所，永乐元年复改为卫	永登	940
西宁卫	洪武六年	——	西宁	1350

---

① 此表依据《明史·地理志》《明史·兵志》及《镇番县志·地理志》（道光五年刊本）等资料编制而成。

卫所名	初设时间	废置情况	今名	与甘州的距离（里）
镇夷所	洪武三十年	建文二年罢，永乐元年复置	高台县西北	300
古浪所	正统三年	——	古浪	640
高台所	景泰七年	——	高台	160

设立陕西行都指挥使司和卫所等军事机构管理河西，是明朝的独创。明臣马文升说："甘、凉地方，诚为西北之重地也。汉、唐之末，终不能守，而赵宋全未能得。至我朝复入职方，设立都司，屯聚重兵"[①]。在陕西行都指挥使司的基础之上，明廷又不断地增设巡抚、总兵官、镇守太监等官职并连续地派遣重臣巡视甘肃或专督兵马，建立了一套"文经武纬，杜渐防危，提纲振目"的完备的制度[②]。现将甘肃镇所设职官及其职守列表说明如下[③]：

表2　明朝甘肃镇所设职官及职守表

职　官	职　守
巡抚都御史	（1）操练军马。（2）抚绥军士。（3）修理城池、墩台、关堡。（4）整饬器械、盔甲，兼理粮储，均分灌田水利。（5）严禁私禁贩卖。（6）查验朝贡番使，羁縻番夷。

---

① （明）马文升：《为预防虏患以保重地事疏》，（明）陈子龙等辑：《明经世文编》卷63，中华书局1962年版，第525页。

② （清）高弥高、李德魁等纂修：《肃镇志》卷3《官师志》（顺治十四年抄本），成文出版社1976年影印本，第57页。

③ （明）魏焕：《皇明九边考》卷9《甘肃镇》；镇守太监职守根据《明实录》有关记载概括而成，该职于永乐年间初设，嘉靖十八年裁革。

职　官	职　守
镇守太监	（1）监督军事将领，协赞军事行动。（2）安抚番夷，查验贡使。
镇守总兵官	（1）操练军马。（2）抚恤士卒。（3）修理城池。（4）防御番房。
协守甘州左副总兵官 分守凉州右副总兵官	（1）操练军马。（2）修理城池，督瞭墩台。（3）防御房寇，抚治番夷。
分守庄浪左参将	（1）操练军马。（2）抚恤军士。（3）修理城池。（4）防御贼寇。
游击将军	（1）操练军马。（2）抚恤军士。（3）驻扎永昌，在东至庄浪，西至甘州一线往来应援，剿杀贼寇。
整饬西宁兵备副使	（1）兼管庄浪、古浪、凉州、镇番等五卫所，并巡历所辖卫所。（2）抚治番夷。（3）整饬兵备，修理城池。（4）剖理词讼，纠察不法。
整饬肃州兵备副使	（1）居住肃州，兼管永昌、山丹、甘州、高台、镇夷等九卫所，并巡历所辖卫所。（2）整伤兵备。（3）抚治番夷。（4）参奏贪酷残害军士的所属军职。（5）催督分守等官，相机截杀出没的番夷。
守备镇番地方官 守备西守地方官	（1）操练军马。（2）修理城堡，督瞭墩台。（3）防御房寇，遇警相机战守。
守备镇羌堡地方官	（1）守备统领六百军士驻扎镇羌堡，由庄浪分守官节制。（2）把总指挥统领四百名军士，驻扎岔口堡，由镇羌守备官调遣。
守备红城子地方官	（1）操练军士。（2）修理城池。（3）抚恤士卒，遇警相机剿杀。（4）由分守庄浪参将节制。
守备永昌地方官	（1）操练军马。（2）抚恤军士。（3）修理城池墩台。（4）防御贼寇。
守备洪水堡地方官	（1）操练军马。（2）抚恤下人。（3）修理城池。（4）防御番房。（5）劝督耕种。（6）严谨烽燧。（7）遇警调兵相机截杀。

续表

职　官	职　守
守备山丹地方官 操守镇夷地方官 镇守高台地方官	（1）操练军马。（2）保固城池。（3）防御贼寇。
甘肃领班备御官 凉州领班备御官	管领上班、下班官军。

从表 2 中可以看出，甘肃镇各类职官共同职责主要有四个方面：一是操练军马；二是修筑防御工事，包括墩台、城池和关堡；三是安抚番夷；四是防御北元，并截杀入寇之敌。这四个方面将练兵、防御、安抚、围剿包容于一体，表明明朝统治者在护卫边疆方面所具有的严密性、实用性和创新意识，为明以前诸中原王朝所不及。正如明臣陈洪谟所言："自古据有河西，修饬武备，羁縻羌戎之法，惟本朝最为精密。"①

三、甘肃镇内部防御体系

由于河西地区地形复杂、土旷人稀和大部分卫所分布在长城一线，因而，在建制设官防守的同时，还必须因地制宜，建立有效的防御工事，以弥补军事力量的不足。明廷在河西的防御体系主要由墩堡、驿站和边墙三部分组成。

（一）墩堡

甘肃镇原额兵员不足 10 万，其中大部分兵力必须布置在甘州、

---

① （明）陈洪谟撰，盛冬铃点校：《继世纪闻》卷 6，中华书局 1985 年版，第 110 页。

肃州、凉州、镇番、西宁等军事要地。为了解决有限的兵力和处处设防之间的矛盾，修筑便于防守的工事势在必行。正由于此，修治城池墩堡成为甘肃镇大小官员的主要职责之一。

总体说来，甘肃镇的防守是被动的。长城以北蒙古诸部常常避实击虚，出没无常。当明军得知追剿时，他们则掉头逃逸，饱掠而去。为了保护甘肃镇军民的生命财产，明朝在甘肃镇建立了墩堡制度，以最大限度地发挥甘肃镇军民的自我防卫能力，做到“家自为守”和“人自为战”，在自我防御的同时，又能保持正常的耕牧活动。墩堡分为两类，一为兵墩，二为田墩。兵墩多设在交通便利之地，而田墩通常置于偏僻的乡间。永乐十二年（1414），明廷规定：在五七屯或四五屯内，选择便利之地修筑一大堡，堡墙高七八尺或一二丈不等，堡墙四面开八门以供军民出入；近屯辎重粮草都集中于大堡之内。[①] 每一大堡设堡长一人，屯堡一人；小堡只设屯长一人。大堡设有守备、操守、防守等官，小堡则设防御掌堡官或总旗。他们平时“守护城池，有警则收敛人畜”。凡“农务已毕，或有警收敛，则皆归墩之内”[②]。《五凉全志·地理志》载：“镇番为凉州门户，四通夷巢，无山险可恃。明时套夷，不时窃犯，故设重兵弹压。……而蔡旗、重兴、黑山、青松、红沙等堡，俱有防守官兵，周围棋布。”[③] 在乡间的田墩，或“二三十数家，或四五十数家，令共筑一墩，每墩设一总甲提调”。大小墩堡集传递信息和自我防御于

① 《明太宗实录》卷155，永乐十二年九月丁酉，第1792页。

② （清）张玿美修，曾钧等纂：《五凉全志·武威县志》（乾隆十四年刊本），成文出版社1976年影印本，第156—157页。

③ （清）张玿美修，曾钧等纂：《五凉全志·镇番县志》（乾隆十四年刊本），成文出版社1976年影印本，第275页。

一体，一有警报，"大城四路各发柴烽信炮传示各乡，即敛生畜，屯据本墩，庶聚散甚速，清野甚速"①。此外，一些殷富人家将自己的住宅增高加固，使其时时身居安全之地。据《镇番县志》载："前明边境不宁，殷实之户，高广墙垣，以备夷虏"。② 这样，大小不等的墩堡在河西地区星罗棋布，其与寨、营、隘口、墙壕、关等防御工事形成了一个严密的内部防御网络。明人张雨在《边政考》一书中对此予以详细记载，兹列表说明如下：

表3　张雨《边政考》所载河西地区防御工事

防御工事 卫所名	寨	营	堡	隘口	墩	墙壕（道）	关
庄浪卫	6	7	28	32	85	1	—
凉州卫	23	7	58	31	109	2	—
古浪所	1	3	4	9	29	150余里	1
镇番卫	2	1	24	8	53	—	—
永昌卫	7	6	33	37	90	—	—
西宁卫	10	23	64	23	75	1	3
甘州卫	1	1	56	35	136	1	—
山丹卫	5		23	34	51	1	—
高台所	—	2	46	15	42	1	—
肃州卫	—	5	43	24	97	1	—
镇番卫		1	14	10	46	1	—

从表4中可以看出，在各类防御工事中，墩、堡两类占据主要地

---

① （清）钟庚起编著，张志纯等点校：《甘州府志校注》卷8《戎兵》，甘肃文化出版社1995年版，第282页。

② （清）张玿美修，曾钧等纂：《五凉全志·镇番县志》（乾隆十四年刊本），成文出版社1976年影印本，第227页。

位，是最重要的防御工事，其积极作用是应当肯定的。据《重修肃州新志》载：墩堡使屯军"无事则耕，有事则战。贼寡则本堡之兵，贼多则近堡合力，各大城兵马相机应援。大则可以斩获成功，次则亦可夺获抢掠，不至损失"[1]。《五凉全志》亦载："营堡之设，重保障也。无事则简恤士卒，有事则授兵登陴，右番左彝，俯首息啄，斯编氓安堵，并受其福矣。"[2]

（二）边墙

边墙即后来所谓的"长城"。在甘肃镇的 15 个卫所中，从西至东的边防一线中分布着肃州卫、镇夷所、高台所、甘州 5 卫，山丹卫、永昌卫、镇番卫、凉州卫、古浪所、庄浪卫等 14 卫所。也就是说，除西宁卫外，其余诸卫所直接承受着长城以外蒙古诸部的巨大冲击。相对于墩堡，边墙的修筑要晚一些。在"土木堡之变"后，明朝统治者不得不重新审视北部边防的防御能力问题。如何加强对蒙古贵族的防卫能力，再次成为君臣关注的焦点，于是，修筑边墙即"万里长城"日渐成为人们的共识。弘治七年（1494），经略哈密的兵部右侍郎张海提出："甘肃东、中、西三路，延袤二千余里，四当敌冲，盗贼出没无时，若不因地制利，务为悠久守备之图，恐盗贼滋蔓，为祸不可胜言。臣按诸路或当增筑墩墙，或当修理壕堑，动有数十百里"，并要求敕谕甘肃守臣"督官军于农闲之时，渐次修

---

① （清）黄文炜撰，吴生贵、王世雄校注：《重修肃州新志校注》，中华书局 2008 年版，第 406 页。

② （清）张珆美修，曾钧等纂：《五凉全志·古浪县志》（乾隆十四年刊本），成文出版社 1976 年影印本，第 499 页。

理边防，或地有沙石者，用古人植木立栅之法，或水路不通者，用他边窖水之法，使营垒相望，哨守相闻，靖虏安边计得矣"①。此议后被采纳。如嘉靖时甘肃巡抚杨博"以暇修筑肃州榆树泉及甘州平川境外大芦泉诸墩台"②。修筑边墙的具体方法是：凡边墙之当修者，"分别险夷，酌量缓急，计画丈尺，以定其难易先后之序。一切工程皆坐派操守及轮借驿递夫而分用之"③。修筑边墙的费用由朝廷承担，如万历初年，为了用砖修筑肃州、凉州、镇番、庄浪等地的边墙，就一次性地从国库存中拨银 1.79 万余两。④ 经过嘉靖、隆庆、万历三朝的集中修筑，甘肃镇的边墙基本告成。据《明会典》载：到万历前期，甘肃镇"见存城垣堡寨四百九十五座，关隘一百四处"⑤。

边墙是由墙和临边堡、墩、寨、关等防御工事构成的一道防御线。甘肃镇边墙的修筑，使西起嘉峪关、东至庄浪卫连成一线，在很大程度上使蒙古贵族"扼于墙堑，散漫不得出"⑥，河西军民的生命财产和正常生活因此有了更进一步的保障。隆庆年间，巡抚庞尚鹏说道："臣巡历所至，亲得诸见闻，如庄浪之岔口、甘肃之古长城等处，近经修筑，功已垂成，土人争引水利，垦田其间，早出暮归，不闻有驱掠之忧。"⑦

---

① 《明孝宗实录》卷 89，弘武七年六月丙寅，第 1645 页。

② 《明史》卷 214《杨博传》，中华书局 1974 年版，第 5656 页。

③ （明）庞尚鹏：《清理甘肃屯田疏》，（明）陈子龙等辑：《明经世文编》卷 360，中华书局 1962 年版，第 3886 页。

④ 《明神宗实录》卷 37，万历三年四月辛巳，第 866 页。

⑤ 《明会典》卷 130《镇戍五·甘肃》，中华书局 1989 年版，第 670 页。

⑥ 《明史》卷 178《余子俊传》，中华书局 1974 年版，第 4738 页。

⑦ （明）庞尚鹏：《清理甘肃屯田疏》，（明）陈子龙等辑：《明经世文编》卷 360，中华书局 1962 年版，第 3886 页。

边墙的修筑，与墩堡形成了遥相呼应的互为一体的防御格局，有效地抵御着敌对势力对河西地区的蹂躏，大大地减少了河西的边患。如果说边墙是甘肃镇的第一道防线的话，那么分布各地的墩堡则是第二道防线。庞尚鹏说："边墙艰隔，则动有牵制，岂能长驱突入内地乎？即欲溃墙而逞其势，亦非一蹴之所能及也。烽堠之先传，耕牧之收保，将士之邀击，皆可以早见而豫待之矣。"①

当然，边墙的防御功效是有限的。有明一代，蒙古贵族时常溃决边墙南下，"纵横饱掠无所息"。对此，清朝康熙皇帝曾有一番颇有见地的看法："帝王治天下，自有本原，不专恃险阻。……可见守国之道，惟在修德安民。民心悦，则邦本得，而边境自固，所谓众志成城者是也。"② 但是，如果无视明朝与北元的敌对关系，一味地否定明代长城在特定环境下所具有的独特的防御功能，则是偏颇的。

（三）驿站

甘肃镇驿站的分布走向基本上与边墙平行。换言之，边墙是驿站的保护伞。

在明代，驿递仍然是交通运输与信息传播的主要手段。驿递在京师称会同馆，在外称水马驿和递运所。在甘肃镇，只有马驿。马驿的交通工具是马、骡、驴所牵引的车辆，并配有人数不等的甲军。

---

① （明）庞尚鹏：《清理甘肃屯田疏》，（明）陈子龙等辑：《明经世文编》卷360，中华书局1962年版，第3886页。

② 《清圣祖实录》卷151，康熙三十年辛未五月丙午，中华书局1986年影印本，第677—678页。

现以甘州 5 卫所领的 6 个驿站和 5 个递运所的情况列表予以说明①：

表 4　甘州五卫所领驿站和递运所甲军及马骡驴车数

驿递名称	所属之卫	甲军人数	马骡驴车数
甘泉驿	甘州左卫	94	78
甘泉递运所	甘州左卫	62	59
仁寿驿	甘州前卫	61	75
仁寿递运所	甘州中卫	65	65
东乐驿	甘州后卫	83	67
东乐递运所	甘州右卫	79	79
小沙河驿	甘州中卫	51	47
沙河驿	甘州中卫	61	60
沙河递运所	甘州前卫	99	99
抚夷驿	甘州后卫	64	62
抚夷递运所	甘州后卫	43	43

　　从庄浪至嘉峪关的狭长地带中，相隔四五十里的驿递将甘肃镇的众多卫所紧密地连接在一起，最大限度地强化了各卫所之间的联系。兹将庄浪至嘉峪关驿站分布情况列表说明如下②：

---

　　① （清）高弥高、李德魁等纂修：《肃镇志》卷 2《建置志》（顺治十四年抄本），成文出版社 1970 年影印本，第 53 页。

　　② 此表依据杨正泰编著的《明代驿站考》（上海古籍出版社 1994 年版）一书编制而成。

表5　明代庄浪至嘉峪关驿站分布情况表

卫所名	所属驿站及相距里程
庄浪卫	卫所西北 30 里至武胜驿；40 里至岔口驿；50 里至镇羌驿；40 里至打班堡驿；30 里至黑松驿。
古浪所	黑松驿 30 里至古浪驿；30 里至双塔儿；40 里至靖边驿。
凉州卫	靖边驿 40 里至大河驿；30 里至凉州卫；凉州卫分两路：一路为东北向，30 里至三岔驿；40 里至蔡旗堡；60 里至黑山驿；60 里至镇番夷。一路为西北向，40 里为怀安驿；40 里至沙河驿；50 里至真景驿。
永昌卫	真景驿 20 里至永昌卫；20 里至水磨川；40 里至水泉儿驿。
山丹卫	水泉儿驿 50 里至石峡口驿；40 里至新河驿；40 里至山丹卫。
甘州卫	山丹卫 50 里至东乐驿；30 里至古城驿；40 里至甘州镇；20 里至西城驿；40 里至沙河驿；40 里至抚夷驿。
高台所	抚夷驿 40 里至高台所；50 里至黑泉驿。
镇夷所	黑泉驿 50 里至深沟驿；50 里至镇夷所、盐池驿。
肃州卫	盐池驿 50 里至河清驿；40 里至临水驿；40 里至肃州卫；70 里至嘉峪关。

此外，从武胜驿到大通河驿、冰沟驿，将庄浪卫与西宁卫连接起来；从大通山口驿、红城子驿到苦水湾驿，将庄浪卫与兰州连接一起，陕西布政司便成为甘州镇的大后方。

甘肃镇驿站的另一个主要功能是扮演明朝与西域各国通贡贸易的枢纽角色，送往迎来各国贡使。甘肃镇境内布列的驿站是明代对外交往中极为重要的交通干线之一，是西域各国贡使通往北京朝贡的法定路线。贡使一入嘉峪关，甘肃守臣按照朝廷的有关规定审查后，将其中一小部分贡使送往北京，并免费提供最为便利的交通工具及饮食起居服务。法人阿里·玛扎海里在其所著《丝绸之路——

中国—波斯文化交流史》中说："对于那些拥有车辆的馆驿，那里则根据行李的多少而提供2—3辆车，那里还根据需要而向他们提供多达10辆的车子。一旦当装满他们的车子之后，苦力们踊跃地一程一程地向前拉。"① 为了送往迎来，甘肃镇军民付出了巨大的代价。史载：对于"慕利往来""贡无虚月"的贡使，沿线"军民递送，一里不下三四十人，俟候于官，累月经时，妨废农务，莫此为甚。比其使回，悉以所得贸易货物以归，缘路有司出车载运，多者至百余辆。男丁不足，役及妇女"②。

四、甘肃镇的外部拱卫体系

为了确保甘肃镇的外部安全和丝绸之路的畅通，明朝也非常注重营建甘肃镇的外部拱卫体系。其主要内容有三项：一是设置"关西七卫"，作为甘肃镇的外部屏障；二是推行茶马互市，以堵塞"戎狄私通之路"；三是保持与西域的通贡贸易，以加强彼此的经济联系。

（一）关西七卫

在嘉峪关以西、哈密以东，包括青海湖、柴达木盆地在内的广大地区，明太祖朱元璋和明成祖朱棣先后设置安定、阿端、曲先、赤斤、罕东、沙州和哈密等七卫。其中赤斤卫和沙州卫在今甘肃境内，安定、阿端、曲先和罕东四卫在今青海境内，哈密卫在今新疆

---

① ［法］阿里·玛扎海里著，耿昇译：《丝绸之路——中国—波斯文化交流史》，中华书局1993年版，第178页。

② 《明仁宗实录》卷5，永乐二十二年十二月丁未，第161页。

境内。因为七卫地处嘉峪关以西，故称"关西七卫"。它们"内附甘肃，外捍达贼"，是甘肃镇的"屏藩"。明代甘肃守臣说："我朝创设哈密、赤斤、罕东诸卫，授官赐敕，犬牙相制，不惟断匈奴右臂，亦以壮西北藩篱。"①

关西七卫犹如甘肃镇西部的"长城"，与甘肃镇互为表里，宛如唇齿。唇亡齿寒，七卫不守，甘肃则不安。为了巩固七卫与甘肃镇的这一特殊关系，确保西北边疆的安宁，明王朝对于七卫的经营也是非常关注的。魏焕在《皇明九边考》中言："祖宗朝，嘉峪关外设立赤斤、罕东、哈密三卫，事例于该镇抚夷官内选差前去近边谕以朝廷恩威、军门杀伐利害，令其各安生理，如果革心向化，听我招致，就便安插，设为卫所，许其以时通贡，量加赏赍，以结其心。仍择其雄杰一二人授以职事，立为头目，使令钤束部落，遇有紧急声息，量调人马为我策应，有功一体犒赏。"② 弘治年间，孝宗曾敕谕甘肃守臣，要求他们"整兵操练，遇有可乘之机，量调番、汉官兵征剿，仍谕罕东、赤斤并野乜克力诸番，以俟调遣，不可轻率贻侮，庶得安攘之道"③。总的说来，在弘治以前，七卫能够遵行明朝"征调、朝贡、保塞之令"，出现了"番夷效顺，西陲晏然"的局面。陈洪谟说：甘肃守臣"相继抚驭，诸夷一遵旧规，不敢坐视启衅。所以百五十年来，西陲晏然无事"④。

随着时间的推移，七卫日渐残破，纷纷内迁至甘肃境内。特别

---

① 《明武宗实录》卷48，正德四年三月戊申，第1091页。

② （明）魏焕：《皇明九边考》卷9《甘肃镇》（嘉靖二十一年刻本），台湾文华书局1936年影印本，第397—398页。

③ 《明孝宗实录》卷97，弘治七年七月甲申，第1680—1681页。

④ （明）陈洪谟撰，盛冬铃点校：《继世纪闻》卷6，中华书局1985年版，第110页。

是在土鲁番吞并哈密和不断扰边的情形下，是放弃哈密等卫以闭关绝贡，还是兴复哈密以维持旧有格局，便成为成化、弘治、正德、嘉靖四朝争论的焦点。面对土鲁番的日益强大和由此导致的西域政治格局的巨大变化，明廷在嘉靖前朝摒弃了兴复哈密的论调，重新调整了西域政策，明廷与土鲁番建立了正常的通贡贸易关系，使"西域复定"。从此，"番酋许通贡，而哈密城印及忠顺王存亡置不复问，河西稍获休息"。直至万历年间，"犹入贡不绝"①。

（二）茶马互市

如前所述，甘肃镇的主要职能之一就是设法避免因蒙古贵族与藏族贵族联合所造成的对明朝国防安全的严重威胁。很明显，单纯地用武力来实现这一目的是很难持久有效的，也是不可能的。为此，明廷针对"番人吃肉，无茶则死"的特点，极力推行茶马互市，使中国古代的茶马互市活动达到了鼎盛时期。正如《明史》所言："番人嗜乳酪，不得茶，则困以病。故唐、宋以来，行以茶易马之法，用制羌、戎，而明制尤密。"②

明代茶马互市政策是其国防政策中的一项主要内容，具有鲜明的政治和军事意义。明臣王廷相说："茶之为物，西戎吐蕃，古今皆仰给之，以其腥肉之食，非茶不消；青稞之热，非茶不解，故不能不赖于此。是则山林草木之叶，而关系国家政理之大。"③ 明臣刘良

---

① 《明史》卷329《哈密卫传》，中华书局1974年版，第8511页。
② 《明史》卷80《食货志》，中华书局1974年版，第1931页。
③ （明）王廷相：《严茶》，（明）陈子龙等辑：《明经世文编》卷149，中华书局1962年版，第1489页。

卿也说：以茶易马，"虽以供边军征战之用，实以系番夷归向之心"①。换言之，以茶易马，在于"固番人心，且以强中国"②。只有"番夷效顺，西陲晏然"③，才能确保分化蒙、藏贵族联合进犯明朝边地政策的有效执行。也正是出于这一目的，茶叶由国家专卖，严禁各种形式的私茶越境贩卖。也就是说，茶马互市是一种政府行为，具体事宜由明廷专设的茶马司负责。茶马司大多都建立在利于交往的边地交通要道。洪武五年（1372），明朝首先建立了秦州茶马司。洪武七年（1374），又设立了河州茶马司。洪武三十年（1397），因秦州茶马司不便于互市，遂将其迁至西宁，并改名为西宁茶马司。永乐年间，又在甘州等地设置茶马司。茶马司的改置，是明朝不断控制互市活动的集中反映。一方面，互市使藏族民众因此归向明廷，与明廷保持着友好的交往；另一方面，也使明朝获得了大批用于国防的战马，用来装备军队，增强其战斗力。《明英宗实录》载："西番来茶马司以马易茶，朝廷得马甚众。"④ 朝廷所得之马，大都"供边军征战之用"。正德时期的内阁大学士杨廷和认为："我国家边守之务，西北为重，而陕居其半。三边之用，兵马为急，而马居其半。陕之马，或取之监牧，或取之互市，而互市之利居其半。"⑤ 推行茶马互市，使明朝一举两得。终明之世，它一直是明朝与藏族民众友好交往的纽带。

① 《明世宗实录》卷188，嘉靖十五年六月乙未，第3966页。
② 《明史》卷80《食货志》，中华书局1974年版，第1949页。
③ 《明宪宗实录》卷29，成化二年四月戊辰，第580页。
④ 《明英宗实录》卷4，宣德十年四月癸卯，第83页。
⑤ （明）杨廷和：《赠都御史邃庵杨公序》，（明）陈子龙等辑：《明经世文编》卷121，中华书局1962年版，第1167—1168页。

到了隆庆、万历年间，随着明朝与蒙古族关系的较大改善，将蒙古族正式纳入茶马互市之中，便成为可能。明臣张居正在万历二年（1574）给甘肃巡抚侯拔川的信中说："窃以为此地见与番人为市，何独不可与虏为市？前任廖君（指廖逢节——引者注）执泥而不达于事变，其言不可为市，不过推事避患耳，非能为国家忠虑者也。"① 在开市之后，张居正一再要求侯拔川用心经营市场，尽量方便互市双方。他说：甘肃开市，"务令事久，边境获安而已。市场似宜稍西，去西宁太近，则启宾兔（俺答之子——引者注）垄断之心；去我边太远，则迁边民交易之路。春市虏马瘦弱，强为之市，终不便也。"② 当茶马互市成为明朝与甘肃镇周边各族民众贸易形式之后，便标志着明代西北边疆的日益巩固。

（三）通贡贸易的窗口

除关西七卫外，西域地区分布着 52 个大小政权③，为了与其修好关系，明朝便以朝贡贸易的形式确保彼此间的交往。因为明朝统治者不会把自己与偏处一隅的宋王朝相提并论，故营造一种"万国来朝"的盛况便成为明朝统治者最大的政治愿望，他们试图以此来孤立北元，确立其在亚洲乃至世界的强国地位。

甘肃镇是西域诸国贡使的必经之路，是明朝通好西域的窗口和纽带。甘肃镇守臣的主要职责之一就是查验、管理和接待贡使，尽

---

① （明）张居正著，张嗣修等编撰：《张太岳集（中）》卷 6《答甘肃巡抚侯拔川》，中国书店 2019 年版，第 133 页。

② （明）张居正著，张嗣修等编撰：《张太岳集（中）》卷 7《答甘肃巡抚侯拔川》，中国书店 2019 年版，第 149 页。

③ 参见《明会典》卷 107《朝贡》，中华书局 1989 年版，第 2312—2313 页。

可能地体现朝廷"怀柔远人"的政策。朱元璋曾对别失八里贡使说："朕继位以来，西方诸商来我中国互市者，边将未尝阻绝，朕复敕吏民善遇之，由是商人获利，疆场无扰，是我中华大有惠于尔国也。"[①] 永乐十一年（1414），别失八里贡使"将至甘肃，（成祖）命所司宴劳，且敕总兵官李彬善遇之"[②]。阿里·玛扎海里也说："当商队到达甘州时，中国的运输机构将亲自负责把准备向天子进贡的物品运给他，把使节以及享有特权的商人及其'贡品'（他们的商品）直接运往北京。至于人数众多的'使团侍从'（鄂本笃即为其中之一）及其驮兽，则必须在甘州停留一年左右，作为供养他们的中国政府的客人。唯有一定级别的'侍从'才允许径直前往宫廷。在百名'侍从'中，仅有10名获许偕其主要亲莅北京。……因此，使节'侍从'中的另外90%的人要滞留在明王朝的门户甘州，在那里从事广泛的商业贸易。这样既有利于'西方人'，也有益于明王朝的臣民。"[③]

由于经济利益的驱使，许多使臣久住甘肃而不回。为此，明廷要求甘肃守臣将滞留的贡使及时遣返，以维护朝廷的信誉和确保与西域诸国正常的贸易关系。如洪武二十五年（1392），甘肃守臣奉朱元璋之命，遣归撒马儿罕使臣1200余人。[④] 又如天顺六年（1462），哈密忠顺王母弩温答失里遣使上疏英宗："前后所遣使臣往往于甘州延住，或三年，或五年者有之，乞行催督回还。"英宗即刻下令，要

---

① 《明史》卷332《别失八里传》，中华书局1974年版，第8607页。
② 《明史》卷330《别失八里传》，中华书局1974年版，第8598页。
③ ［法］阿里·玛扎海里著，耿昇译：《丝绸之路——中国—波斯文化交流史》，中华书局1993年版，第16页。
④ 《明史》卷332《别失八里传》，中华书局1974年版，第8598页。

求甘肃守臣将滞留的哈密贡使遣送出归。[①] 只有如此，才能确保通贡贸易的依期进行。

总之，有明一代，甘肃镇在明朝的国防体系中具有特殊的功能和突出的地位，故明王朝对其予以异乎寻常的关注和积极的经营，使甘肃镇具有全方位的防御体系。尽管战争和兵灾时时笼罩着甘肃镇，甘肃镇仍常保持和平与安宁。在河西边地保持相对稳定的局面下，明代西北地区得到了进一步的开发，边界和驿站沿线的贸易异常活跃。同时，甘肃镇也是明代各民族相互交往和友好相处的主要场所之一。对于归附的西域部族，明廷大都将其安置在甘肃，并为他们无偿地提供诸如钞、布、粮食、锅、房屋等生活资料和土地、耕牛、种子、农具等生产资料，使他们能够"安生乐业"，"安分守法"，与当地居民"并耕而食"，促进了各民族间的融合。

---

① 《明英宗实录》卷344，天顺六年九月庚戌，第6963页。

明朝对河西走廊的财政政策

明代河西走廊对西北地区乃至明朝全境的国防安全有着举足轻重的作用。如何确保河西走廊的稳定与发展,是明代朝野关注的头等大事之一。为此,明朝实行了一系列财政扶持政策,来维护和加强河西走廊的战略地位。明代名臣杨一清曾言:"兵粮有备,则河西安。河西安,则关陕安,而中原安矣。"[①] 迄今为止,学术界对这一问题未做过专门、系统的论述,现不揣谫陋,对其做一初步的研究。不妥之处,敬请方家指正。

一、明朝中央政府的直接拨款

明初,沿边因初行屯田,加之吏治较为清廉,故屯田收益明显,成为军饷的主要来源,大大地减轻了中央和地方政府的财政负担。

---

① (明)杨一清:《为捉获奸细构引大势回贼犯边夺取地方等事疏》,(明)杨一清撰,唐景绅、谢玉杰点校:《杨一清集·关中奏议》卷17,中华书局2001年版,第667页。

正如明臣梁材所言："祖宗朝卫所军饷，全仰屯田。"①但在正统之后，随着吏治的腐败，屯田日遭破坏，许多良田美地被各级主管官员私自占有，使屯田收入越来越无法满足日益增长的各种需求。据《明史·食货志》载："自正统后，屯政稍弛，而屯粮犹存三之二。其后屯田多为内监、军官占夺，法尽坏。"②故明廷不得不每年从国库中直接拨款，以弥补各边军饷和军备的不足。这一专项经费称之为"京运年例银"。对于地处河西走廊的甘肃镇每年拨款的数额视具体情况而定，从十几万两到五六万两不等。梁材在嘉靖前期言："正统、景泰年间，各边京运年例银两多寡不等，大约不过一十万两之数。后复定以为例，宁夏四万两，延绥三万两，甘肃六万两，宣府八万两，大同七万两，辽东十五万两。"③王崇古在隆庆年间则说："历查陕西四镇见定额饷，甘肃镇岁额京运银五万一千四百九十余两。嘉靖三十六年以前，则岁发银一十万二千五百两。"④王崇古此说并非确切。所谓"岁发银一十万二千五百两"，应该是甘肃镇年例银中拨款最高之数，而非年年如此。早在弘治五年（1492），孝宗"命户部运太仓银六万两于甘州，准弘治六年岁例之数。"⑤嘉靖十三年（1534），户部发给甘肃镇"年例银六万两"⑥。嘉靖中期曾任户

---

① （明）梁材：《议覆陕西事宜疏》，（明）陈子龙等辑：《明经世文编》卷105，中华书局1962年版，第948页。

② 《明史》卷77《食货志》，中华书局1974年版，第1885页。

③ （明）梁材：《议覆陕西事宜疏》，（明）陈子龙等辑：《明经世文编》卷105，中华书局1962年版，第946页。

④ （明）王崇古：《陕西岁费军饷疏》，（明）陈子龙等辑：《明经世文编》卷318，中华书局1962年版，第3387页。

⑤ 《明孝宗实录》卷68，弘治五年十月壬寅，第1288页。

⑥ 《明世宗实录》卷161，嘉靖十三年三月辛未，第3582页。

部尚书的潘潢亦言：甘肃镇"京运年例银六万两"①。比较而言，梁材之说更接近实际。换言之，在通常情况下，甘肃镇的京运年例银为六万两。这项经费在一定程度上缓解了甘肃镇财政的匮乏。

但是，京运年例银仍然难以满足甘肃镇的各种需求。因为蒙古贵族无休止的扰边和频仍的自然灾害造成了甘肃镇财政的巨大缺口。面对这一情势，除京运年例银外，明廷又从各种渠道筹措资金，用于临时拨款。通常的做法是由当地军政官员特别是由巡抚提出书面请求，户部予以复议，然后由皇帝决定追加与否以及追加的数额。如成化二年（1466），宪宗"命发内帑银于甘肃市马，以给官军"②。弘治十三年（1500），调运各处折粮银和河东盐价银六万两于甘肃镇，以备边储③。弘治十八年（1505），依巡抚都御史毕亨之请，运送五万两户部银，以备甘肃军饷。④正德十二年（1517），"以有事于甘肃，诏发太仓银三十万两，太仆寺马价银十万两"⑤。正德十六年（1521）六月，以年例银久欠，"地方饥窘"，拨发内帑银三十万两，分发于甘肃、宁夏、延绥三镇。⑥嘉靖三年（1524），因土鲁番近逼河西走廊，肃州告急，世宗下令调拨十四万两太仓银，用于军饷。⑦嘉靖七年（1528），世宗要求清查各边仓场，匮乏者立即补足。他

① （明）潘潢：《查核边镇主兵钱粮实数疏》，（明）陈子龙等辑：《明经世文编》卷199，中华书局 1962 年版，第 2072 页。
② 《明宪宗实录》卷 33，成化二年八月己酉，第 661 页。
③ 《明孝宗实录》卷 159，弘治十三年三月乙巳，第 2864 页。
④ 《明武宗实录》卷 3，弘治十八年七月甲申，第 88 页。
⑤ 《明武宗实录》卷 146，正德十二年二月乙丑，第 2856 页。
⑥ 《明世宗实录》卷 3，正德十六年六月丁酉，第 138 页。
⑦ 《明世宗实录》卷 43，嘉靖三年九月丁亥，第 1131 页。

说："朕因思辽东、宣府、偏头关、陕西、延绥、宁夏、甘肃俱系边方，虏情叵测。若粮草不足，人马疲敝，缓急何所恃。凡此边民，皆我祖宗赤子，岂可不加悯恤耶？户部行各巡抚查仓场实在之数具闻，有告匮者，即为议补，军士月粮尽为给之。"① 次年二月，拨发马价银四万两于甘肃镇②。三月，又给甘肃镇调运太仓银十万两和备虏银二十万两③。嘉靖十九年（1540），户部初拟拨三万两于西北各镇，世宗认为数额太少，便增至十二万两。他说："西北边防缺储，朕甚忧之，其增发十二万两，各随缓急，分给接济。"④ 这些临时性且数额较大的拨款主要用于甘肃镇的紧急之需，是对京运年例银的补充。

同时，明廷因河西走廊长期拖欠或遭受灾害所免去的税粮，虽与中央政府的直接拨款不同，但所起的作用却是相同的。这在很大程度上减轻了河西走廊军民的负担。弘治八年（1495），明廷决定将甘州、凉州一带屯田在弘治六年以前所拖欠的粮草一概免之⑤。正德五年（1510），以甘州等卫雹灾，"免粮草有差"⑥。同时，因庄浪、古浪两地"贼扰妨农"而豁免粮草，并对庄浪卫"贫难人户"免征半年之税⑦。次年，又据巡抚陕西御史闫睿报告："庄浪、古浪等卫伤残尤甚，民思转徙"，要求"将庄浪粮草暂行蠲免，古浪、凉州等

---

① 《明世宗实录》卷95，嘉靖七年十一月丙午，第2205页。
② 《明世宗实录》卷98，嘉靖八年二月癸酉，第2296—2297页。
③ 《明世宗实录》卷99，嘉靖八年三月壬子，第2346页。
④ 《明世宗实录》卷236，嘉靖十九年四月壬戌，第4813页。
⑤ 《明孝宗实录》卷103，弘治八年八月甲戌，第1891页。
⑥ 《明武宗实录》卷69，正德五年十一月庚午，第1530页。
⑦ 《明武宗实录》卷69，正德五年十一月丙子，第1540页。

处量免三分,其庄浪官军舍余人等贫难不能存者,量加赈恤"①。武宗从之。嘉靖十七年(1538),在因甘州等卫旱灾"蠲免税粮有差"的同时,又"发太仓银二万两赈贷"②。所以说,蠲免赈贷亦是明廷对河西走廊的主要财政政策之一。

二、召商备边

要确保河西走廊的目前之需和物资储备,仅仅依靠明朝中央的直接拨款是不可能的。所以,在直接拨款的同时,明廷又依靠国家权力进行宏观调控,引导一部分私人资本流向边备,以弥补中央财政的不足。这种方式在明代被称为"开中法"。"开"是"由官方公布条例的意思","中"是"官民之间发生关系的意思"③。具体而言,就是明廷利用商人资本运输粮草到边塞或允许商人出资招人在边地屯种,就地生产,就近缴粮,然后向运输或屯种缴粮的商人发给国家专控的食盐,让其在指定地区运输销售以获利。开中法的实施,在一定程度上减轻了国家和民众备边的运输负担,使边镇能够及时地得到较为充裕的粮料供应。《明史·食货志》中言:洪武三年(1370)之后,"各行省边境,多召商中盐以为军储。盐法边计,相辅而行"④。

与其他边镇相比,甘肃镇"自兰州渡河,所辖诸卫绵亘二千余里,番虏夹于南北一线之路,其中肃州嘉峪关外,夷羌杂处,寇盗

---

① 《明武宗实录》卷73,正德六年三月戊寅,第1625页。
② 《明世宗实录》卷218,嘉靖十七年十一月癸未,第4467页。
③ 李洵:《明史食货志校注》,中华书局1982年版,第155页。
④ 《明史》卷80《食货志》,中华书局1974年版,第1935页。

无时，自昔号为难守"①。特别是河西走廊交通不便，其"山冈险阻，车辆不通"，"挽运之际，车摧牛仆，以此民益凋敝，而军食不足"②。由于从他乡异地转输粮饷极为困难，运输成本很高，致使许多商人望而却步。史载：甘肃等地"道险远，趋中者少"③。为了改变这一局面，明廷根据运输里程不断地减轻每引盐所输送的粮额，使商人能够从中获得更多的利益。洪武十一年（1378），规定输粟于凉州卫者，每盐一引米二斗五升④。宣德七年（1432），改变原定运粮于甘肃仓者淮浙盐和河东盐每引各为米豆麦四斗的做法⑤，重定肃州仓为淮浙盐每引米二斗五升，甘州仓为淮浙盐每引米三斗。⑥正统八年（1443 年），规定"中河东、山东、福建、广东、海北盐者，甘肃等仓纳粮每引一斗五升"⑦。天顺八年（1464），明廷以河东盐召商，至镇夷官仓者，每引为米麦豆一斗五升，运至甘肃仓者，每引亦为一斗五升。⑧

商人向河西走廊运粮或缴粮的多少取决于盐引的投放量。盐引投放量愈大，商人运粮或缴粮数额就愈高。综观有明一代，明廷向河西走廊投放了大量的专控食盐，用来召商备边。如正统五年

---

① （明）杨一清：《论甘肃事宜》，（明）陈子龙等辑：《明经世文编》卷119，中华书局 1962 年版，第 1137 页。

② 《明英宗实录》卷 21，正统元年八月戊辰，第 406 页。

③ 《明史》卷 80《食货志》，中华书局 1974 年版，第 1936 页。

④ 《明太祖实录》卷 117，洪武十一年二月丙辰，第 1912 页。

⑤ 参见《明宣宗实录》卷 65，宣德五年四月己卯，第 1534 页；《明宣宗实录》卷 74，宣德五年闰十二月丁未，第 1724 页。

⑥ 《明宣宗实录》卷 89，宣德七年四月壬寅，第 2043 页。

⑦ 《明英宗实录》卷 109，正统八年十月辛亥，第 2214 页。

⑧ 《明宪宗实录》卷 8，天顺八年八月丙午，第 190 页。

（1440），朝廷用十二万引淮盐和八万引浙盐召商，向肃州纳米。① 天顺八年（1464），以十万引河东盐和十九万五千引河东盐召商往甘肃镇纳米②。弘治五年（1492），孝宗要求户部将两淮、云南盐共二十万引"召商上纳粮料于甘肃等仓，以备边储"③。弘治八年（1495），用于河西走廊召商纳粮之盐的数额为两淮盐、河东盐和云南盐共计五十万引④。正德十二年（1517），以淮盐二十万引和浙盐十万引开中于河西走廊，"以充军饷"⑤。嘉靖十一年（1532），在库存盐额非常有限的情况下，又拨二十二万引用于甘肃开中，以补岁用。⑥

在明代前期，开中法在边备方面发挥了积极的作用。霍韬在嘉靖前期论道："昔我太宗皇帝之供边也，悉以盐利。其制盐利也，盐一引，输边粟二斗五升。是故富商大贾悉于三边自出财力，自招游民，自垦边地，自艺菽粟，自筑墩台，自立保伍。岁时屡丰，菽粟屡盈。"⑦ 这一特殊的财政政策不仅在很大程度上满足了河西走廊的粮食之需，而且对河西走廊的稳定与开发也是十分有益的。

除盐以外，明廷还用国家专控的茶的投放来吸引商人纳粟实边，其作用与开中法相同。如弘治元年（1488），根据巡抚甘肃都御史罗明的请求，"于临挑、巩昌、平凉三府开中茶八十万斤召商纳米豆，

---

① 《明英宗实录》卷 67，正统五年五月己酉，第 1286 页。
② 《明宪宗实录》卷 8，天顺八年八月丙午，第 190 页。
③ 《明孝宗实录》卷 68，弘治五年十月壬寅，第 1288 页。
④ 《明孝宗实录》卷 103，弘治八年八月甲戌，第 1891 页。
⑤ 《明武宗实录》卷 146，正德十二年二月乙丑，第 2856 页。
⑥ 《明世宗实录》卷 134，嘉靖十一年正月甲戌，第 3181 页。
⑦ （明）霍韬：《哈密疏》，（明）陈子龙等辑：《明经世文编》卷 186，中华书局1962 年版，第 1913 页。

以备边储"①。弘治八年，调拨各茶马司茶四百万斤，"募人入粟，以实边储"②。同时，为了满足甘肃镇对马匹的大量需求，除苑马寺提供马匹之外，明廷还用以茶易马和西域贡马予以补充。杨一清在弘治末年言："旧例，西宁、洮、河等处以茶易马，每岁轮给甘肃、延绥、宁夏三镇。但甘肃密迩西宁，而延绥、宁夏去洮、河不远，况马有多寡，风土异宜。今欲将西宁之马每年以一半给甘肃，其一半并洮、河之马轮年给延绥、宁夏。此外，若有余马，仍听陕西各卫所关领。"③ 孝宗予以准行。对于贡马，永乐二十二年（1424）规定：西域贡使进入嘉峪关后，凡"有贡马者，令就甘肃给军士"④。正统九年（1444），英宗敕谕甘肃总兵等官：凡"远方化外之人""所进之马，就彼给军骑操"⑤。以茶易马和贡马都是明廷对河西走廊财政政策的主要组成部分之一。

三、地方政府的财政支持

除明朝中央政府的各项投资以外，河西走廊所在的陕西布政司也承担着相应的财政支持。直接给甘肃镇提供粮料是陕西布政司的主要任务之一。正统元年（1436），行在户部主事侯复言："甘州各卫士马刍粮，俱陕西各府供给。"⑥ 梁材认为陕西布政司"岁派起运

① 《明孝宗实录》卷20，弘治元年十一月丁卯，第468页。
② 《明孝宗实录》卷103，弘治八年八月甲戌，1891页。
③ 《明孝宗实录》卷215，弘治十七年八月癸未，第4058—4059页。
④ 《明仁宗实录》卷5上，永乐二十二年十二月丁未，第161页。
⑤ 《明英宗实录》卷113，正统九年二月壬午，第2267页。
⑥ 《明英宗实录》卷21，正统元年八月戊辰，第406页。

粮料三十一万六千六百一十六石八斗五升"①。潘潢后来经过核实，奏报陕西布政司每年负责向甘肃镇提供"夏秋本色小麦、粟、米共五千三十四石，黑豆二百五十七石九斗，折色小麦、粟、米二十六万三千六百八十七石，豌豆一万二千八百九十八石"②。由此可见，陕西布政司对河西走廊直接提供粮料是明代对河西走廊财政政策中不可或缺的内容，并与开中法构成了河西走廊外运粮料的两根支柱。

同时，明廷还要求陕西布政司根据河西走廊的实情，利用各种方式支持甘肃镇。弘治七年（1494），孝宗要求陕西布、按二司核查河西走廊被蒙古贵族抢掠民户中"十分艰难者，支给官库钱粮，量加赈济。果有无牛具种子者，亦量给与，务令得所"③。正德三年（1508），将陕西布政司银一千五百两给庄浪卫都指挥佥事鲁经，用于买补马匹④。正德十二年（1517），武宗诏令陕西布政司将"陕西抽分赃罚上纳事例银以充（甘肃）军饷"⑤。

需要指出的是，兰州（成化十四年四月之前称为兰县）是陕西通往河西走廊的唯一路径，是明代河西走廊最直接的后方。为了确保河西走廊物资的供应，明朝用开中法在兰州囤聚粮料。宣德二年（1427）规定，凡运输粮料于兰州者，淮浙盐每引为米麦三斗五升，

---

① （明）梁材：《议覆陕西事宜疏》，（明）陈子龙等辑：《明经世文编》卷105，中华书局1962年版，第946页。

② （明）潘潢：《查核边镇主兵钱粮实数疏》，（明）陈子龙等辑：《明经世文编》卷199，中华书局1962年版，第2072页。

③ 《明孝宗实录》卷95，弘治七年十二月己卯，第1752页。

④ 《明武宗实录》卷37，正德三年四月壬辰，第889页。

⑤ 《明武宗实录》卷146，正德十二年二月乙丑，第2856页。

川盐每引米麦二斗。① 正统元年，侯复认为："去岁召商于庄浪、凉州各卫中纳盐粮，缘路远价高，商旅不至，请减其斗数，于兰县中纳，每盐一引，米麦豆四斗，于淮浙运司不拘资次支给，则商旅必集，边储可实矣。"② 英宗从之。为了使兰州粮料直接用于河西走廊的防务，明朝在兰州设管粮郎中一员，专门"督理粮储"③。

四、结　语

由于河西走廊在明代政治、军事、经济等方面具有极其特殊的地位，所以，明朝对其采取了十分积极的和多层次性的财政政策，确保了河西走廊军民生活的基本稳定和战备物资较为充足的供应，使河西走廊起到了维护明朝国家安全和西域贡道畅通的作用。终明之世，地处边陲的河西走廊地区没有出现直接威胁国家安全的突发性事件，是与明朝对河西走廊所采取的积极的财政政策密不可分的。明朝对河西走廊的财政政策，形成了中央政府与地方政府双重的投资体系。但归根结底，都是国家财政政策的直接体现。为了检查各项财政政策的落实情况，明廷经常派遣各级官员视察河西走廊，并建立了有效的监督体制。同时，明廷通过视察官员、巡抚和地方官员的奏报，适时地调整财政政策，以确保有的放矢，实现财政政策效益的最大化。总之，明朝对河西走廊这一特殊区域所采取的一系列财政政策具有典型性，其经验具有重要的现实意义。

---

① 《明宣宗实录》卷 32，宣德二年十月辛未，第 824 页。
② 《明英宗实录》卷 21，正统元年八月戊辰，第 406 页。
③ 《明世宗实录》卷 49，嘉靖四年三月乙亥，第 1239 页。

明代甘肃镇与西域朝贡贸易

明代西域朝贡贸易是中外贸易史中的一个重要内容。学术界对这一课题缺乏系统、深入的研究，在中国史特别是明史著述中，常被略而不叙。本文初步探讨此问题，旨在说明西域朝贡贸易与明代国防之间的密切关系及其在明代对外关系中的重要作用。对于文中不妥之处，希望方家指正。

一、确保丝路畅通和贡使安全是甘肃镇的主要功能之一

明朝通过与西域的朝贡贸易阻止和分化蒙古贵族与西域诸国的结盟，从而减轻明朝北部边防压力。从明太祖朱元璋开始，明朝诸帝都能从各自统治的情形出发，尽可能地通过朝贡贸易与西域诸国修好关系。换言之，与西域的朝贡贸易是明朝外交政策的核心内容之一，也是明朝的基本国策之一。这一政策是由位于河西走廊的甘肃镇负责执行的。

甘肃镇管理西域朝贡贸易的首要职责就是确保丝路贡道的畅通和贡使的安全，这是西域朝贡贸易得以顺利进行的根本保证，也是

昭示世界大国明朝形象的一个窗口。尽管甘肃镇以西的西域地区难以为明朝所直接统辖，但明朝仍能根据这一地区的政情特点，设法对其进行间接控制。其主要表现就是"关西七卫"或"西域七卫"的设置。七卫以甘肃镇为依托，保卫着从嘉峪关到哈密卫1500余里丝路的安全①。英宗于正统九年（1444）对沙州等卫首领说："今戎地面来朝使臣千户沙力兔力等回，朕念其路远，恐小人在途邀劫，有失远人归化之心，已敕甘肃总兵、镇守官遣人送至尔处，尔等宜各发人马，护至哈密，听其自去，毋致疏虞。"② 为了清除贡途骚扰者，明廷要求甘肃镇守臣"整兵操练，遇有可乘之机，量调番汉官兵征剿"，并要求罕东、赤斤诸卫首领都要平日"养威蓄锐，以俟调遣，不可轻率贻侮，庶得安攘之道"③。七卫之中，哈密卫居于最西端，它在嘉峪关以西的丝绸之路中有着举足轻重的地位，并与明代西北边防息息相通，担负着"弭西戎东窥之心，断北虏南通之臂"的特殊职能④。也就是说，哈密卫既是"诸番朝贡顿宿之所"，又是"中国西藩"⑤。弘治初年的兵部官员认为："甘肃孤悬河外，太宗皇帝以诸夷杂处难守，特设赤斤、罕东等卫，各授头目为都督等官，以领袖西戎。又设哈密卫，封脱脱为忠顺王，以锁钥北门，然后甘肃获宁"⑥。在明代，"西域三十八国，朝贡皆经哈密"⑦，哈密成为

①　关于关西七卫的设置及其与甘肃镇的关系，参见田澍《明代甘肃镇边境保障体系述论》，载《中国边疆史地研究》1998年第3期。

②　《明英宗实录》卷114，正统九年三月癸亥，第2298—2299页。

③　《明孝宗实录》卷91，弘治七年八月甲申，第1680—1681页。

④　《明宪宗实录》卷252，成化二十年五月丁亥，第4258页。

⑤　《明宪宗实录》卷180，成化十四年七月癸未，第3246页。

⑥　《明孝宗实录》卷11，弘治元年二月丁未，第249—250页。

⑦　《明会典》卷107《西戎上》，中华书局1989年版，第580页。

西域贡使"往来得以驻泊，有所恃赖"① 之地。具体而言，就是"每岁各处回回进贡者至此，必令少憩以馆谷之，或遇番寇劫掠，则人马亦可接护"②。凡与明朝有朝贡贸易关系的政治体，其贡使到达哈密后，由哈密"译文其间，乃发"③，并奉明廷之命，"馆伴来使，送至甘肃而还"④。而对于与明朝还未建立朝贡贸易关系的政治体，如欲与明朝通贡，则由哈密首领奏明明廷。英宗敕谕哈密首领："果有归慕朝廷，欲来进贡使臣，审实起送入境。"⑤

从嘉峪关西至哈密的此段丝绸之路是西域朝贡使臣前往中国的必经之道，明廷予以异乎寻常的关注。明臣许进认为，成祖所立哈密卫"外连罕东、赤斤、苦峪等卫，使为唇齿；内连甘肃等卫，使为应援。若哈密有警，则夷夏共救之"⑥。景泰六年（1455），撒马儿罕使臣向甘肃使臣报告："亦力把里也咩力火者王领人马来劫哈密"，景帝要求"甘肃及治边总兵官昼夜密切哨探，以备不测"⑦。同时，明廷要求哈密等卫首领随时奏报西域地区的军事情况，以便甘肃镇作出迅速的反应。孝宗敕谕哈密卫首领："尔等其各选所部精兵，密授方略，立以期会，分以地方，仍先密遣的当人员，探听牙兰动静。

---

① 《明宪宗实录》卷138，成化十一年二月丙申，第2589页。

② 《明孝宗实录》卷91，弘治七年八月甲申，第1679页。

③ （明）罗日褧著，余思黎点校：《咸宾录·西夷志》卷3《哈密》，中华书局2000年版，第65页。

④ （明）沈德符：《万历野获编》卷30《两使外国不赏》，中华书局1959年版，第778页。

⑤ 《明英宗实录》卷141，正统十一年五月庚辰，第2792页。

⑥ （明）许进：《平番始末》，薄音湖编辑点校：《明代蒙古汉籍史料汇编》（第七辑），内蒙古大学出版社2011年版，第309页。

⑦ 《明英宗实录》卷256，景泰六年七月丁亥，第5519页。

如果机有可乘，别无声息，星驰传报。甘肃守臣，统领大军压境，振扬威武，以为尔等声援。尔等俱听其节制，各帅本卫番兵，分路进攻，务齐心毕力，期于成功"①。对于哈密卫内部蓄意破坏朝贡贸易者，明廷要求将其扭送甘肃镇惩处。正统十一年（1446），英宗晓谕忠顺王等人："尔部属中若有奸诈小人，通同外夷生事害众者，即会众擎送甘肃总兵处惩治，庶不为良善之累。如尔等党恶纵容不问，及不念国恩，故违朝命，必命将统军，直抵尔境，捕剿不宥。"② 弘治十七年（1504）十二月，百户董杰护送奄克孛剌及写亦虎仙等人从肃州回哈密。当其一行至哈密后，阿孛剌等六人约定在黑夜劫持董杰等人。董杰得知后，便与奄克孛剌、写亦虎仙计议，"召阿孛剌等六人者至，立斩之，国人遂不敢有他志"③。

哈密卫与甘肃镇相互依托保护贡使的制度是明廷根据国力和西域政情所建立的一种新制度，确保了丝绸之路的畅通和西域朝贡贸易的顺利进行。弘治时的指挥王永认为："先朝建哈密卫，当西域要冲。诸番入贡至此，必令少憩以馆谷之，或遭他寇剽掠，则人马可以接护，柔远之道可谓至矣。"④ 哈密头目也自称他们是为"朝廷守把后门"⑤。

在土鲁番残破哈密卫之后，明朝经过长期论战之后，不得不面对现实，与西域崛起的强大势力土鲁番修好关系，确保了贡途的再次畅通。有明一代，明朝始终是丝路贸易中的主角，并为此付出了

① 《明孝宗实录》卷102，弘治八年七月甲午，第1867页。
② 《明英宗实录》卷141，正统十一年五月庚辰，第2792—2793页。
③ 《明孝宗实录》卷219，弘治十七年十二月丙子，第4126页。
④ 《明史》卷330《西域传》，中华书局1974年版，第8565—8566页。
⑤ 《明英宗实录》卷253，景泰六年五月壬申，第5474页。

巨大的代价。法国学者阿里·玛扎海里认为："丝绸之路仅仅依靠中国，而完全不依靠西方。这不仅仅是由于中国发现和完成了这条通向西方的道路，而且这条路后来始终都依靠中央帝国对它的兴趣，取决于该国的善意或恶意，即取决于它的任性。"① 正是由于明朝是亚洲乃至世界的一大强国，因而它有责任和能力经营丝绸之路。但是，如果把这种经营看成是明朝统治者的"任性"，则是偏颇的，甚至是错误的。丝绸之路的朝贡贸易是明朝国防战略体系中主要内容之一，在北方蒙古贵族侵逼明朝的格局发生根本性变化之前，明朝绝不会以自己的"恶意"儿戏般地中断丝路贸易。相反，要树立其大国的形象和维护其大国的地位，明朝必须积极主动地确保丝绸之路的畅通。如果明廷一意孤行，人为地闭关绝贡，割断丝路贸易线，带给明朝的将是灾难性后果。随着日益崛兴的土鲁番对哈密卫的残破和由此引起的西域格局的变化，固守"祖制"的朝臣试图用闭关绝贡来迫使土鲁番及其追随者就范，以维持旧有的西域格局，其结果是"西域诸夷怨朝廷赏赐大减"而"反相率从（土鲁番酋长）阿黑麻"②。由于明廷兴师远征不切实际，而闭关绝贡又难奏效，因而明廷关闭嘉峪关的后果是"哈密不可复得，而患且中于甘肃"③。明世宗即位之初，由于杨廷和一派强硬地坚持闭关绝贡，导致了土鲁番大举入寇河西走廊，给河西军民造成了重大的创伤。由此可见，一旦明廷被狂妄自大且短视无知的闭关绝贡派所把持，他们不可能

---

① ［法］阿里·玛扎海里著，耿昇译：《丝绸之路——中国—波斯文化交流史》，中华书局1993年版，第11页。

② （明）罗日褧著，余思黎点校：《咸宾录·西夷志》卷3《哈密》，中华书局2000年版，第66页。

③ 《明史》卷329《西域传》，中华书局1974年版，第8533页。

有效控制西域格局，到头来只能搬起石头砸自己的脚。尽管闭关绝贡时期在明朝与西域朝贡贸易中极为短暂，但这一失败的实践从反面证明明朝随意关闭嘉峪关只能是事与愿违，于己不利。换句话说，通过朝贡贸易与西域诸政治体建立友好往来的关系和孤立敌对的蒙古贵族，是明朝最高的国家利益，而闭关绝贡只能使明朝引火烧身，或使西域诸政治体独自与明朝开战，或将西域诸政治体推向蒙古贵族一边。明人罗日褧在其所著《咸宾录》中说："使西戎、北虏两不相通，则边陲可永无虞，而国家之固如磐石矣。"① 这种认识是有明一代朝臣的主流思想。只有通过与西域的朝贡贸易，才能真正阻止西域诸国与蒙古贵族的结盟，而将西北边患降到最低点。这是明朝制定西域朝贡贸易政策的主要依据，也是明代西域朝贡贸易能够持续进行的根本原因。

二、甘肃镇对进出嘉峪关贡使的验行

由具有军事职能的甘肃镇管理西域朝贡贸易事宜，就集中反映了西域朝贡贸易与明代国防之间的密切关系。从哈密到嘉峪关一线，是西域贡使前往北京唯一的法定路线，嘉峪关是他们朝贡的唯一关口，所有的贡使都必须在嘉峪关接受甘肃镇守臣的审验后方能合法地前往北京。西域贡使能否合法地从事朝贡贸易，主要取决于以下两个基本条件：一是要符合明朝规定的朝贡时限；二是贡使人数不得过于庞大。《明史·西域传》载："祖宗故事，惟哈密每年一贡，

① （明）罗日褧著，余思黎点校：《咸宾录·西夷志》卷3《鲁陈》，中华书局2000年版，第71页。

贡三百人，送十一赴京，余留关内，有司供给。他若哈烈、哈三、土鲁番、天方、撒马儿罕诸国，道经哈密者，或三五年一贡，止送三五十人，其存留赏赉如哈密例。"① 对于未至贡期而前来叩关的贡使，甘肃守臣则奉命予以禁阻。成化五年（1469），宪宗降敕于甘肃镇守中官颜义等人，命令道："各夷朝贡，俱有年限，今非其时，尔等其谕以朝廷恩威，就彼宴赉遣回"②。弘治初年，明廷鉴于哈密、土鲁番等西域贡使"多不以时，且人数过多，糜费益甚"而要求甘肃守臣"照例沮格"，不得"滥冒起送"③。嘉靖十三年（1534），未到贡期的土鲁番等使臣要求入关，礼部接到甘肃守臣的奏报后认为："回夷入贡以三年、五年为期，系累朝定例，今土鲁番旧岁来贡者尚未还国，今又违例要求，不可许"，世宗从之。④ 由于借朝贡从事贸易获利极大，因而西域贡使队伍非常庞大。所有的使团"都根据其不同的规模而具有为自己服务的 50—500 名真正的商客，他们进入中国仅仅是为了在那里从事贸易"⑤。为了减轻明朝接待和赏赐贡使的费用，限制贡使人数势在必行。明廷经常向西域朝贡国晓谕"不许人数过多，违者治罪"的禁令。⑥ 当贡使入关时，甘肃守臣在嘉峪关"登录了由随员中的许多仆从随同的各位使臣的名字。大臣们于那里请他们不要再在已申报的名单之具体数字中再更多地增加任何人了，

---

① 《明史》卷 332《西域传》，中华书局 1974 年版，第 8611 页。

② 《明宪宗实录》卷 72，成化五年十月己卯，第 1407 页。

③ 《明孝宗实录》卷 19，弘治元年十月戊戌，第 446 页。

④ 《明世宗实录》卷 164，嘉靖十三年六月丁酉，第 3619 页。

⑤ ［法］阿里·玛扎海里著，耿昇译：《丝绸之路——中国—波斯文化交流史》，中华书局 1993 年版，第 16 页。

⑥ 《明孝宗实录》卷 161，弘治十三年四月戊戌，第 2886 页。

向他们强调了以下事实：中国的章程是很严格的，任何被当场抓住有伪报的使节将会永远威信扫地"①。

此外，对于那些曾在中国境内违犯禁令的贡使，明朝记录在案，取消其再次入贡的资格。弘治二年（1489）规定："凡外夷来贡曾犯法者，再不许起送，著为令。"② 如正德六年（1511），哈密贡使阿都火者违犯明朝禁令，"私货茶于民家"，受到削减赏赐和取消再次入贡资格的处罚。③ 假冒他国贡使的行为也被明朝视为非法而受到禁约。成化七年（1471），明廷要求甘肃总兵官蒋琬"译写番文晓示哈密王母，凡遣使可选老成之人，戒约而来，不许混以他种番人冒入"，否则，将予以拘捕。④ 弘治年间，撒马儿罕等 7 处使臣男妇共 52 人，因"冒土鲁番贡使，一概拘留"⑤。

在查验贡使身份的同时，甘肃守臣还必须对西域贡使所携带的物品分别等级，造册登记。弘治五年（1493），孝宗批准礼部建议，要求甘肃守臣"今后如遇西夷进贡，起送之时，须将上进物件尽数辨验开批，内细软者见数印封，粗重者开数通行造册，付夷使赍来，以凭题进给赏"⑥。嘉靖年间礼部官员也说：西域朝贡之国"俱分为等第，照例每十人准起送二人来京，其余存留在边，听候给赏。通行造册，马上差人先赍送部收贮，仍另出半印花栏勘合，给使臣亲

---

① ［法］阿里·玛扎海里著，耿昇译：《丝绸之路——中国—波斯文化交流史》，中华书局 1993 年版，第 44 页。

② 《明孝宗实录》卷 29，弘治二年八月壬子，第 661 页。

③ 《明武宗实录》卷 74，正德六年四月戊子，第 1632 页。

④ 《明宪宗实录》卷 90，成化七年四月辛未，第 1757 页。

⑤ 《明孝宗实录》卷 131，弘治十年十一月庚子，第 2313 页。

⑥ 《明孝宗实录》卷 70，弘治五年十二月辛酉，第 1325 页。

执来京，以凭比对，定拟给赏"①。凡贡使所进玉石、刀锉等物，如果质量低劣，"边臣择其粗恶者还之"②。对于出关贡使的验放，主要是检验其出境时所带物品是否违禁。凡属违禁之物，或削减其赏，或予以没收。永乐七年（1409），成祖对甘肃镇总兵官何福说："中国罗绮旧制禁出境，迩者朝贡使臣及往来市易之人，往往有私出者，更严禁约。若称朝廷赏赐，亦必验实，方许放出。"③ 宣德十年（1435），英宗对甘肃总兵官刘广说：撒马儿罕使臣 "久处甘州者并与敦遣，仍加访察，毋令私挟我人口出境"④。茶叶也属严格管制之物，贡使不得随意携带出境。正统五年（1440），西域使臣欲以赏赐的绢换茶，英宗下令："茶系出境违禁之物，未可许。"⑤ 弘治二年（1489），哈密、土鲁番贡使 "违例收买食茶、箭竹等物过多"，礼部要求按例予以没收，孝宗从之。同时晓谕境内各国贡使，"各遵守禁例，如违，俱照此例行之，其未给赏者即递减其赏"⑥。

除检查违禁物品外，对出关贡使的验放还体现了明朝海关管理的严肃性。明朝严禁河西走廊的军民私自通过其他路径将贡使带出关外，以确保政府对朝贡贸易的绝对控制。正如哈烈使臣盖耶速丁所言：出关与入关一样严格，"这里是指验证一下是否有缺席和是否有人未签出境关文就离开中国了。边境巡视官要对此负责，他们必

---

① （明）严嵩：《议处甘肃夷贡》，（明）陈子龙等辑：《明经世文编》卷219，中华书局1962年版，第2297页。

② 《明世宗实录》卷278，嘉靖二十二年九月丁巳，第5427页。

③ 《明太宗实录》卷90，永乐七年四月丁亥，第1188页。

④ 《明英宗实录》卷1，宣德十年正月乙酉，第19页。

⑤ 《明英宗实录》卷71，正统五年九月甲辰，第1375页。

⑥ 《明孝宗实录》卷29，弘治二年八月壬子，第661页。

须执行例律。使臣及其随从都必须履行这种手续"①。在甘肃镇守臣的严格盘验下，各国贡使难以蒙混过关。有明一代，西域贡使"根本不可能像进磨房那样随便自由进入中国，中国官府严格地要求进出境的关文"②。尽管西域贡使中的大多数是纯粹的商人，其中仍混杂着敌对势力或为敌对势力服务的军事间谍。永乐五年（1407），哈刺火州等处使臣向明廷奏报甘州军士向西域贡使泄露军机的事，明成祖便严词斥责甘肃总兵官宋晟："朝廷禁约下人私通外夷，不为不严。比年回回来经商者，凉州诸处军士多潜送出境，又有留居别失八里、哈刺火州等处，泄漏边务者，此边将之不严也。"③ 成化十一年（1475），针对贡使中混入间谍一事，宪宗"禁约土鲁番等国，遣使入贡之时，不许夹带别部夷人混入边境，糜费边储，传报消息"④。弘治八年（1495），兵部根据甘肃守臣的奏报，认为"撒马儿罕等使不可与土鲁番使概送陕西，欲遣之回，则今方有事哈密，恐其漏我边情，或误大计。请仍留甘州暂住，支与饩廪，待哈密事竣之日遣回"，孝宗认为言之有理，便批准了这一建议。⑤ 以上史实说明，甘肃守臣对西域贡使出入嘉峪关时的严格检查是必要的正当行为，它并没有超出维护国家主权的范围。

---

① ［法］阿里·玛扎海里著，耿昇译：《丝绸之路——中国—波斯文化交流史》，中华书局1993年版，第76页。

② ［法］阿里·玛扎海里著，耿昇译：《丝绸之路——中国—波斯文化交流史》，中华书局1993年版，第12页。

③ 《明太宗实录》卷66，永乐五年四月戊戌，第929页。

④ 《明宪宗实录》卷141，成化十一年五月壬子，第2623页。

⑤ 《明孝宗实录》卷107，弘治八年十二月辛未，第1964—1965页。

三、甘肃镇对西域贡使行为的规范

由于朝贡贸易有利可图，西域诸国贡使多由商人充任。永乐二十二年（1424），礼部给事中黄骥上疏言："西域使客多是贾胡，假进贡之名，藉有司之力，以营其私。其中又有贫无依者，往往投为从人，或贷他人马来贡。既名贡使，得给驿传，所贡之物，劳人运至，自甘肃抵京师，每驿所给酒食刍豆，费之不少。比至京师，又给赏及予物值，其获利数倍。以此胡人慕利，往来道路，贡无虚月。"① 明宣宗也说："回人善营利，虽名朝贡，实图贸易。"② 为了减轻财政负担和沿途驿递军民的压力，甘肃镇奉明廷之命，从多方面规范着西域贡使的行为。

（一）限制贡使人数

对贡使人数的限制主要体现在两个方面：一是限制西域诸国入关贡使人数；二是限制前往北京的贡使人数。前往北京的贡使称为起运贡使，留居甘州和肃州的贡使称为存留贡使。这两类贡使的一切费用都由明朝承担，同时，起运和存留贡使各有不同等级的赏赐。相对而言，起运贡使所得赏赐多于存留贡使。据《明会典》载，成化八年（1472），哈密"进贡到京使臣，分五等，一等彩段五表里，绢四匹；二等四表里，绢三匹；三等三表里，绢二匹；四等二表里，绢一匹、布一匹；五等一表里，绢一匹。俱纻丝衣一套，靴袜各一

---

① 《明仁宗实录》卷5上，永乐二十二年十二月丁未，第160页。
② 《明史》卷332《坤城传》，中华书局1974年版，第8625页。

双。存留甘州男女人等，有进贡者，照五等例赏；无者，每人绢、布各一匹"①。其他西域国家也大略如此。由于进京使臣赏赐优渥，所以入关贡使想方设法加入起运贡使之列。为此，甘肃镇守臣必须严格控制起运人数，将明朝"怀柔远人"的负担降到最低点。永乐四年（1406），成祖要求甘肃守臣"多则遣十余人，少则二三人入朝"②。永乐二十二年（1424），仁宗下令："陕西行都司，除哈密忠顺王及亦力把里、撒马儿罕等处番王遣使朝贡，许令送赴京来，不过一二十人"③。在成化之前，由于明廷对起运贡使人数限制并不十分严格，因而甘肃守臣经常滥送使臣。成化元年（1465），明朝不得不做出较为明确的规定，规定"哈密使臣岁一入朝不得过二百人，乩加思兰五十人。其土鲁番、亦力把力等或三年、五年入贡经哈密者，依期同来，不得过十人"，并要求甘肃等处守臣"抚谕夷民，严加防范"④。弘治十二年（1499），孝宗命令甘肃守臣："今后遇有各处使臣入贡者，俱约至八月初旬，方许验放入关。每年止许一次，亦不许人数过多，违者治罪"⑤。到了嘉靖时期，世宗调整了西域政策，对贡使人数的限制更加严格。嘉靖十一年（1537），世宗诏令"肃州哈密卫夷人委兀儿等自今五年一入贡，每每不得过百人，起送不得过三十人，著为令"⑥。嘉靖十六年（1537），甘肃巡抚赵载要求将西域诸国"分为等第，每十人许二人赴京，余留在边听赏"，朝议

① 《明会典》卷112《给赐三》，中华书局1989年版，第595页。
② 《明太宗实录》卷58，永乐四年八月壬子，第853页。
③ 《明仁宗实录》卷5上，永乐二十二年十二月丁未，第161页。
④ 《明宪宗实录》卷22，成化元年十月丙戌，第434—435页。
⑤ 《明孝宗实录》卷161，弘治十三年四月戊戌，第2886页。
⑥ 《明世宗实录》卷143，嘉靖十一年十月辛丑，第3346页。

批准。① 嘉靖四十二年（1563），世宗大力削减哈密 300 人的贡使团，规定“每贡三十人，起送十三人，余留边听赏”，同时申明哈密与西域诸国一样，为“五年一贡”②，取消了其一年一贡的特权。嘉靖时期的全面整顿，有效地控制住了西域贡使人数。

（二）违期贡使不得入关

对于西域诸政治体，明朝按照其亲疏远近和作用的不同，分别定以不同的贡期。如哈密为每年一贡，直至嘉靖中后期，因其作用减弱，改为五年一贡；其他如天方、哈烈、撒马儿罕、土鲁番、别失八里、于阗等或三年一贡，或五年一贡，到嘉靖时期，皆定为五年一贡。③ 由于朝贡贸易有暴利可图，所以包括哈密在内的西域诸政治体经常违期叩关，要求入关从事朝贡贸易。为了维护朝贡贸易的严肃性，明廷要求甘肃守臣将违期贡使以礼阻回，不得入关。也就是说，违期贡使被明朝视为非法而予以禁约。天顺八年（1464），礼部官员鉴于哈密一年之中三次入关进贡，认为“若不审量事机，听其自来自往，费扰实多。今后宜审验相应者，方许放入”，宪宗允准。④ 从此以后，明廷屡次晓谕西域诸国，要求按时入贡，并责令甘肃守臣严格执法。成化五年（1469），礼部奏言：“正统年间哈密使臣每年许朝一次，多不过二百人，亦力把力等处使臣三年或五年一朝，每处不过十人。已敕所在官司及省谕其国王知会。今违例来朝，

---

① 《明世宗实录》卷 196，嘉靖十六年正月壬寅，第 4148 页。

② 《明会典》卷 107《朝贡三》，中华书局 1989 年版，第 579 页。

③ 《明会典》卷 107《朝贡三》，中华书局 1989 年版，第 579—581 页。

④ 《明宪宗实录》卷 9，天顺八年九月辛未，第 198 页。

不当给赐，然既到京，宜量为处置，以慰其心。请敕赐其国王，并行陕西镇守等官，一体禁约。"宪宗从之。① 弘治元年（1488），礼部在检讨成化时期西域政策执行情况时说道："比年，哈密及土鲁番等处入贡，多不以时，且人数过多，糜费益甚。请各降谕谕之，俾知遵守。甘肃守关官员滥冒起送，不照例沮格，乞下巡按御史治罪。"孝宗览疏后，同意了礼部的请求，但宽宥了玩忽职守的甘肃守臣。② 嘉靖十三年（1534），土鲁番等国使臣违期叩关，甘肃守臣请示礼部，礼部认为："回夷入贡以三年、五年为期，系累朝定例，今土鲁番旧岁来贡者尚未还国，今又违例要求，不可许"，世宗深以为然。③ 嘉靖二十六年（1547），甘肃总兵官仇鸾、都御史傅凤翔无视禁例，将违期的土鲁番800多名贡使全部迎入嘉峪关，不久，杨博取代傅凤翔而巡抚甘肃镇，没有及时弹劾。对此严重事件，世宗不像孝宗那样宽贷守臣，而是按律予以严惩。世宗说："先抚镇官滥放入关，新巡抚官不即参论，并当究治。凤翔、鸾姑夺俸各三月，博一月，兵备、参将等官两月。如再失处，重治不贷。"④ 不久，世宗再次晓谕甘肃守臣："有因循滥放者，从重论罪。仍俟各夷出关者，谕使知遵守。"⑤ 从此，西域贡使不按贡期而随意叩关的行为得到了纠正。究而论之，要求西域贡使如期入关，仍在于限制入关人数，减轻朝廷负担。

---

① 《明宪宗实录》卷65，成化五年三月乙未，第1314页。

② 《明孝宗实录》卷19，弘治元年十月戊戌，第446页。

③ 《明世宗实录》卷164，嘉靖十三年六月丁酉，第3619页。

④ 《明世宗实录》卷321，嘉靖二十六年三月乙卯，第5963页。

⑤ 《明世宗实录》卷329，嘉靖二十六年十月戊午，第6055页。

（三）入关贡使必须遵守明朝法令

西域贡使一进入嘉峪关，在受到明朝各级官员热情接待和全面保护的同时，他们必须遵循明朝制定的有关朝贡贸易的法令，不得为所欲为。贡使入关时，甘肃守臣向其宣布的禁令主要包括以下几个方面：1. 不得与中国军民私自贸易；2. 不得大量购买违禁物品如茶、丝绸等；3. 不得携带中国人口出境；4. 不得漫天要价；5. 起运贡使不得在沿途从事交易，亦不得在驿递逗留不进；6. 不得交结中国军民而窃取军国机密；7. 朝贡完毕出关时，必须接受严格检查。其中，确保军国机密不被泄露是明朝统治者关注的头等大事，明廷不断申明禁令，要求甘肃守臣做到万无一失。宣德七年（1432），宣宗告诫甘肃总兵官刘广等人："瓦剌顺宁王脱欢屡遣人朝贡，虽其意勤，然虏情多诈，安知数数往来，非窥觇欲有所为乎？宜严饬兵备，不可怠忽。"① 正统八年（1443），英宗要求甘肃守臣对存留贡使"务令严谨，毋漏事情"②。成化五年（1469），甘肃总兵官蒋琬得到情报，说瓦剌首领拜亦撒哈"率众四百人，皆披甲至哈密城中屯聚，令哈密人奉使入贡，私觇虚实，约寇赤斤、肃州"③。两年后，宪宗要求甘肃守臣"今后各夷入贡，必须遇之以礼，禁约在边军民，不许交通漏泄事情"④。为了有效管理甘肃境内的贡使，巡抚甘肃都御史朱英等人提出了"分内外以防奸细"的主张，即在"甘州城东关墙之内，将已废夷馆重为缮治，遣官设译，以待进贡远夷，并禁革

① 《明宣宗实录》卷86，宣德七年正月庚辰，第1986页。
② 《明英宗实录》卷109，正统八年十月庚子，第2210页。
③ 《明宪宗实录》卷67，成化五年五月辛丑，第1346页。
④ 《明宪宗实录》卷90，成化七年四月辛未，第1756—1757页。

军民交通漏泄"①。弘治年间，时值明朝兴复哈密，为了防止贡使"漏我边情，或误大计"，明廷决定将撒马儿罕、土鲁番等国贡使"留甘州暂住，支与饩廪，待哈密事竣之日遣回"②。直至万历年间，西域贡使分区管理的格局没有改变。据《利玛窦中国札记》载：肃州分为两部分，"中国人，即撒拉逊人称之为契丹人的，住在肃州的一个城区，而来此经商的喀什噶尔王国以及西方其他国家的撒拉逊人则住在另一区"，"每天晚上他们都被关闭在他们那部分城区的城墙里面"③。

在确保军机不被泄露的前提下，甘肃守臣对入境贡使的行为规范主要体现在以下两方面：一是督察起运贡使在来回的路上不得与沿途军民做任何形式的交易；二是严密控制存留贡使的交易行为。由于贡使携带贡物繁多，如将其如数运往北京，势必加重驿递的负担，因而只能将一部分贡物经甘肃守臣辨验后交由驿道运往北京，或贡于朝廷，或在北京市场上出售。未被运送的贡物或由甘肃镇收购，或在当地出售。永乐六年（1408），成祖要求甘肃守臣在贡使卖马时，"若三五百匹，止令鬻于甘州、凉州。如及千匹，则听于黄河迤西兰州、宁夏等处交易，勿令过河"④。仁宗曾令甘肃守臣"自今有贡马者，令就甘肃给军士，余一切勿受，听其与民买卖，以省官府之费"⑤。成化十二年（1476），大学士商辂提议："乞敕甘肃等处

---

① 《明宪宗实录》卷 141，成化十一年五月壬子，第 2624 页。

② 《明孝宗实录》卷 107，弘治八年十二月辛未，第 1965 页。

③ ［意］利玛窦、［比］金尼阁著，何高济等译：《利玛窦中国札记》，中华书局 1983 年版，第 560 页。

④ 《明太宗实录》卷 77，永乐六年三月壬戌，第 1047 页。

⑤ 《明仁宗实录》卷 5 上，永乐二十二年十二月丁未，第 161 页。

巡抚等官，今后哈密诸番来京带有玉石，责令通事谙晓玉石之人辨验等第，一等者计数封号，装盛送京；次等者许其谅卖盘费，其余悉令在彼货卖，不许一概带来，沿途扛运，应付艰难。如违，许巡按分巡等官径自拿问。"① 宪宗允准。弘治七年（1494），孝宗敕谕甘肃经略西域的兵部左侍郎张海等人，要求选取贡使"轻便之物，差人伴送赴京，余众悉令在彼住候，狮子、马、驼俱留在边喂养骑用"②。对于起运贡使无视禁令而在沿途从事交易者，甘肃镇守臣将奉命予以惩处。正德九年（1514年），明廷申明禁例，凡西域贡使"经过处所，敢有私与夷人贸易者，货物入官，仍枷号一月拟罪"③。世宗即位之初，要求甘肃守臣严肃禁令，"各夷回还之日，但有与军民交通卖买，在驿递延住一日之上者，住支廪给，军民枷号问罪。伴送人员不为钤束，从重治罪"④。

四、结论

在与西域的朝贡贸易中，明朝一贯坚持"厚往薄来"的不等价交换原则。虽然明朝制定了一系列管理西域贡使的法规，但为了展示其大国的地位和作用，明廷一再地宽待贡使。正如明太祖朱元璋所言："宁使物薄而情厚，毋使物厚而情薄。"⑤ 明朝与西域关系正常

---

① （明）商辂：《弭灾疏》，（明）陈子龙等辑：《明经世文编》卷38，中华书局1962年版，第291页。

② 《明孝宗实录》卷94，弘治七年十一月庚戌，第1732页。

③ 《明武宗实录》卷116，正德九年九月辛酉，第2343页。

④ （明）严从简撰，余思黎点校：《殊域周咨录》卷15《撒马儿罕》，中华书局1993年版，第490页。

⑤ 《明太祖实录》卷89，洪武七年五月壬申，第1575页。

与否，主要体现在朝贡贸易能否正常进行。换言之，西域诸政治体在经济上对明朝的依赖和明朝需要西域诸政治体在政治上的支持，通过朝贡贸易使双方找到了一个结合点。只要西域诸政治体"归顺"明朝，与其友好往来，明朝统治者不在乎经济上的损失。朱元璋所谓西域诸政治体"遣使入贡吾朝廷，亦以知其事上之礼"①，一语道破了明朝不遗余力推行朝贡贸易之苦心。

综观有明一代，在甘肃守臣的管理和保护之下，丝绸之路的朝贡贸易从未中断，一批批贡使络绎于道。洪武二十三年（1390），撒马儿罕回回舍怯儿阿里义等以 670 匹马抵达凉州互市②；永乐十七年（1419），哈密、土鲁番等处贡使 137 人前来贡马，赐钞万锭，文绮70 匹，彩绢 200 匹③；同年，哈密使臣及商人回回满赖撒丁等 250 人贡马 3546 匹及貂鼠皮、硇砂等物，成祖赏赐其 32000 锭，文绮 100匹，绢 1500 匹④；宣德八年（1433），宣宗赐哈烈使臣 329 人"银及彩币、纱罗、绫䌷、绢布有差"⑤；正统十二年（1447），哈密及撒马儿罕使臣贡马 63 匹，驼 27 峰，玉石 20000 斤，青鼠皮 3000 张⑥；景泰三年（1452），哈密、亦力把里、土鲁番、察力失、扫兰等 121 处贡使结伴而来，受到明廷的盛情款待⑦；天顺三年（1459），哈密、土鲁番、亦力把里、黑娄、哈失哈儿、吉兰兀、鲁木思、戎等处正

---

① 《明太祖实录》卷 249，洪武三十年正月丁丑，第 3612 页。
② 《明太祖实录》卷 199，洪武二十三年正月乙亥，第 2983 页。
③ 《明太宗实录》卷 210，永乐十七年三月丙午，第 2127 页。
④ 《明太宗实录》卷 216，永乐十七年九月丁巳，第 2159 页。
⑤ 《明宣宗实录》卷 105，宣德八年闰八月辛酉，第 2348 页。
⑥ 《明英宗实录》卷 160，正统十二年十一月癸丑，第 3119 页。
⑦ 《明英宗实录》卷 224，景泰三年十二月己丑，第 4851 页。

副使以及 26 名从人前来朝贡，除照例赏赐外，"正副使原有官者升一级，无官者正使授百户，副使授所镇抚，哈失哈儿等处使臣俱授所镇抚"①；成化年间，哈密使臣 360 多人前来朝贡②；弘治元年（1488），明廷因西域贡使频繁入关且人数过多而不得不惩治滥送使臣的甘肃守臣③；正德十五（1520），明廷为已居北京两年的土鲁番、哈密贡使赏赐 "金织文绮彩缯"④ 等物；嘉靖二十二年（1543），土鲁番、撒马儿罕、天方国、鲁迷、哈密等地贡使前来 "贡马及方物"⑤；隆庆五年（1571），土鲁番贡使 12 人前往北京，进贡 "方物及马匹"⑥；万历十四年（1586），土鲁番、哈密等处贡使 70 人赴京朝贡⑦。直至天启、崇祯年间，土鲁番、哈密等处使团仍贡不绝。

总之，明朝通过与西域朝贡贸易防止北元势力对北方特别是西北地区的国防造成巨大威胁的基本目的达到了。终明之世，西域诸国与明朝的友好往来是明朝与西域关系的主流，丝路贡使贸易与明代国防战略融为一体，形成了独具特色的贸易景象，是中外贸易史中不可或缺的内容。

---

① 《明英宗实录》卷 300，天顺三年二月丙子，第 6376 页。

② 《明宪宗实录》卷 21，成化元年九月丁卯，第 420 页。

③ 《明孝宗实录》卷 19，弘治元年十月戊戌，第 446 页。

④ 《明武宗实录》卷 182，正德十五年正月戊戌，第 3524 页。

⑤ 《明世宗实录》卷 274，嘉靖二十二年五月庚申，第 5378 页。

⑥ 《明穆宗实录》卷 62，隆庆五年十月乙卯，第 1511 页。

⑦ 《明神宗实录》卷 178，万历十四年九月丁巳，第 3327 页。

明代河西走廊的西域贡使

在明代史籍中，西域贡使常被称之为"贾胡""贾回"等，他们是以西域诸国贡使的名义进入河西走廊从事贸易活动的，其中只有一小部分贡使经河西走廊前往北京觐见明朝皇帝和从事商贸活动。河西走廊因此成为明代主要的边境贸易场所之一。明朝借此与西域诸政治体互通有无，加强了彼此间的交往与联系。迄今为止，学术界对此问题缺乏系统研究，以致造成一种错觉，即汉唐时期陆地丝绸之路贸易活动处于极盛时期，明朝则走向衰落。故在明史研究中，一提到对外贸易，学界往往重点论述南方的海外贸易，而绝少提及明朝与西域频繁的陆路商贸活动。为此，特撰此文，以阐明明代丝绸之路贸易的特点及其盛况。

一、西域贡使进出嘉峪关

明代河西走廊与汉唐时期的地域有所不同，所含区域为今天兰州黄河以西、嘉峪关以东的走廊，相对而言，其范围小于汉唐时期。尽管朱元璋推翻了蒙古贵族在长城以南的统治，但终难将其彻底击溃。后继的朱棣虽曾劳师远征，也无力征服元朝残余势力。为了稳定和巩固西北边疆，明朝统治者不得不面对现实，调整策略，着力营建河西走廊，使其成为抵御蒙古贵族和通好西域的特别区域。史载："高皇帝定陕西、甘肃诸镇，嘉峪关以西置不问。"① 而"嘉峪关外，并称西域"②。这样，嘉峪关便成为明朝通往西域的重要窗口。

据《明史·西域传》载："自成祖以武定天下，欲威制万方，遣使四出招徕，由是西域大小诸国莫不稽颡称臣，献琛恐后。"③ 哈密、土鲁番、撒马儿罕、火州、柳陈城、于阗、天方及被称为"西域三十八国"的哈烈、坤城等地的使臣通过丝绸之路与明朝进行着广泛的朝贡贸易。在成化之前，哈密在西域朝贡贸易中发挥了积极的作用，使朝贡贸易得以顺利进行。④ 之后，由于哈密内部不和，王室不振，国势日衰，其在西域的地位渐被土鲁番所取代。直至嘉靖前期，明朝才放弃了用闭关绝贡"兴复哈密"的策略，正视土鲁番的强盛和哈密的残破，恢复了与土鲁番之间正常的朝贡贸易，使西域与明朝的贸易趋于稳定，河西走廊也得以安宁。《明史·土鲁番传》言："番酋许通贡，而哈密城（印）及忠顺王存（亡）置不复问，河西稍获休息。"⑤

正是由于与西域的贸易能够阻止西域诸国与蒙古贵族联合，大大减轻西北边疆的军事压力，明廷尽可能地通过贸易手段与西域诸

---

① （明）高岱：《鸿猷录》卷 13《兴复哈密》，薄音湖编辑点校：《明代蒙古汉籍史料汇编》（第七辑），内蒙古大学出版社 2011 年版，第 339 页。

② 《明会典》卷 107《西戎上》，中华书局 1989 年版，第 579 页。

③ 《明史》卷 332《西域传》，中华书局 1974 年版，第 8625 页。

④ 参见田澍《明代甘肃镇与西域朝贡贸易》，《中国边疆史地研究》1991 年第 1 期。

⑤ 《明史》卷 329《土鲁番传》，中华书局 1974 年版，第 8535 页。

国修好关系。西域贡使进入嘉峪关后，其人身安全得到当地官军的绝对保护。从嘉峪关开始，"中国人筑了一座严密防守的堡垒，配有城墙和壕沟。它们一直向纵深方向蔓延数月行程之远的距离，保护着中华帝国。……戍边人民住在烽燧的顶部并随时预告敌人的活动"①。换言之，长城除有防御蒙古贵族侵扰的功能外，还具有保护西域贡道畅通的功用。

在西域诸国看来，他们与明朝的朝贡贸易是在政治友好名义下进行的一种商业行为，所以，各国所遣使臣大多为善于经商者。而西域商人若想通过丝绸之路前往明朝从事合法的贸易活动，就必须设法加入与明朝有朝贡关系的某国使团之中。他们一旦加入某国使团便以该国使团首领仆从身份进入嘉峪关。哈烈使臣盖耶速丁曾记录了其一行在永乐年间入关时各带仆从的人数，即：

　　　　沙的·火者和库克扎　　　由 200 名仆从服侍

　　　　算端阿合马和盖耶速丁老爷　　由 150 名仆从服侍

　　　　阿格答克　　由 60 名仆从服侍

　　　　阿答完　　由 50 名仆从服侍

　　　　塔术丁　　由 50 名仆从服侍②

而不属于某一使团的零散商人是绝对禁止进入嘉峪关的。使团的人数必须与所持勘合相符。据《明孝宗实录》载："迤西进贡例，以一人赍勘合，缘来数既多，到期不一。一人未到，众皆俟之。"③

---

　　① ［法］阿里·玛扎海里著，耿昇译：《丝绸之路——中国—波斯文化交流史》，中华书局 1993 年版，第 152 页。

　　② ［法］阿里·玛扎海里著，耿昇译：《丝绸之路——中国—波斯文化交流史》，中华书局 1993 年版，第 44 页。

　　③ 《明孝宗实录》卷 31，弘治二年十月壬辰，第 687 页。

故盖耶速丁说："在从西向东行进时，所有的旅行家都被迫通过一道关门进入而经另一道关门出去。当他们到达关口的中央时，许多中国军官便前来清点旅行队的成员，造册登录每个人的姓名和身份。一旦当这些手续完成之后，他们便撤走栅栏路障的关卡，让使臣进入中国，使臣及其随员就这样抵达了肃州城。"① 荷兰人白斯拜克亦云：经西域"旅行多月，蹀躞甚劳。终乃抵一小隘，契丹国边境之关塞也（似即嘉峪关）。其国大部分皆为平原内地。近关处有连山，崎岖危险，不通行人。仅此一隘，可以通行。国王遣兵驻守之。商贾至者，皆须报告运载何物，自何方来及人数若干。……商人或全许入境，或仅半数，或全不许入境也。若许入境，则由关隘起身后，皆有引路人指导前行，每日有站可停。站中衣食之价，皆甚廉平"②。如鄂本笃到达嘉峪关后，曾在此"休息二十五日，以待是省总督之回音，可否入。至后总督复音许入，于是起身"③。阿里·玛扎海里论道：西域商人在进出河西走廊时，"都有一种如同海关网一样的机构"，"当时根本不能像进磨房那样随便自由进入中国，中国官府严格地要求进出境的关文，某些买卖交易是被严格禁止的"④。

如果西域贡使随意改变前往明朝的路线，即不从嘉峪关入境的话，则被视为非法而受到禁阻。如弘治二年（1489），撒马儿罕使臣由满剌加至广东，前来贡献狮子、鹦鹉等物，礼部得知后认为："南

① ［法］阿里·玛扎海里著，耿昇译：《丝绸之路——中国—波斯文化交流史》，中华书局1993年版，第46—47页。

② 张星烺编注：《中西交通史料汇编》（第1册），中华书局1977年版，第369页。

③ 张星烺编注：《中西交通史料汇编》（第1册），中华书局1977年版，第434页。

④ ［法］阿里·玛扎海里著，耿昇译：《丝绸之路——中国—波斯文化交流史》，中华书局1993年版，第12页。

海非西域贡道，请却之"，孝宗从之，且言："珍禽奇兽，朕不受献。况来非正道，其即却还。"次年，该国使臣按照规定路径，携带狮子、哈刺、虎刺诸兽由嘉峪关进入中原。^① 弘治三年（1490），土鲁番贡使从海道前来贡献狮子，但广东等地的官员没有按章办事，使其"潜诣京师"。礼部要求严惩玩忽职守的"广东都、布、按三司及沿路关津官之罪"，并将贡使驱逐出境，孝宗允准。^② 相反，按照规定路线叩关入贡者，尽管有时违例前来，但很少出现将其断然拒之关外的情形。如成化五年（1469），甘肃镇官员允许违期的哈密贡使入关进京，礼部奏明宪宗，认为"今违例来朝，不当给赐。然既到京，宜量为处置，以慰其心"^③。宪宗许之。同年，另一批哈密贡使又到嘉峪关，礼部担心如果将其"驱使空还"，必将"招怨启衅"，建议在河西走廊善待之。宪宗听从其言，要求甘肃镇守臣"谕以朝廷恩威，就彼宴赏遣回，所进驼马却还之，听其自鬻，以为己资"^④。嘉靖十九年（1540），土鲁番贡使米列阿都写民等人违例朝贡，尽管世宗不许其入京进献，但为了抚慰其心，令其权且"驻内地自食以待贡期，届期再行朝贡"^⑤。

西域贡使离开河西走廊时，同样要受到严格的检查。"中国的例律要求造册登记他们以及同伴们的名字和身份。这一条例对于离开

---

① 《明史》卷332《撒马儿罕传》，中华书局1974年版，第8600—8601页。
② 《明孝宗实录》卷43，弘治三年闰九月丁酉，第885页。
③ 《明宪宗实录》卷65，成化五年三月乙未，第1314页。
④ 《明宪宗实录》卷72，成化五年十月己卯，第1407页。
⑤ 《明世宗实录》卷239，嘉靖十九年七月丁酉，第4853页。

中国领土和进入中国领土一样适宜。"① 严格出关手续的主要目的在于检查西域贡使从明朝所带出的物品是否违禁。对于违禁物品将予以没收。②

二、入关贡使的起送与存留

对于依期前来的使团，河西走廊的官员必须热情款待，使历经千难万险、远道而来的贡使真切地感到宾至如归，对明廷油然地产生敬慕之情。如正统二年（1437），63 位哈密贡使到达甘州，左副总兵都督任礼遣人护送正、副使把失虎力等 11 人前往京师，"宴赐如例，余留甘州，皆馆馈之"③。盖耶速丁对贡使初入河西走廊所受到的盛情接待作了如下记述："肃州是中国边陲地区的第一座城池。一直到那里，都需要穿越一片辽阔的瀚海。在这一站，有一片风景秀丽的草地，中国官员前来迎接使臣。中国人在很短的时间内就于草地中心为他们准备了一次丰盛的宴会。眨眼之间，他们就在那里建起了一个以大顶篷遮蔽阳光的高台，于其下面放置了大量桌椅。中国人为他们端上了羊肉、鹅肉、鸡肉以及盛放在瓷盘中的干鲜果品。"又说："总而言之，他们在空旷的沙漠中带来了高低桌和一次宴会所必需的一切，甚至比在一个京城作得还要好得多。在用餐快要结束时，他们又向使臣奉上了各种烧酒和米酒。所有准备好的这

---

① ［法］阿里·玛扎海里著，耿昇译：《丝绸之路——中国—波斯文化交流史》，中华书局1993年版，第76页。
② 参见田澍《明代甘肃镇与西域朝贡贸易》，《中国边疆史地研究》1991年第1期。
③ 《明英宗实录》卷32，正统二年七月丁巳，第638页。

些东西均来自肃州。"①

在西域贡使入关后，甘肃镇官员按照有关规定将其分为"起送"与"存留"两类。所谓起送，就是指选取使团中一小部分经河西走廊前往北京觐见皇帝的成员。非起送者，便是存留。存留使臣分别留居甘州、肃州二城。当起送使臣从北京返回甘州、肃州后，便与存留使臣一同出关。区分起送与存留贡使是明代对西域朝贡贸易中的关键性步骤之一。为了减轻明朝财政和贡道沿途军民力役的负担，大部分西域使臣只能住在甘州、肃州两地候赏。如嘉靖二年（1523），撒马儿罕、土鲁番、天方等国起送使臣在北京"赐宴并彩段绢布，其存留甘州者，遣通事赍送验赏"。② 相形之下，对存留者的赏赐远低于起送者。③

一般而言，起送使臣仅占使团人数的 10%—20%。在不同时期，对起送使臣的数额有不同的规定。由于对入京使臣人数没有作出严格的限制，致使大量入关的西域贡使中有很大一部分涌入北京，造成"公私骚扰，边患益深"的局面。成化初年礼部尚书姚夔认为："哈密乃西域诸番之要路，祖宗待之特为优厚。然朝贡有期，遣使有数。近年为乩加思兰残破其国，人民溃散无所栖止，不时来贡，动以千百。将瘦损驼马数匹，名为进贡，实则贪饕宴赐。朝廷保小怀远之仁，固不恤此，然道路疲于迎接，府库竭于赏赐。"于是，朝廷采取了严格控制起送使臣的对策。成化元年（1465），规定"哈密每

---

① ［法］阿里·玛扎海里著，耿昇译：《丝绸之路——中国—波斯文化交流史》，中华书局 1993 年版，第 43—44 页。

② 《明世宗实录》卷 31，嘉靖二年九月癸酉，第 815 页。

③ 《明会典》卷 120《给赐三》，中华书局 1989 年版，第 595—597 页。

年一贡，以八月初旬验放入关，多不过三百人，内起送三十人赴京"，"土鲁番、亦力把力等或三年、五年入贡，经哈密者，依期同来，不得过十人"①。但此令在很大程度上流于形式。弘治元年（1488），礼部严厉指责甘肃镇守臣没有严格控制起送人数，致使起送使臣过滥。其言："比年哈密及土鲁番等处入贡，多不以时，且人数过多，糜费益甚，请各降谕谕之，俾知遵守。甘肃守关官员滥冒起送，不照例沮格，乞下巡按御史治罪。"② 孝宗同意礼部要求限制贡使人数及起送贡使数目的主张，但不许惩处嘉峪关守关官员。弘治十三年（1500），孝宗谕令陕西镇巡等官"今后遇有各处使臣入贡者，俱约至八月初旬，方许验放入关，每年止许一次，亦不许人数过多。违者治罪"③。嘉靖初年，规定撒马儿罕、土鲁番、火州、柳陈城等国五年一贡，每次起送不得超过十人。八年（1529），鉴于西域政治格局发生巨变和哈密地位明显下降等事实，便取消了原先对哈密在朝贡贸易中的优厚政策，规定每次起送人数为十分之二。十一年（1532），又将哈密一年一贡改为五年一贡。四十二年（1563），重定五年一贡的哈密使团由 30 人组成，起送使臣为 13 人。④ 万历四年（1576），礼部按照嘉靖年间的定例，在土鲁番、天方、撒马儿罕、鲁迷共 250 名贡使和 40 名哈密伴送人员中，允许"正使每十人起送二人，土鲁番等四地面共五十人，哈密共二十四人，通共七十四人，起送赴京入贡。其余分发甘、肃二处听赏"⑤。

---

① 《明宪宗实录》卷 22，成化元年十月丙戌，第 434—435 页。
② 《明孝宗实录》卷 19，弘治元年十月戊戌，第 446 页。
③ 《明孝宗实录》卷 161，弘治十三年四月戊戌，第 2886 页。
④ 《明会典》卷 107《朝贡三》，中华书局 1989 年版，第 597—580 页。
⑤ （明）石茂华：《毅庵总督陕西奏议》（明万历刻本）卷 9，中国国家图书馆藏。

凡起送使臣，由沿途驿站负责一程程地运送，并对其途中的行为有严格限制。景泰年间，都察院奉命出榜禁约各布政司，"外夷经过处所，务要严加体察，不许官员、军民、铺店之家私与交易物货，夹带回还，及通同卫所，多索车杠人夫，违者全家发海南卫分充军"。此后，贡使所用人夫车辆，"以十分为率，军卫三分，有司七分，永为定例"①。弘治年间，又榜谕禁约："在京及沿途官吏一应人等，敢有将引夷人收买违禁之物及引诱宿娼，就于各该地方枷号示众，其夷人回还。"② 由于起送使臣比存留使臣能够受到更为周到的待遇和得到较为丰厚的赏赐，西域使臣以其能够成为起送贡使而倍感荣幸。充任撒马儿罕使臣的布哈拉大商人契达伊，对此做了详细的描述。③ 进入嘉峪关后，起送使臣便乘用驿站车马，从肃州卫、镇夷所、高台所、甘州卫、山丹卫、永昌卫、凉州卫、古浪所、庄浪卫经兰州、平凉、西安、潼关、卫辉、临清、真定等地而至北京。

三、存留使臣在河西走廊的活动

由于起送使臣的人数极为有限，绝大多数贡使只能留于甘州城或肃州城。据《明世宗实录》载："故事，贡夷入关，半留肃州，半留甘州。"④ 契达伊亦言："中国只给每 10 名商人中的两名发放进入

---

① （明）余继登：《典故纪闻》卷12，中华书局1981年版，第225页。

② 《明孝宗实录》卷159，弘治十三年二月己亥，第2860页。

③ [法] 阿里·玛扎海里著，耿昇译：《丝绸之路——中国—波斯文化交流史》，中华书局1993年版，第177—178页。

④ 《明世宗实录》卷321，嘉靖二十六年三月乙卯，第5962页。

北京的关文，把其他人滞留在关口以东 10 日行程的甘州。"① 这样，对存留贡使的管理又成为甘肃镇官员的主要职责之一，同时也是明朝与西域贸易中的一项主要内容。

在甘州和肃州两城，有专门的区域和房舍可供西域使臣居住，并由甘肃镇选派官军负责警备工作。景泰六年（1455），哈密使臣捏伯沙"欲于甘肃地面坐住"，景泰帝允准，并令甘肃总兵等官"给房屋薪米，仍严加关防，勿致疏虞"②。西域使臣居住的地区属于特别区域，与当地军民截然分开。成化十一年（1475），巡抚甘肃都御史朱英"欲令行都司于甘州城东关墙之内已废夷馆重为缮治，遣官设译，以待进贡远夷"③，宪宗诏准。弘治年间，孝宗批准户部的建议，要求甘肃巡抚官在"隙城盖房以处夷使"④。如弘治、正德年间，哈密使臣阿剌思罕儿、写亦虎仙等人皆因进贡而"各在甘、肃关厢置产久住，往来以贡为名"⑤。万历四十年（1612），在肃州居住的西域贡使将近 400 人，岁支粮食 2000 余石。⑥"每天晚上，他们都被关闭在他们那部分城区的城墙里面。"⑦

对于西域存留贡使的分区安置和管理，主要出于以下四个方面

---

① ［法］阿里·玛扎海里著，耿昇译：《丝绸之路——中国—波斯文化交流史》，中华书局 1993 年版，第 177 页。

② 《明英宗实录》卷 250，景泰六年二月辛卯，第 5414 页。

③ 《明宪宗实录》卷 141，成化十一年五月壬子，第 2624 页。

④ 《明孝宗实录》卷 167，弘治十三年十月戊申，第 3043 页。

⑤ （明）严从简撰，余思黎点校：《殊域周咨录》卷 13《土鲁番》，中华书局 1993 年版，第 437 页。

⑥ 参见《明神宗实录》卷 502，万历四十年闰十一月己巳，第 9515 页。

⑦ ［意］利玛窦、［比］金尼阁著，何高济等译：《利玛窦中国札记》，中华书局 1983 年版，第 560 页。

的考虑：一是便于管理；二是确保其人身安全，维护明朝在西域朝贡贸易中的信誉；三是防止当地军民因与其交往过密而泄露明朝的军国机密；四是安定起送使臣之心，因为他们的一部分行李存放于河西走廊，由当地官员负责保管，待其返回甘州等地后带走。盖耶速丁云："他们来华的时候在那里（指甘州——引者注）把自己的仆人和坐骑委托给了中国官员精心照管。现在他们在那里发现其所有财产和所有人员都处于完好状况。"①

如果西域使臣久住河西走廊而不愿回去也可以留居当地，并享受有关优惠政策。《利玛窦中国札记》载：西域商人中"有很多已在此地娶妻，成家立业；因此，他们被视为土著，再也不回他们的本土。他们好像在广东省澳门定居的葡萄牙人那样，除了是葡萄牙人订立他们自己的法律，有自己的法官，而撒拉逊人则由中国人管辖。……根据法律，在那里居住了九年的人就不得返回他自己的本乡"②。契达伊也说："中国的法律是欢迎所有外来宗教团体的信徒，只要他们明确宣布承认中国皇帝为其君主。中国人就利用这一机会而同意给予他们公民权和永远居住在中国的权利。如果他们出现在中国边境上，不是为了申请中国国籍，而仅仅是为了经商和出使而申请关文，那就为他们签署有固定限期的关文，也就是说禁止他们最终定居中国。其中有许多人是穆斯林，他们也承认中国可汗为其

---

① ［法］阿里·玛扎海里著，耿昇译：《丝绸之路——中国—波斯文化交流史》，中华书局1993年版，第75—76页。

② ［意］利玛窦、［比］金尼阁著，何高济等译：《利玛窦中国札记》，中华书局1983年版，第560页。

皇帝并最终永远地在那里定居。"①

但是，如果贡使所在政治体要求将久居河西走廊的贡使敦促返回的话，明朝大都能够答应对方的请求。天顺六年（1462），哈密忠顺王母努温答失里遣使奏称："前后所遣使臣往往于甘州延住，或三年，或五年者有之，乞行催督回还。"英宗允之，令甘肃总兵等官"遣出境"②。正德年间，巡抚甘肃都御史邓璋奏："土鲁番累告索进贡不回夷使马黑麻等约千余人。盖夷使出境，既无常期，迁延展转，类将赏赐糜费，遂留住不还"，故"请敕兵部主事一人于夷人入贡途次挨查发遣，并甘肃原留寄住者俱抚令归国，以示怀柔之道"。武宗的最后决定是："沿途迁延夷人，催抚出关；其寄住结亲年久者，具奏处置，勿概逐之。"③ 这一区别对待留住贡使的做法，既满足了贡使国的基本要求，又照顾了久居甘州等地贡使的切身利益，使西域朝贡贸易得以顺利进行。

如果西域贡使不幸在河西走廊作古，则有专门的场地以葬之。弘治元年（1488），孝宗"命给肃州回回坟傍空地五亩，以葬凡哈密使臣之道死者"④。

存留使臣在甘州、肃州两地的市场上从事贸易活动是他们前来中国谋利的主要目的之一。在进入嘉峪关后，西域使臣的贡物被分为两类。在甘肃镇守臣查验之后，将最好的贡物造册登记，与起送

① ［法］阿里·玛扎海里著，耿昇译：《丝绸之路——中国—波斯文化交流史》，中华书局1993年版，第161—162页。
② 《明英宗实录》卷344，天顺六年九月辛亥，第6963页。
③ 《明武宗实录》卷175，正德十四年六月庚辰，第3397—3398页。
④ 《明孝宗实录》卷18，弘治元年九月丁丑，第435页。

使臣一道被送往北京；剩下的由存留使臣在甘州、肃州两市场上出售。葡萄牙人曾德昭在《大中国志》中言：陕西行省西境的两个城市甘州和肃州如同广东省南端的澳门一样，"各国各地成千的商旅，从那里到来"。"使团大多在上述两城市驻留（两城位于边境）进行商品交易。另一些人则去履行任务，以五位国王的名义进贡，他们是鲁迷、阿拉伯、哈密、撒马儿罕、土鲁番的国王。""他们携去的商品有卤砂（Salt-Armoniak）、淡清宝石（Azure）、细麻布、地毯、葡萄干、刀及别的小玩意儿。最佳最贵重的商品是一种叫做玉石（Yaca）的宝石，从叶尔羌（Yauken）国运来，最差的是白色，最好的是绿色，在中国过去很值钱，现仍可卖得好价。他们用它制成各种装饰，宫内使用极多。皇帝赐给阁老的腰带，用最好的玉石作饰品，不许别人使用。"① 除以上物品外，还有马匹，其在西域朝贡贸易中具有重要的作用。永乐元年（1403），明成祖对甘肃总兵官左都督宋晟言："知哈密安克帖木儿遣人贡马，尔已差人送京。其头目所贡者，可选善马送来，余皆以给军士。然须分别等第以闻，庶可计直给赏。"又言："凡进贡回回有马欲卖者，听于陕西从便交易。"② 交易价格基本固定。据杨博言："存留给军给驿马匹，一向相沿，上马价十二两，中马价十两，下马价八两。"③ 嘉靖二十六年（1547），世宗批准了礼部的建议，令入关使臣所带"方物验退者，听于甘肃

① （葡）曾德昭著，何高济译：《大中国志》，上海古籍出版社1998年版，第20—22页。

② 《明太宗实录》卷24，永乐元年十月甲子，第443—444页。

③ （明）杨博：《开陈制御西夷事宜疏》，（明）陈子龙等辑：《明经世文编》卷273，中华书局1962年版，第2876页。

开市"①。有时，使臣为了生计，也不得不出售所带物品。如鄂本笃留居肃州期间，由于"粮食昂贵，他不得不以半价出售他的大玉石。他卖了一千二百金币，大半都必须用来偿还他所借的债。余下的他就用以维持一群人全家的生活"②。在肃州等地，在西域朝贡贸易的影响下，商业繁荣，"有各种行业人员的店铺"③。

为了规范交易行为，明廷要求甘肃镇守臣"戒饬下人，必准时直，不可抑买。财者人之心，若亏其直，则沮向慕之意，宜严加约束，违者罪之"④，并榜禁"甘肃地方番汉人贸易应禁货物，并行巡按选委伴送官定限查考，踰期者坐罪"⑤。同时，朝廷责令边疆守臣按章办事，"一言不可与之潜通，一钱不可与之私易"⑥。对于勒索、敲诈西域使臣的边臣，一旦被告属实，将受到严惩。嘉靖年间，西域商人"挟重货与中国市。边吏利其贿，侵索多端，类取偿于朝"，虎力奶翁等人"憾边关之掊尅也，累累诉于〔礼〕部"⑦。十八年（1539），西域使臣在肃州市场上从事交易时，甘肃镇守太监陈浩派家人王洪带走了5匹名马、1块玉石、20张铁角皮、20张舍力孙皮、120张银鼠、1段锁袱、1段撒哈剌、4斗锁子葡萄和1张羊皮，答应

① 《明世宗实录》卷321，嘉靖二十六年三月乙卯，第5962页。
② 〔意〕利玛窦、〔比〕金尼阁著，何高济等译：《利玛窦中国札记》，中华书局1983年版，第563页。
③ 〔法〕阿里·玛扎海里著，耿昇译：《丝绸之路——中国—波斯文化交流史》，中华书局1993年版，第47页。
④ 《明宣宗实录》卷18，宣德元年六月癸亥，第473页。
⑤ 《明世宗实录》卷50，嘉靖四年四月庚戌，第1261页。
⑥ （明）严从简撰，余思黎点校：《殊域周咨录》卷13《土鲁番》，中华书局1993年版，第464页。
⑦ 《明世宗实录》卷147，嘉靖十二年二月癸巳，第3399页。

到甘州后付与价银。但陈浩并未如约付款，于是虎力奶翁要求礼部惩处贪婪的边臣。对于此事，世宗非常重视，于嘉靖二十年（1541）派遣由三法司、锦衣卫、给事中等组成的联合调查团前往河西走廊进行实地调查，对犯罪属实的官员予以严惩。从此以后，甘肃镇守臣"不敢私取番物，番人贡不绝至今"①。

当然，如果西域使臣的行为触犯了明朝的禁令，将受到驱逐出境和以后不得充当贡使等项惩治。景泰年间，哈密使臣阿力乩因在甘州"不守法度，强夺人羊及打伤伴送总旗身死"而被逐回，同时"戒约后来使臣，不许仍前凶恶，不守法度。违者朝廷必处以法，不恕"②。弘治年间诏令甘肃镇守臣"不许将曾经违犯夷人起送"③。

四、结　语

终明之世，西域贡使通过河西走廊与明朝所从事的朝贡贸易未曾中断。通过朝贡贸易，明朝加强了与西域诸政治体的经济联系和友好往来，维护了西北边疆的和平与安宁。在对待朝贡贸易的问题上，西域诸政治体与明朝的态度并不完全一致。西域诸政治体所看中的是朝贡贸易中巨额的商业利润，而明朝看重的则是朝贡贸易所带来的政治效应和军事利益。嘉靖年间的户部左侍郎唐胄对此有一精当的评论："外邦入贡，乃彼之利。一则奉正朔以威其邻，一则通贸易以足其国。"④ 明乎此，也就不难理解明朝不遗余力地维持"厚

---

① （明）严从简撰，余思黎点校：《殊域周咨录》卷 13《土鲁番》，中华书局 1993 年版，第 464 页。

② 《明英宗实录》卷 253，景泰六年五月壬申，第 5474—5475 页。

③ 《明孝宗实录》卷 159，弘治十三年二月己亥，第 2859 页。

④ 《明史》卷 203《唐胄传》，中华书局 1974 年版，第 5358 页。

往薄来"的朝贡贸易的真正缘由了。

在当时,明朝仍然是世界上为数不多的大国之一,也是世界各国所向往的国度之一。位于河西走廊的甘肃镇是明朝国防战略体系中的主要支柱之一,是明朝推行西域朝贡制度的重要窗口。西域贡使从嘉峪关进入河西走廊之后,就会真切地感受到中华文明所具有的独特魅力,真正体验到了明朝的富庶。他们返回以后,广泛传播中华文明,激发了越来越多的人前往中国的热情。他们一路上忍受饥渴,冒着生命危险,历经千山万水,接踵叩关,通过丝绸之路将明代中国与广大的西域世界紧密地联结在一起。著名明清史专家李洵先生论道:"中国人一向提起中国古代史上值得称道的王朝,不是汉,就是唐。汉、唐当然不愧为各自时代的最辉煌的王朝,也曾是当时亚洲世界的经济、文化中心。蒙古帝国似乎具有世界性质,但元朝则不过是亚洲世界里不完全被承认的盟主。在近代西方殖民势力抵达亚洲,并破坏亚洲世界秩序之前,明代中国还称得上亚洲世界的经济文化中心,也是外交政治中心。"① 广大西域世界通过丝绸之路与明朝之间的朝贡贸易是明朝作为亚洲政治、经济、文化中心的主要体现之一。

---

① 李洵:《下学集》,中国社会科学出版社 1995 年版,第 1 页。

明代哈密危机述论

　　哈密作为明代"关西七卫"之一，其主要功能在于隔绝蒙古贵族与"番族"贵族联合而形成对甘肃镇的军事威胁以及确保西域贡道的安全与畅通等。但是，由于哈密卫内部不和、最高首领无力控制政局以及其与周边部族关系的恶化，故日遭侵袭，逐渐残破。特别是土鲁番日渐强盛之后，哈密卫屡遭攻陷，使其在明代国防中的地位迅速下降，失去了拱卫甘肃镇的作用。长期以来，明朝统治者无视西域格局的巨变，也不顾自身实力的不足，试图以闭关绝贡的方式来"兴复哈密"。实践的结果是屡立屡绝，难以如愿。嘉靖前期，"大礼新贵"张璁等人改变了西域政策，放弃了长期以来所奉行的兴复做法，承认土鲁番的强大，与土鲁番改善关系，并与其进行正常的贡赐贸易，使土鲁番在很大程度上扮演了昔日哈密卫的角色。哈密危机的解决，确保了西域地区的稳定，解除了土鲁番对甘肃镇的威胁。这是中国历史上中原王朝解决与周边部族矛盾的一个典型范例。

一、哈密危机的由来

在嘉靖之前，哈密危机是明朝长期面临而无法解决的一大政治
难题。随着西域诸势力的消长，明朝所设关西七卫中最西端的哈密
卫渐被残破，难以起到拱卫甘肃镇的作用。特别是在土鲁番强盛之
后，已经衰微的哈密卫名存实亡，形同虚设。但是，成化、弘治、
正德时期的君臣不顾西域格局的这一巨变，长期奉行兴复哈密的国
策，其结果要么是劳师无功，要么是屡立屡失，要么长期被土鲁番
所占据。而以闭关绝贡兴复哈密的策略，不仅无法解决哈密危机，
反而使事态愈加严重，使土鲁番势力扩张至甘肃镇，战火蔓延到河
西走廊。

永乐二年（1404），明成祖封安帖木儿为哈密忠顺王。两年后，
在其辖地设置哈密卫，给印章，忠顺王部下头目分别被授以指挥、
千百户、镇抚等职。由于哈密卫地处"西域要道"，明廷"欲其迎护
朝使，统领诸番，为西陲屏蔽"①。也就是要使其担负"弭西戎东窥
之心，断北虏南通之臂"②的特殊职能。谷应泰论道：哈密卫"西出
肃州千五百里，北抵天山，所谓断右臂隔西羌也。取不亡矢遗镞，
守不留兵屯戍，百年遏寇，扼其吭而有之，为国西藩，计诚盛哉！"③
哈密卫要能够长期扮演这一角色，至少应具备以下三个基本条件：
一是始终有一个平衡各方利益关系的强有力的权力中心；二是在西
域诸部中能够保持较强大的军事实力，以震慑他部；三是其首领能

---

① 《明史》卷 329《哈密卫传》，中华书局 1974 年版，第 8513 页。
② 《明宪宗实录》卷 252，成化二十年五月丁亥，第 4258 页。
③ （清）谷应泰：《明史纪事本末》卷 40《兴复哈密》，中华书局 2015 年版，第 597 页。

够时时处理好与其他西域诸部的关系。否则，哈密卫不可能真正成为甘肃镇的藩篱和明朝在西域的代言者。事实上，哈密卫难以做到这一点也不可能满足明朝的这一愿望。《明史·哈密传》言：明朝所封忠顺王"率庸懦，又其地种落杂居。一曰回回，一曰畏兀儿，一曰哈剌灰，其头目不相统属，王莫能节制，众心离散，国势渐衰"。特别是哈密卫与北面的瓦剌，西面的土鲁番，东面的沙州、罕东、赤斤诸番"悉与构怨"，"由是邻国交侵"，战乱不已。如罕东"兵抵城外，掠人畜去。沙州、赤斤先后兵侵，皆大获"。瓦剌也先也"遣兵围哈密城，杀头目，俘男妇，掠牛马驼不可胜计"①。对强盛的瓦剌，哈密忠顺王"稍持两端"，不能一心事明。明英宗"玺书谕毋背德，终不悛"②。又被鞑靼乩加思兰洗劫一空，愈加衰微。据《明史·哈密传》载："哈密素衰微，又妇人主国，众益离散。乩加思兰乘隙袭破其城，大肆杀掠，王母率亲属部落走苦峪，犹数遣使朝贡，且告难。朝廷不能援，但敕其国人速议当继者而已。其国以残破故，来者日众。"③ 与此同时，土鲁番日渐强大，对哈密卫构成了新的更为严重的威胁。土鲁番起初"介于于阗、别失八里诸大国间，势甚微弱。后侵掠火州、柳城，皆为所并，国日强"④。由于明廷对哈密卫没有给予军事上的强有力支持，使哈密卫屡遭他部侵袭，且一蹶不振，终于导致了土鲁番对哈密的屡屡强占，出现了极为严重的哈密危机，成为成化至嘉靖初年明朝统治者的一个沉重包袱。

---

① 《明史》卷329《哈密卫传》，中华书局1974年版，第8513—8514页。
② （清）谷应泰：《明史纪事本末》卷40《兴复哈密》，中华书局2015年版，第586页。
③ 《明史》卷329《哈密卫传》，中华书局1974年版，第8515页。
④ 《明史》卷329《土鲁番传》，中华书局1974年版，第8529页。

成化八九年（1472—1473）间，土鲁番利用忠顺王卜列革无嗣和王母弩温答失里主政之际，掠夺哈密之地，并夺去金印，挟持王母至土鲁番城，哈密都督罕慎带领部众逃居苦峪城，或"归附居肃州，亦有随土鲁番去者"①。对此巨变，明朝采取了三项对策，以防事态的日益严重：一是派人持敕晓谕土鲁番速檀阿力，令其"悔过自新，退还哈密境土"；二是要求赤斤等卫"会兵并力，以相卫翼"；三是敕令甘肃总兵等官加强戒备，"振扬威武，相机以行"②。但土鲁番对明朝的训示不予理会，一方面依旧派遣使臣前往明朝朝贡，明朝对其使臣待之以礼③；另一方面土鲁番拒绝交还哈密城，并对明朝使臣"抗语不逊"④。明朝对此无计可施。起初拟定调遣赤斤、罕东二卫兵力的计划因其后方空虚而作罢。同时担心土鲁番进犯甘肃镇，明朝只能加强该镇的防守力量，而无力出兵收复哈密。明朝的软弱无力及应对无策，使阿力"始轻中国，益侵内属诸卫矣"⑤。由于土鲁番拒绝交出哈密金印，明廷便于成化十二年（1476）十一月新铸哈密卫印予都督罕慎。次年又将哈密卫移至苦峪城，令其自保。⑥ 这些举措是明朝对收复哈密信心不足的表现。

成化十四年（1478），阿力死，其子阿黑麻继立。与乃父一样，阿黑麻依旧遣使朝贡，但仍拒绝归还哈密。成化十八年（1482），罕慎率领本部及赤斤、罕东二卫兵士夜袭哈密城，击败土鲁番守将牙

---

① （清）谷应泰：《明史纪事本末》卷40《兴复哈密》，中华书局2015年版，第586页。

② 《明宪宗实录》卷115，成化九年四月丙寅，第2225页。

③ 《明宪宗实录》卷121，成化九年十月丙子，第2342页。

④ 《明宪宗实录》卷130，成化十年闰六月乙巳，第2465—2466页。

⑤ （清）谷应泰：《明史纪事本末》卷40《兴复哈密》，中华书局2015年版，第586页。

⑥ 《明宪宗实录》卷171，成化十三年十月戊申，第3096页。

兰，使失去十年之久的城池得以收复。但好景不长，弘治元年
（1488），阿黑麻诱杀罕慎，再次占据哈密城。明廷对土鲁番第二次
侵占哈密的反应与以前一样，"朝廷亦不罪，但令（土鲁番使臣）还
谕其主，归我侵地"①，仍敕谕赤斤、罕东诸卫"以唇齿邻好之义，
以共图兴复"②。稍有不同的是，孝宗采取"薄其赐赏，或拘留使臣，
却其贡物"等经济和外交手段令其悔改。③土鲁番亦采取灵活手段与
明朝周旋。牙兰对阿黑麻进言："今既杀其国王，番汉之心皆怒。若
合谋并进，非我利也。不如乘势还城印以疑之，再图后举"④。阿黑
麻从之，并于弘治四年（1491）归还哈密城池与金印。次年，明朝
封陕巴为忠顺王。弘治六年（1493），阿黑麻夜袭哈密，哈密又一次
失守。与以往不同的是，土鲁番第三次攻占哈密之后，明廷派大臣
前往甘肃镇寻找对策，所派之臣为兵部侍郎张海。张海考察后所提
出的建议是"闭嘉峪关，绝西域贡，令诸夷归怨阿黑麻"⑤。朝廷从
之。但是，这种不分青红皂白而对与明朝保持友好关系的西域诸国
实行与土鲁番相同制裁的做法，并未带来孝宗君臣所预期的效果。
恰恰相反，"西域诸夷怨朝廷赏赐大减，又沮其由海道贡狮子，反相
率从阿黑麻。阿黑麻复入哈密，自称可汗，大掠罕东诸夷"⑥。弘治
八年（1495），明军潜师夜袭哈密，守将牙兰闻讯逃逸，明军仅得一

① 《明史》卷329《土鲁番传》，中华书局1974年版，第8531页。
② 《明孝宗实录》卷20，弘治元年十一月丙戌，第482页。
③ 《明史》卷329《哈密卫传》，中华书局1974年版，第8517页。
④ （清）谷应泰：《明史纪事本末》卷40《兴复哈密》，中华书局2015年版，第587页。
⑤ （明）罗日褧著，余思黎点校：《咸宾录·西夷志》卷3《哈密》，中华书局2000年版，第66页。
⑥ （明）罗日褧著，余思黎点校：《咸宾录·西夷志》卷3《哈密》，中华书局2000年版，第66页。

座空城。由于长期以来明军罕至西域，故此次出兵，使明军威震西域，"诸番始知畏"①。但是，由于哈密屡遭残破，明军又不可能久驻而对其实施长期保护，使"遗民入居者旦暮虞寇，阿黑麻果复来攻，固守不下，讫散去。诸人自以穷窘难守，尽焚室庐，走肃州求济"②。次年，阿黑麻又占据哈密城。然而，由于明朝推行的闭关绝贡给西域诸部造成了极大的经济损失，故曾一度归附阿黑麻者又转而归怨阿黑麻，迫使其于弘治十年（1497）决定归还陕巴及金印。两年后，陕巴入主哈密城。

尽管土鲁番又一次归还了哈密，但由于哈密卫自身的问题未能得到根本的解决，故忠顺王不可能长期坚守哈密城，土鲁番随时可以占据哈密。弘治十七年（1504），阿黑麻卒，其子满速儿继立。此人"桀黠变诈踰于父，复有吞并哈密之志"③。翌年，陕巴亦亡，其子拜牙即继位。正德八年（1513），拜牙即"弃城叛入土鲁番"④。这一公开的叛明之举，正式宣告明朝扶持哈密卫"统领诸番"愿望的完全破灭。从此，土鲁番向甘肃镇进逼。其兵"寇赤斤、苦峪诸处，杀掠甚惨"⑤，并"日夜聚谋侵甘肃"⑥。正德十一年（1516），土鲁番包围肃州城，游击将军芮宁率700余人出城抵御，结果全军覆没，土鲁番"大掠而去"⑦。哈密危机愈演愈烈，从此进入了最为严

① 《明史》卷329《哈密卫传》，中华书局1974年版，第8519页。
② 《明史》卷329《哈密卫传》，中华书局1974年版，第8520页。
③ 《明史》卷329《土鲁番传》，中华书局1974年版，第8533页。
④ 《明史》卷329《哈密卫传》，中华书局1974年版，第8521页。
⑤ （明）陈洪谟撰，盛冬铃点校：《继世纪闻》卷6，中华书局1985年版，第112页。
⑥ （明）严从简撰，余思黎点校：《殊域周咨录》卷13《土鲁番》，中华书局1993年版，第437页。
⑦ 《明史》卷329《哈密卫传》，中华书局1974年版，第8523页。

重的时期。明人康海言："国家封哈密为榆关以西之外藩，当时哈密既强，又受有天朝显封，诸蕃莫敢抗也。逮成化、弘治以来土鲁番强噬诸番，夺哈密，逐其君，积六十年渐不可制。"① 杨一清亦言："土鲁番踵恶数世，先年独残破哈密，后则沿边王子庄等处，赤斥、罕东等番卫俱被蹂践，遂敢称兵叩关，犯我肃州，困我甘州镇城矣。"②《明史·土鲁番传》认为："自是，哈密不可复得，而患且重于甘肃。"③

从上述中可以看出，土鲁番屡占哈密城，犹如探囊取物。之所以出现这一局面，除土鲁番实力日渐强大外，明朝与哈密卫皆有不可推卸的责任。就明朝而言，自成化至正德年间是明朝历史上政治最为腐败的时期之一。在与明朝的屡次交锋中，土鲁番对明朝的软弱无能了如指掌。其对哈密的屡次侵占，就是对明朝的公然蔑视。《明史·哈密传》对此有一精当的评论："阿黑麻桀傲甚，自以地远中国，屡抗天子命。及破哈密，贡使频至，朝廷仍善待之，由是益轻中国。"④ 而弘治年间派遣经略哈密的张海等人庸懦无能，"计无所出"，又不领命而擅自回京⑤，把经略西域视同儿戏。到了正德年间，朝政极坏，武宗玩物丧志，权奸弄政，朝中各派内讧不已，"番酋觇

---

① （明）康海：《贺少傅兵部尚书晋溪王公平土番序》，（明）陈子龙等辑：《明经世文编》卷 140，中华书局 1962 年版，第 1403 页。

② （明）杨一清：《论甘肃事宜》，（明）陈子龙等辑：《明经世文编》卷 119，中华书局 1962 年版，第 1137 页。

③ 《明史》卷 329《土鲁番传》，中华书局 1974 年版，第 8533 页。

④ 《明史》卷 329《哈密卫传》，中华书局 1974 年版，第 8517 页。

⑤ （明）许进：《平番始末》，薄音湖编辑点校：《明代蒙古汉籍史料汇编》（第七辑），内蒙古大学出版社 2011 年版，第 309 页。

知之，益肆谗构，贼腹心得侍天子，中国体大亏，贼气焰益盛"①。就哈密而言，其内部各部族离心离德，难以一致拒敌。而在内部矛盾十分尖锐的时候，就连忠顺王也选不出来。所选立者，大都为贪残无能之辈。如罕慎"贪残，国人觖望"②；陕巴"嗜酒，国内不治"③；拜牙即"淫虐不亲政事"④，"属夷谋害之"⑤。这样，就不可能在哈密建立起一个强有力的领导核心。而正德年间哈密头目勾结乃至投靠土鲁番的行为，是对明朝主张兴复哈密者的一个巨大讽刺。面对哈密的现状和西域诸势力的消长，明朝必须改变对西域的固有策略，设法与日益强大的土鲁番修好关系，重建土鲁番与明朝国防利益之间的新格局。然而，这一时期的明朝统治者"不能在不断变化的条件下灵活的调整，以使为中国的持久利益服务"⑥。其结果必然是使哈密危机日益严重，不可收拾。

二、正德、嘉靖之际哈密危机的再度恶化

武宗暴亡后，明朝上层经历着一场巨变，面对日益严重的哈密危机，处于这一巨变当中的明朝统治者是改弦更张，放弃不可行的兴复哈密的策略，还是旧调重弹，依旧高喊兴复哈密，坐视土鲁番

---

① 《明史》卷329《土鲁番传》，中华书局1974年版，第8533页。
② （清）谷应泰：《明史纪事本末》卷40《兴复哈密》，中华书局2015年版，第587页。
③ 《明武宗实录》卷112，正德九年五月己丑，第2292页。
④ （清）谷应泰：《明史纪事本末》卷40《兴复哈密》，中华书局2015年版，第592页。
⑤ （明）严从简撰，余思黎点校：《殊域周咨录》卷12《哈密》，中华书局1993年版，第417页。
⑥ ［英］牟复礼、［美］崔瑞德编，张书生等译：《剑桥中国明代史》，中国社会科学出版社1992年版，第432页。

势力的东扩，则是检验其能否审时度势、革新自强、有所作为的一个重要指标。但从世宗即位诏书的相关内容来看，杨廷和等人不仅无法改变固有策略，反而不顾西域格局巨变的实际情况，决定用杀虐交通土鲁番的哈密使臣之法向土鲁番示威。该诏书中言："回夷写亦虎仙交通土鲁番，兴兵构乱，搅扰地方，以致哈密累世受害，罪恶深重。曾经科道、镇巡官勘问明白，既而夤缘脱免，锦衣卫还拿送法司，查照原拟，开奏定夺。"① 杨廷和等人将哈密"累世受害"的原因仅仅归结为写亦虎仙交通土鲁番，显然是夸大之词。从中可以看出，杨廷和等人对哈密危机的根源没有清醒的认识，不仅不可能利用皇位更替之际及时地调整明朝的西域政策，而且进一步激化矛盾，使哈密危机愈演愈烈。

正德十六年（1521）十一月，写亦虎仙被处死，其子米儿马黑麻、婿火者马黑木、侄婿米儿马黑麻也以"谋逆"罪被斩首。② 但是，这一诛杀使臣的做法不仅没有吓退土鲁番，反而激怒满速儿，使其率兵向甘肃镇发起猛烈攻击，铁骑蹂躏河西走廊，为哈密危机火上浇油。甘肃镇守臣面对土鲁番的东进，慌恐不安，匆匆向朝廷求救，要求陕西、延绥、宁夏三地镇巡官带领各自人马速来救援，并请求户部急发内帑银十万两，以助军饷。③ 朝廷只批准了后一请求。嘉靖三年（1524）九月，满速儿率领三万骑兵进入甘肃镇，包围了肃州城，抢掠甘州，使明代河西走廊经受了一场自哈密危机以

① 《明世宗实录》卷1，正德十六年四月壬寅，第36页。
② 参见《明世宗实录》卷8，正德十六年十一月丙子，第315页。
③ 参见（明）严从简撰，余思黎点校《殊域周咨录》卷13《土鲁番》，中华书局1993年版，第444页。

来最为严重的兵燹。在这一危急时刻，明廷才匆忙调集陕西、延绥、宁夏及庄浪等地的军队共 12000 人驰往救援①，并命兵部尚书金献民兼都察院右都御史总制陕西四镇军务，以应付危局。

从后来事态变化来看，派遣金献民等人前往甘肃镇不仅是多此一举，而且因此造成了冒滥军功之弊。金献民一行到达兰州后，得知入寇甘肃镇的土鲁番铁骑已被甘肃巡抚陈九畴等人率兵击败而撤离嘉峪关的消息后，便不再西行，就在兰州依据甘肃镇守将的报告向世宗奏捷，自己则准备班师回朝。作为兵部尚书，金献民既然已经到了甘肃镇的门口，应该前往该镇实地考察一番，了解甘肃镇防务的现状，向朝廷提出可行的对策。因为土鲁番此次入寇河西走廊，其破坏程度远远超过了正德时期的侵扰。了解实情的杨一清认为："（正德十一年）肃州之衅，将官被其戕杀，兵民遭其荼毒。去年（指嘉靖三年），甘州之寇，寨堡残破，不知若干；人畜杀虏，何止数万！比之正德十一年，又复数倍。彼为守臣者，寇之未来，既不阻遏。寇之既至，又不能剿截，满其所欲，得利而归。"② 从成化以来，不论朝中大臣，还是甘肃镇守将，无一人能在哈密危机中有所作为，金献民也不例外。当昧于甘肃军务和西域格局变化的金献民刚上"回贼退遁，边境已宁"之自欺欺人的奏报不久，土鲁番万余人又卷土重来，寇掠甘肃镇。更为荒唐的是，未亲临战阵的金献民大受奖赏，荫锦衣卫世袭百户，其他报功人员各升一级。这种无功而滥赏的做法是成化以来冗滥弊政的延续。明臣赵伸指出："正德年

---

① 参见《明世宗实录》卷 43，嘉靖三年九月丙戌，第 1130 页。
② （明）杨一清：《为捉获奸细构引大势回贼犯边夺取地方等事疏》，（明）杨一清撰，唐景绅、谢玉杰点校：《杨一清集·关中奏议》卷 17，中华书局 2001 年版，第 664 页。

来，哈密头目都督写亦虎仙等构引土鲁番为患日久，而当其局者，急于成功，纳之厚币，以自损威；杀其已降，以重失信。外失哈密，酋首亡命，而城印无存；内侵嘉峪，将领舆尸，而甘肃摇动。自是边备大坏，结怨外夷，日益深矣。"① 直至嘉靖七年（1528），随着对杨廷和集团败政清算的深入，对已休致的金献民逮捕追查，定其罪状为"受命专征，未至地方，乃掠取边臣功次，妄行报捷"，予以革职并冠带闲住的处分，"随行人员冒升职级悉革除之"②。

金献民返京之后，朝中推举杨一清以兵部尚书和左都御史的身份总制陕西三边军务。杨一清面对的现实是"甘肃地方兵马寡少，钱粮空乏，城堡无金汤之固，战马无充厩之良。原额戎伍，逃亡接踵，而其名徒存；见在军人饥寒困惫，而其形徒在"。他不由得发出了"己且未治，何以治人？内之不安，何能攘外"的感叹。③ 对于金献民、廖纪等人坚持以闭关绝贡迫使土鲁番交出哈密城印的幻想，老臣杨一清予以温和的抵制。他说："虽不敢遽为通贡之言，以拂重论；亦不能终主绝贡之议，以贻后艰。度彼度己，有不得不然者耳。"并言："臣老矣，不敢雷同附会，以陷欺罔之罪"。④ 由此可见，杨一清要改变闭关绝贡的习惯做法，面临着很大的阻力。对于杨一清的疏议，金献民明确表示反对，说："臣愿自今以后，遇彼求贡，

---

① （明）赵伸：《筹边疏》，（明）陈子龙等辑：《明经世文编》卷 234，中华书局 1962 年版，第 2453 页。

② 《明世宗实录》卷 88，嘉靖七年五月甲午，第 2002 页。

③ （明）杨一清：《为捉获奸细构引大势回贼犯边夺取地方等事疏》，（明）杨一清撰，唐景绅、谢玉杰点校：《杨一清集·关中奏议》卷 17，中华书局 2001 年版，第 664 页。

④ （明）杨一清：《为捉获奸细构引大势回贼犯边夺取地方等事疏》，（明）杨一清撰，唐景绅、谢玉杰点校：《杨一清集·关中奏议》卷 17，中华书局 2001 年版，第 664、668 页。

宜下明诏，声其累世不恭之罪，闭我关门，绝彼贡献。"①

如果观念不变，哈密危机就无望解决。不到两年，无甚作为的杨一清被召回京师。尽管他在任期间未能解决哈密危机，但他提出的通贡和好之议无疑是解决该危机的上上之策。

三、哈密危机的最终解决

从上述不难看出，哈密危机是明代政治日趋腐败的必然结果。要解决哈密危机，首先要求明朝最高统治者改变观念，面对西域格局的巨大变化，制定切实可行的对策；其次要在朝中形成强有力的领导核心，能够认真地执行所定政策。就解决哈密危机的对策而言，必须以稳定西域局势为根本出发点。只有如此，才能稳定河西走廊，使其避免战乱之苦，并减少明朝的军费开支。而要做到这一点就必须重新开放嘉峪关，与土鲁番进行正常的贡赐贸易，在相互交流中促进彼此的了解和加强相互联系，而不是以想当然的猜忌乃至害怕土鲁番贡使探知明朝军事情报而闭关绝贡，导致其用武力抢夺所必需的经济资源。特别是哈密等关西七卫已残破不堪，基本上失去了"外捍达贼"和充当"西北藩篱"的功能，只要日益强大的土鲁番不与蒙古贵族联合进犯明朝西北边疆，明朝完全可以承认土鲁番在西域的地位与作用，使其扮演哈密卫原有的角色，成为明朝在西域的代言者和牵制蒙古贵族的一支可靠力量，不必固守"祖宗之制"而徒劳地扶持残破不堪和软弱无能的哈密卫。这一全新的策略应该成

① （明）杨一清：《为捉获奸细构引大势回贼犯边夺取地方等事疏》，（明）杨一清撰，唐景绅、谢玉杰点校：《杨一清集·关中奏议》卷17，中华书局2001年版，第660页。

为世宗君臣所选择的上策。

哈密危机之所以能在嘉靖前期解决，就在于"大礼"之争彻底摧毁了守旧僵化的杨廷和集团，出现了明代历史上自明成祖以来又一全新的人事格局，真正形成了革故鼎新的局面，解决哈密危机是嘉靖革新的主要内容之一。

在摧毁杨廷和集团之后，大礼新贵张璁、桂萼等人对杨廷和集团固守闭关绝贡而导致的河西战乱予以犀利的批评。张璁认为"土鲁番大举入寇甘州，诚未必无所由也"①。桂萼则明确指出：写亦虎仙"被守臣诬其谋叛，已经朝审释放，夷情帖然，乃矫而杀之。顾一旦尽用其误事之人，致三年五月处决各夷火者，而八月土鲁番果以杀降为词，深入甘肃，沿边官民又骚然矣"②。张璁对金献民玩忽职守的行为予以严词指责，认为：金献民"处本兵之地，执要害之枢，果有谋略，一方有事，焉用亲往？若无谋略，将弃其师矣。当时果迁延不进，才至中途，遽行报捷，冒功罔上，莫此为甚，何能激士而威夷狄也！"③

张璁等人对于杨廷和、金献民等人在哈密问题上所持立场及其行为的揭露与批评是十分必要的，这是调整哈密政策前的一个关键步骤。同时，此举为重新起用"大才通变"、曾极力主张开关通贡和整军备战且被杨廷和集团竭力排斥的前兵部尚书王琼出来主持西部

---

① （明）张璁著，张宪文点校：《张璁集·奏疏》卷3《论边务》，上海社会科学院出版社 2003 年版，第 71 页。

② （明）桂萼：《应制条陈十事疏》，（明）陈子龙等辑：《明经世文编》卷 179，中华书局 1962 年版，第 1828 页。

③ （明）张璁著，张宪文点校：《张璁集·奏疏》卷3《论边务》，上海社会科学院出版社 2003 年版，第 70 页。

防务铺平了道路。在张璁、桂萼、霍韬等人的再三举荐下，世宗于嘉靖七年（1528）同意王琼以兵部尚书兼右都御史的身份提督陕西三边军务。

王琼上任后，立即主张放弃闭关绝贡的做法，代之以开关通贡。他说："故都御史陈九畴议将土鲁番、哈密贡回夷人羁留不出，以观其变。迄今二年，虏心未悛也。请通行验放出关，仍宣慰番酋，令其改过自新，用示柔远之德。"① 世宗从之。同时，王琼对正德、嘉靖之际明朝在哈密问题上的失误进行了反思："自正德十年以来，执政者昧于经国之图，引用非人，相继坏事。既增币约，自失信义；又淫刑杀降，大失夷心，直反在彼，曲反在我。如肃州之败，甘州之惨，由我致之，不可独咎土鲁番也。此时使甘州守臣即能如杨一清之义，度量时势，曲为抚处，尽遣他国贡使出关，奏发羁留哈密、土鲁番贡使回归本土，而又谕以前守臣坏事之意，使等分任其咎，土鲁番必翻然悔罪，照旧通贡，不待至今日屡屋九重之虑矣。奈何守臣之计不能出此，漫谓土鲁番服而又叛，去而复来，非信义之所能结，往往大言以张虚名，不顾酝酿渐成实祸。"② 又言：此辈"止知泥古，欲绝其入贡之路，而不知度今不能绝其入寇之路也"③。王琼此言，一语中的。由此可见，起用王琼经略西北，的确是世宗与张璁等人的超人之举。王琼是嘉靖前期哈密危机最终能够解决的关键人物之一。

---

① 《明世宗实录》卷90，嘉靖七年七月己丑，第2072页。

② （明）严从简撰，余思黎点校：《殊域周咨录》卷13《土鲁番》，中华书局1993年版，第460页。

③ （明）严从简撰，余思黎点校：《殊域周咨录》卷13《土鲁番》，中华书局1993年版，第460页。

在王琼从西北边疆上疏阐明解决哈密危机主张的同时，朝中支持王琼的诸臣也展开了激烈的争论，把哈密危机与明朝内政联系起来加以认识，并与王琼的主张趋于一致。桂萼认为，若不整修武备以增强军队的战斗力，仅仅仰仗闭关绝贡来迫使土鲁番就范，无疑是画饼充饥，自欺欺人而已，并认为这是一种典型的懦夫行为。因为当明朝的军事力量在不能有效地抵御土鲁番进攻的情况下，名为闭关，实为开关。这种闭关已无任何积极意义了，因为土鲁番可以随时用武力敲开关门，深入甘肃，饱掠而去，使明朝付出了更为沉重的代价。桂萼说："今日之事，一闭关绝贡之后，边备之事置之不问。今闭关绝贡已数年矣，仓廪空虚犹昔也，士马寡弱犹昔也，城堡颓坏犹昔也。内治狼狈如此，故回夷之求和未必诚也，而镇巡不敢深拒，恐其侵掠地方。稍不得利，即率乌合之众长驱深入，如蹈无人之境，必获大利而归。昔年之事可鉴也。盖由我边备不修，闭关彼不以为威，而开关彼亦不以为惠。故今日之事，不在于关门之闭与不闭，惟在于内治之修与不修也。"[1] 他进而认为，面对哈密卫"城池颓坏，地土荒芜，农器子种不备"；忠顺与安定二王无后裔可立，将久住甘肃的哈密各部族强迫迁往哈密是置其于死地，甘肃镇兵弱粮乏等不利因素，朝廷应采取的策略是既不可立即收复哈密，也不能公开宣布放弃哈密。霍韬则认为，明朝长期奉行的闭关绝贡和口头上收复哈密的空言既不能收复哈密，也不能安靖边境。即使侥幸收复哈密，由于无力可守，结果只能是劳师无功。他提出只要

---

① （明）桂萼：《进哈密事宜疏》，（明）陈子龙等辑：《明经世文编》卷181，中华书局1962年版，第1851页。

西域中谁能兴复哈密，并归顺明朝，就立谁为忠顺王，而不必循守旧例非立元裔不可。同时他反对王琼提出的与土鲁番通贡的主张："今西番求贡，尚书王琼译进番文一十余纸，俱裔夷小丑之语，无印信足征之辞，则土鲁番未有悔罪之实可知也。彼未悔罪，遽许通贡，恐戎心益骄，后难驾驭，而边患愈滋矣。"① 桂萼、霍韬等人的政见虽不完全一致，但他们各抒己见，主张从实际出发，因时而变，重新确立新的西域格局。这一争论彻底动摇了明朝长期以来所奉行的强硬政策。

在霍韬上疏之后，世宗要求兵部"逐一参详筹画"。兵部会议后认为，土鲁番通贡一事应按王琼之议准行，而忠顺王无需再立。同时兵部认为甘肃镇面临的最大威胁已不再是土鲁番，而是南面的亦不剌和北面的瓦剌，况且瓦剌与土鲁番之间存在矛盾，如果"使谋臣能利而诱之，使自相携贰，此亦伐父之术也"②。世宗深以为然，要求王琼"熟计边务"，务求长久之策。

嘉靖八年（1529），王琼鉴于甘肃镇军额空虚、粮饷不足、士气不振等问题，提出了以守为主、趁隙整军和开关通贡的建议："哈密地界群虎之中，今若大发兵粮，远冒险阻，强驱垂亡之部落，复还久失之封疆，是送羊入虎耳。挈兵而归，则彼难独立；留兵以守，则我难久劳。皆必危之道，非自然之策也。窃谓莫危于战，莫安于守。忠顺王之绍封，势宜加慎；土鲁番之求贡，理可俯容"③，并认

---

① （明）霍韬：《哈密疏》，（明）陈子龙等辑：《明经世文编》卷186，中华书局1962年版，第1911页。

② 《明世宗实录》卷96，嘉靖七年十二月庚寅，第2256页。

③ 《明世宗实录》卷100，嘉靖八年四月戊子，第2380—2381页。

为只有当明朝武备整修之后，才能"兴哈密，襟喉西域，拱卫中华，将无不可矣。若今日则非其时也"①。王琼此议，一方面要求彻底放弃闭关绝贡之法，改善与土鲁番的关系，使甘肃镇有一个较为稳定的外部环境，并趁机整顿军队，提高战斗力；另一方面可以减轻来自主张兴复哈密派的压力，避免"弃祖宗疆场之言"的攻击，以得到更多人的支持。

对于王琼的主张，世宗与张璁等人予以全力支持，使其得以施展抱负，哈密危机最终得到解决，对明代西北边疆产生了久远的影响。从此，"番酋许通贡，而哈密城及忠顺王存置不复问，河西稍获休息"②。嘉靖九年（1530），甘肃巡抚都御史唐泽、巡按御史胡明善言："土鲁番吞哈密六十余年矣，先后经营诸臣持文墨者未效安辑之绩，仗节钺者未伸挞伐之威。是启戎心，酿成边祸。幸皇上特起王琼而委任之，琼奉命驱驰，殚厥心力，息兵固围，克壮其猷。于是，久稽夷众，遣归本土，新来夷使，请准入贡。其有潜入肆掠者，又奋威武以芟刈之。牙木兰，虏之心膂，则徙置内地；贴木哥土巴，虏之爪牙，则羁縻于近边。安插寄寓，关厢属番以恤其情；抚驭散亡，山谷属番以联其势。预处曲防，悉当其可"③，并认为王琼"敢于任事，行人所难，讫能康济一方，实我皇上知人任旧之明效"④。

隆庆年间，兵部右侍郎兼右金都御史王崇古对嘉靖前期解决哈密危机的深远意义有更为深刻的评论："历查先年因全陕多事，先皇

① 《明世宗实录》卷100，嘉靖八年四月戊子，第2381页。
② 《明史》卷329《土鲁番传》，中华书局1974年版，第8511页。
③ 《明世宗实录》卷114，嘉靖九年六月庚辰，第2712—2713页。
④ 《明世宗实录》卷114，嘉靖九年六月庚辰，第2713页。

轸念重地，博采廷议，起尚书杨某、王某，先后为总督，付以便宜之权，言听计行。凡所议请，必敕所司如议给发，无或中阻，故二臣得宣力疆场，多所建设，至今尚藉余烈。"① 张居正在万历初年亦言："西凉重地，番虏杂居，措画稍差，便成乖阻。往嘉靖初年，赖建庵（应为'邃庵'，杨一清之号）、晋溪（王琼之别号）二大老经略数年而后定。"②

总之，哈密危机的解决，标志着长期以来明朝以闭关绝贡为主要手段试图收复哈密的策略的终结。从此以后，明朝与土鲁番的关系由矛盾对抗转为友好往来，并因此与西域各部的关系趋于稳定。"讲和便好，不讲和便不好"成为尔后明朝与西域诸国的共识。在通贡和好的前提下，内修武备成为明朝经营西北边疆的基本策略。终明之世，西北地区相对稳定，西域贡使络绎不绝。

四、结　语

世宗即位后政局的演变，使哈密危机由恶化向解除转化。该危机能在嘉靖前期世宗钦定大礼之后的短时期内解决，就在于这一时期统治者上层的人事更迭和由此所带来的思想观念的改变。"大礼新贵"张璁等新兴势力为了解决以前几代君臣所面临的严重的哈密危机，大胆起用王琼，并予以全力支持，较快地解除了危机，维护了西北边疆特别是甘肃镇的稳定。由此可见，只要明代君臣能够理智

---

① （明）王崇古：《陕西四镇军务事宜疏》，（明）陈子龙等辑：《明经世文编》卷319，中华书局1962年版，第3391页。

② （明）张居正著，张嗣修等编撰：《张太岳集（中）》卷7《答甘肃巡抚侯掖川》，中国书店2019年版，第141页。

地审视哈密危机，在确保国家安全和维护国家根本利益的前提下，面对西域格局的变化，及时调整政策，方能掌握主动，应对危局。如果昧于边情，故步自封，不仅无助于危机的解决，反而使事态更加严重，难以收场。

彭泽与甘肃之变①

彭泽，字济物，兰州人。他在正德年间担任都察院左都御史时，曾奉命前往甘肃镇处理土鲁番与哈密之间的冲突，以解除土鲁番对甘肃镇所造成的巨大威胁。因其举措失当，不仅未能完成这一使命，反而导致土鲁番与明朝冲突的进一步升级，史称"甘肃之变"。明廷围绕彭泽在甘肃之变中的责任进行了较长时期的争论。甘肃之变是明代历史上的一件大事，但学界对此关注不够，现就此问题作一探讨，不妥之处，敬请专家指正。

一、彭泽的举措失当及其影响

在正德、嘉靖之际，由于明朝统治阶级内部矛盾的日益尖锐和统治阶层的日趋腐败，使哈密危机愈加复杂。② 土鲁番在控制哈密之后，将兵锋直指甘肃镇所在的河西走廊，使甘肃镇承受着前所未有

---

① 本文是教育部人文社会科学研究"十五"规划项目"明清时期的西北边疆政策及其实践研究"（01JC770005）的阶段性研究成果，原文发表在《西域研究》2004 年第 1 期。

② 参见田澍《明代哈密危机述论》，《中国边疆史地研究》2002 年第 4 期。

的来自土鲁番的军事压力。正德九年（1514）土鲁番酋满速儿得知河西走廊"荒旱饥窘，人死亡且半，城堡空虚"①，便率兵"分据剌木等城，日夜聚谋侵甘肃，又索段子万万匹赎（哈密）城印。且言如不与，即领兵把旗插在甘州门上"②。总制邓璋和甘肃巡抚赵鉴深感事态严重，立即将此情奏报朝廷，并要求派遣重臣前来经略。内阁大学士杨廷和等辅臣不顾甘肃已有总制的事实，推荐时任左都御史的彭泽为总督，令其前去处理甘肃防务，武宗从之。于是，敕令彭泽"总督军务，量调延绥、宁夏、固原官军驻甘肃御之"③。任命之初，彭泽不愿担当此任。据《明通鉴》载，彭泽"久在兵间，厌之，以乡土为辞，且引疾，推（邓）璋及咸宁侯仇钺可任。上优诏慰勉，乃行"④。彭泽自言："甫离汉中至褒城，又奉敕令总督陕西、甘肃等处军务，盖以西域土鲁番酋速坛满速儿侵夺哈密忠顺王城印，欲占取甘肃；北房亦卜剌等二枝大扰甘肃地方，占据西海，且地方饥馑尤甚，镇巡诸公莫保朝夕。"⑤可见，彭泽对此行任务之重是十分清楚的。

在彭泽奉命调兵遣将之际，土鲁番已在肃州附近的赤斤等卫抢掠人畜。在得知彭泽军马已至甘州之后，便改变策略，"假写番文称

---

① （明）严从简撰，余思黎点校：《殊域周咨录》卷13《土鲁番》，中华书局1993年版，第437页。

② （明）严从简撰，余思黎点校：《殊域周咨录》卷13《土鲁番》，中华书局1993年版，第437页。

③ 《明武宗实录》卷112，正德九年五月己丑，第2291页。

④ 《明通鉴》卷45，正德九年六月，中华书局2009年版，第1549页。

⑤ 彭泽自撰：《彭泽墓志》，见薛仰敬主编：《兰州古今碑刻》，兰州大学出版社2002年版，第30页。

被赤斤抢了贡物，与他报仇，不敢侵犯甘肃，只讨些赏赐回去。"①
彭泽认为"番人嗜利，可因而款也"②，武宗未允。当火信到达土鲁
番并带去彭泽所发敕书后，"满速儿喜，许增币归金印土地"③，便派
通事火信等人出使土鲁番。

同时，彭泽匆匆上奏："甘肃兵粮颇集，道路开通，土鲁番虽欲
侵扰甘肃，决不可得。今又差官往谕归还城印，地方安静，乞要放
归田里。"④ 于是，彭泽"备罗段、褐布共一千九百，银壶、银碗、
银台盏各一副，令火信等复持往谕"⑤。第二次遣使之后，彭泽奏报
"远夷悔过，献还城印"⑥，并再次要求回朝，武宗准之。彭泽于正德
十年（1515）闰四月奉命回京后，甘肃镇的防务仍交由邓璋总制。

然而，事情的发展并不像彭泽所预料的那样。当火信等人到达
土鲁番后，满速儿"嫌其赏薄"，要求增加赏赐。而同行的写亦虎仙
与满速儿有隙，满速儿"欲杀之，大惧，求他只丁为解，许赂币千
五百匹，期至肃州界之，且唆之入寇，曰肃州可得也。满速儿喜，
令与其婿马黑木俱入贡，以觇虚实，且征其赂"⑦。又据《明史·彭

---

① （明）严从简撰，余思黎点校：《殊域周咨录》卷 13《土鲁番》，中华书局 1993 年
版，第 438 页。

② 《明史》卷 329《哈密卫传》，中华书局 1974 年版，第 8521 页。

③ （清）谷应泰：《明史纪事本末》卷 40《兴复哈密》，中华书局 2015 年版，第 593 页。

④ （明）严从简撰，余思黎点校：《殊域周咨录》卷 13《土鲁番》，中华书局 1993 年
版，第 438 页。

⑤ （明）严从简撰，余思黎点校：《殊域周咨录》卷 13《土鲁番》，中华书局 1993 年
版，第 438 页。

⑥ （明）严从简撰，余思黎点校：《殊域周咨录》卷 13《土鲁番》，中华书局 1993 年
版，第 438 页。

⑦ 《明史》卷 329《哈密卫传》，中华书局 1974 年版，第 8522 页。

泽传》载："写亦虎仙者，素桀黠，虽居肃州，阴通土鲁番酋速檀满速儿，为之耳目，据城夺印皆其谋。泽初不知而遣之。"① 当索勒的贡使抵达甘肃镇后，边臣怀疑有诈，便将其扣留。此举激怒了满速儿，正德十一年（1516）九月，土鲁番大举入寇，直逼肃州。游击将军芮宁在交战中阵亡，明军700余人战死。在土鲁番包围肃州城后，兵备副使陈九畴调兵遣将，收捕或斩杀了其内应者，保全了肃州城。土鲁番在城外大肆抢掠后撤出了甘肃镇。这就是震惊明代朝野的"甘肃之变"。

甘肃之变与彭泽处置失误有密切关系。彭泽奉命前往河西走廊，其主要任务是解除土鲁番对甘肃镇的军事威胁。面对土鲁番的策略变化，彭泽不是明察秋毫，理性地审视复杂多变的西域格局，而是草率从事，盲目自信，试图以小利来满足土鲁番的无厌之欲。在与土鲁番的交涉过程中，未等谈妥，便匆忙上奏哈密城印归还，并一再请求还朝，对经略甘肃表现出极大的不耐烦。时任兵备副使的陈九畴叹道："彭公受天子命制边疆，不能身当利害，何但模棱为！"②《明史·彭泽传》的作者言：彭泽派使臣前往土鲁番，"未得极，辄奏事平，乞骸骨。"并论道，彭泽"材武知兵，然性疏阔负气，经略哈密事颇不当"③。从此之后"哈密不可复得，而患且中于甘肃"④。

二、正德时期对彭泽在甘肃之变中责任的争论

正德时期，明朝统治阶级内部钩心斗角，党伐不已，导致贤愚

① 《明史》卷198《彭泽传》，中华书局1974年版，第5237页。
② 《明通鉴》卷46，正德十一年九月，中华书局2009年版，第1587页。
③ 《明史》卷198《彭泽传》，中华书局1974年版，第5236页。
④ 《明史》卷329《土鲁番传》，中华书局1974年版，第8533页。

不分，是非倒置。这一政治风气也集中反映在对彭泽在甘肃之变中应负何种责任的争论上。

彭泽在处理土鲁番的问题上沿袭的是成化以来的怠惰之风。《明史·土鲁番传》在论及宪宗君臣处理哈密危机失误时言："时大臣专务姑息，致逐方小丑无顾忌。"弘治年间，为了应对哈密危机，孝宗听从朝臣所荐，命兵部右侍郎张海、都督同知缑谦前往甘肃镇经略西域，但"二人皆庸才，但遣土鲁番人归谕其主，令献还侵地，驻甘州待之"。不久，张海据旨"逐其贡使，闭嘉峪关，缮修苦峪城，令流寓番人归其地，拜疏还朝"。还京之后，言官"交章劾其经略无功，并下吏贬秩，而哈密终不还"①。后继的彭泽在处理哈密危机问题上与张海等人的怠惰无能无甚区别，甚至可以说同出一辙。与张海等人一样，彭泽不仅未能较好地完成使命，而且在经营之后，使哈密危机更趋严重，解决无望。彭泽之前的张海等人受到了应有惩处，那么，彭泽又该如何处理呢？

谷应泰曾论道："封疆之寇未除，中朝之斗旋作。左袒彭泽者辅臣，力排彭泽者司马。"②谷氏所谓"辅臣"指杨廷和，"司马"指王琼。杨廷和袒护彭泽，在于二人交往过厚，且彭泽经略西域为杨廷和所荐。为了保全自己，杨廷和设法庇护彭泽。而王琼与彭泽素来不和，据《明史·彭泽传》载："初，兵部缺尚书，廷臣共推泽，而王琼得之，且阴阻泽。言官多劾琼者，由是有隙。"但在看待彭泽在甘肃之变中应负何种责任的问题上，阁臣与部臣争论不休，无法

---

① 《明史》卷329《哈密卫传》，中华书局1974年版，第8519页。
② （清）谷应泰：《明史纪事本末》卷40《兴复哈密》，中华书局2015年版，第598页。

做出客观评判。

彭泽在甘肃之变中承担主要责任是不言而喻的。王琼认为甘肃之变"皆以不馈原许段子一千五百为词，启衅纳侮，事实有由"①。又言："查得近年差官处置哈密、土鲁番事情，委的许与赏赐，送出金印，未曾了结，以致番夷怀恨，藉口启衅，大举入寇，杀死将官并军士数多，亏损国威。"② 所以，他要求严惩彭泽等人。但礼部尚书毛澄认为"刑不上大夫"；户部尚书石玠认为"彭某好人"③。王琼则诘问："纳币寇廷，致贻后患，利乎不利乎?"④ 尽管为彭泽说情者甚多，但因其无法摆脱与甘肃之变的干系，故王琼占据主动。《明史·石天柱传》载："兵部尚书王琼欲因哈密事杀都御史彭泽，廷臣集议。琼盛气以待，众不敢发言。"但迫于众论，王琼援笔易奏稿数字，说："泽归逾年乃失事，似亦可原。"武宗览其疏后言："泽受朝廷重命，不能宣扬德意，失信夷人，又未毕事而还，贻害地方，当重治。"⑤ 在最后定刑时，杨廷和也起了一定的作用，但他无力使彭泽免于处罚。史载："大学士杨廷和善泽，得与九畴并削籍。"⑥ 这样，在正德十三年（1518）明廷就彭泽在甘肃之变中的责任做出了第一次判决。

对于削籍为民的处置，彭泽不服。他认为自己的举措与后来的

---

① （明）王琼撰，张志江点校：《晋溪本兵敷奏》卷6《为传奉事》，上海古籍出版社2018年版，第200页。

② （明）王琼撰，张志江点校：《晋溪本兵敷奏》卷6《为夷情事》，上海古籍出版社2018年版，第201页。

③ 《明武宗实录》卷160，正德十三年三月壬子，第3094页。

④ （清）谷应泰：《明史纪事本末》卷40《兴复哈密》，中华书局2015年版，第594页。

⑤ 《明武宗实录》卷160，正德十三年三月壬子，第3094页。

⑥ （清）谷应泰：《明史纪事本末》卷40《兴复哈密》，中华书局2015年版，第594页。

甘肃之变无关，说道："兵部以昔土鲁番之犯甘肃归罪于泽，削籍为民。命下，金曰冤甚，竟莫之辨。"[1] 作为当事人，彭泽之言并不完全符合实情。哈密危机在正德年间不仅没有因彭泽的介入而有所缓和，反而因其处置不当而使危机进一步加深，这是不争的事实。至于对其个人量刑的轻重倒是次要的问题。

三、彭泽与封疆之狱

明武宗于正德十六年（1521）三月猝死，因其无子而导致皇位空缺几近四十天。在新君世宗即位前后，明廷政局发生着急剧的变化。杨廷和集团在这一巨变中始而专权，继而败亡。[2] 削籍为民的彭泽曾一度因杨廷和专权而被起用。但随着杨廷和集团的败亡，彭泽在甘肃之变中的责任问题在嘉靖初年再度被提及，并受到更为严厉的惩处。

武宗物故后，杨廷和利用内阁与内廷的特殊关系而占据一时的主动，并趁机排斥异己，组建其权力集团，王琼因与杨廷和不和而率先遭到打击。《明史·王琼传》载，杨廷和"以琼所诛赏，多取中旨，不关内阁，弗能堪。明年，世宗入继，言官交劾琼，系都察院狱。琼力讦廷和，帝愈不直琼，下廷臣杂议。坐交结近侍律论死，命戍庄浪。琼复诉年老，改戍绥德"。在逐出王琼之后，杨廷和起用彭泽为兵部尚书（正德十六年五月就任，嘉靖二年十月致仕），陈九畴为金都御史巡抚甘肃。这样，主张闭关绝贡的政治势力再次抬头，

---

① 彭泽自撰：《彭泽墓志》，见薛仰敬主编：《兰州古今碑刻》，兰州大学出版社2002年版，第31页。

② 参见田澍《嘉靖革新研究》，中国社会科学出版社2002年版。

并一度占据主导地位。与此同时，杨廷和不能不考虑甘肃之变对他和彭泽的不利影响，设法把甘肃之变的责任转嫁于人。于是，杨廷和找到了写亦虎仙。在由其主持草拟的世宗即位诏书中言："回夷写亦虎仙交通土鲁番，兴兵构乱，搅扰地方。"① 不久便将写亦虎仙及其子婿等人斩首。但这一举措不仅没有吓退土鲁番，反而激起其更大的怨恨，使甘肃之变以来较为平静的河西走廊形势再度吃紧。嘉靖三年（1524）九月，满速儿打着为写亦虎仙复仇的旗号亲率两万人马大举入侵，包围了肃州，并在其周围大肆抢掠。此举再次震惊了明廷。但当时因"大礼"之争和世宗帝位不稳而无暇追究第二次甘肃之变中的责任人。

在钦定大礼之后，杨廷和集团土崩瓦解，张璁、桂萼等"大礼新贵"进入政治中枢，明廷政坛焕然一新。哈密危机是世宗和张璁等人所要亟待解决的主要问题之一。而要解决这一危机，必须探究其产生的根源和不断加剧的缘由。这样，彭泽便成为再次争议的焦点人物。御史李文芝言："近都御史彭泽、都督邰永经略二虏，不能效谋驱逐出境。今日河西之患，议者皆归咎于彭泽也。"②《明史·哈密传》的作者认为："当是时，番屡犯边城，当局者无能振国威，为边疆复仇雪耻，而一二新进用事者反借以修怨。由是，封疆之狱起。百户王邦奇者，素憾杨廷和、彭泽，（嘉靖）六年春，上言：'今哈密失国，番贼内侵，由泽赂番求和，廷和论杀写亦虎仙所致。诛此两人，庶哈密可复，边境无虞。'桂萼、张璁辈欲藉此兴大狱，斥廷

①《明世宗实录》卷1，正德十六年四月壬寅，第36页。
②（明）严从简撰，余思黎点校：《殊域周咨录》卷13《土鲁番》，中华书局1993年版，第451页。

和、泽为民，尽置其子弟亲党于理，有自杀者。"① 把对追究杨廷和、彭泽在甘肃之变中的责任仅仅视为张璁等人的报复行为，显然是旧史家的短视和偏见。要真正解决哈密危机，必须正视彭泽与杨廷和等人的责任，而不能遮遮掩掩，更不能因为他们有其他建树而故意回避其在甘肃之变中的责任。

在对待甘肃之变的责任问题上，张璁等人的态度非常明确，认为"哈密不靖，本由彭泽；泽之得召用，由杨廷和曲庇泽也。"② 世宗也说："如要彼（指土鲁番）服，先将此数人先后致患者重刑治之，乃可服彼。"③ 世宗曾密谕内阁首辅杨一清，征求他对甘肃之变的看法，言：彭泽差通事"赍文书并赏赐往谕。时虏声言归我金印，而拜牙即竟未致。及泽取回，虏见赏赐未如约，又憾副使陈九畴恣戮寓酋，故速檀满速儿督牙木兰率众以复仇为名，遂入竟杀我游击将军芮宁，虏掠以去。至嘉靖三年十一月内，二酋长复督火者他只丁等率众围困甘、肃二州，攻破城堡，大肆杀掠。"④ 由于杨一清与彭泽交往甚密，故对彭泽在甘肃之变中的举措轻描淡写，不置可否。对此，世宗极为不满，并在第二次密谕中直言道："其祸之来，实始于彭泽、陈九畴，而因杀死写亦虎仙家族，侵欺财产，所以彼酋至

---

① 《明史》卷329《哈密卫传》，中华书局1974年版，第8524页。
② （明）严从简撰，余思黎点校：《殊域周咨录》卷13《土鲁番》，中华书局1993年版，第454页。
③ （明）杨一清：《再论甘肃夷情奏对（二）》，（明）杨一清撰，唐景绅、谢玉杰点校：《杨一清集·密谕录》卷7，中华书局2001年版，第1058页。
④ （明）杨一清：《论哈密事情奏对》，（明）杨一清撰，唐景绅、谢玉杰点校：《杨一清集·密谕录》卷7，中华书局2001年版，第1052页。

今恨之。"① 对嘉靖三年甘肃之变的责任，世宗认为"陈九畴内恃杨廷和之势，尤为罪首，次则杨廷和"②。在世宗的追问下，杨一清认为第一次甘肃之变的主要责任者是陈九畴，但对彭泽的惩处并不为过；第二次甘肃之变的主要责任者应为杨廷和。杨一清说："先该兵部以其轻许番人，赏赐段匹不得足数，致令生怨，以此得罪，似亦不重，而番人之怨实由陈九畴之多杀也。"又言："彼（指写亦虎仙）乃夷人，与华民不同，乃治以中国之法，死之狱中，而并坐其家属，实则太过。"③ 对于杨一清的第二次回答，世宗仍不满意，认为"甘肃之变，虽不止今次，然今二次，皆是彭泽、陈九畴始成之。"④ 最后经三法司会议，世宗裁定彭泽"处置疏略，致启兵端，夺职闲住"⑤。

清算彭泽在甘肃之变中的责任，为起用"才识素优，练达边务"的王琼铺平了道路。兵部尚书胡世宁认为王琼"大才通变，必有奇术转危为安，要非臣等常虑所及"⑥。在被起用后，王琼对两次甘肃之变发表了自己的见解，认为"自正德十年以来，执政者昧于经国

---

① （明）杨一清：《再论甘肃夷情奏对（一）》，（明）杨一清撰，唐景绅、谢玉杰点校：《杨一清集·密谕录》卷7，中华书局2001年版，第1055页。

② （明）杨一清：《再论甘肃夷情奏对（一）》，（明）杨一清撰，唐景绅、谢玉杰点校：《杨一清集·密谕录》卷7，中华书局2001年版，第1055页。

③ （明）杨一清：《再论甘肃夷情奏对（一）》，（明）杨一清撰，唐景绅、谢玉杰点校：《杨一清集·密谕录》卷7，中华书局2001年版，第1057页。

④ （明）杨一清：《再论甘肃夷情奏对（二）》，（明）杨一清撰，唐景绅、谢玉杰点校：《杨一清集·密谕录》卷7，中华书局2001年版，第1057—1058页。

⑤ 《明世宗实录》卷86，嘉靖七年三月庚寅，第1952页。

⑥ （明）严从简撰，余思黎点校：《殊域周咨录》卷14《曲先》，中华书局1993年版，第473页。

之图，引用非人，相继坏事，既增币约，自失信义；又淫刑杀降，大失夷心。直反在彼，曲反在我。肃州之败，甘州之惨，由我致之，不可独咎土鲁番也。"① 经过王琼的经略，大大改善了明朝与土鲁番的关系，河西走廊又恢复了平静。史载："自是王琼抚处之后，土鲁番听命通贡，撒马儿罕各夷俱以时朝贡。"②

四、结　语

明代正德、嘉靖时期对彭泽在甘肃之变中到底承担何种责任的争论，集中反映着这一时期明廷内部应对哈密危机时所采取不同策略的斗争。彭泽与杨廷和、陈九畴等人奉行闭关绝贡的基本策略，而王琼与大礼新贵则主张开关通贡，善待土鲁番使臣。主张闭关绝贡者小视土鲁番，并以杀戮西域使臣的做法来发泄自己对土鲁番的不满和无奈，但其结果是不仅没有吓退土鲁番，反而引火烧身，酿成了更为惨烈的边祸，甘肃镇在正、嘉之际屡遭土鲁番的攻击，就是由闭关绝贡派错误主张所导致的。而张璁、王琼等人主张正视土鲁番的存在，并承认其在西域日益重要的地位，认为只有善待土鲁番，与其通贡往来，才能化干戈为玉帛。在此问题上，世宗态度明确，支持张璁、王琼等人的主张，最终有效地解决了哈密危机。王琼就此论道：土鲁番占据哈密，"有已然之迹，有当然之理，有必然之势。抚之以恩，而彼志骄；震之以武，而我力先屈，此已然之迹

① （明）严从简撰，余思黎点校：《殊域周咨录》卷13《土鲁番》，中华书局1993年版，第460页。

② （明）严从简撰，余思黎点校：《殊域周咨录》卷15《撒马儿罕》，中华书局1993年版，第491页。

也。顺则绥之而不为之释备，逆则御之而不为之劳师，此当然之理也。处置得宜，则远服而迩安；处置失宜，则兵连而祸结，此必然之势也。"①

在世宗即位之后，明代政治中枢经历着新旧势力更迭的巨变，与武宗弊政有千丝万缕的杨廷和集团退出政坛对明代政治来说是一件幸事。在这一人事更迭中，彭泽因甘肃之变再次受到严惩，集中反映着这一时期人事更替和政治变革的显著特征。只有把握嘉靖前期政治变革的历史潮流，才能对彭泽与甘肃之变的关系有一清晰的认识和客观的评价。

---

① 《明世宗实录》卷100，嘉靖八年四月戊子条，第2379—2380页。

通贡和好：明朝重构西域秩序的路径选择①

持续半个多世纪的"哈密危机"随着土鲁番的迅速崛起和成化以后明朝的应对失措而愈演愈烈。在钦定"大礼议"之后，明世宗起用熟悉西北边疆事务的王琼，令其全权处理"哈密危机"。王琼认为采取"通贡和好"的措施，重建西域秩序，方能解除来自西域的军事威胁，确保西北边疆的安全与稳定。在明世宗的全力支持下，王琼的主张得以实现，"通贡和好"成为明朝中央与西域地方各政治体交往的主旋律，西北边疆治理从此进入新的时代。

研究明代绿洲丝绸之路交流史、西域格局演变、西北边疆治理、民族交往交流交融史等，都绕不开"哈密危机"这一问题。"哈密危机"的产生、演变与终结，与明代政治发展是相一致的。永乐以后，到成化、弘治特别是正德年间，明朝政治弊端日渐严重。其中"哈密危机"就是该时期弊政的一个突出表现。该危机之所以能在嘉靖

① 本文由田澍、杨涛维合作，系国家社会科学基金重点项目"边疆治理视野下的明代绿洲丝绸之路研究"（18AZS022）、国家社会科学基金中国历史研究院重大历史问题研究专项 2021 年度重大招标项目"河西走廊与中亚文明"（LSYZD21008）的阶段性成果。

初年得以解决，就在于世宗通过"大礼议"清除了把持朝政的杨廷和集团。离开"嘉靖革新"的背景①，就无法理解"哈密危机"在嘉靖前期得以终结的原因。

综观各类论著，对"哈密危机"的研究进展不大。在论及该危机时，大多数学者较多地关注当事人之间的恩怨，而对"大礼议"所引发的世宗初政的深刻变化关注不够，特别是对该时期政治剧变与"哈密危机"演变的关系未能进行深入、系统的考察②，制约着对明代西域相关问题的整体认知。有鉴于此，特就嘉靖前期明朝恢复朝贡与终结"哈密危机"做一专门的探讨。

一、哈密卫难以"兴复"的原因

明朝对西域的治理策略处于不断变化中，这是由各时段西域局势本身的特点所决定的。在蒙元时期，西域的蒙古诸王就处于不断的内部混战之中，与元朝中央离心离德，治理难度很大。③元明鼎革后，在明朝的打击和分化之下，西域蒙古诸势力在分裂与聚合之中忽兴忽衰，不断考验着明朝边疆治理策略与治理能力。在洪武时期经略的基础上，永乐四年（1406）设置的哈密卫具有特殊意义，标

---

① 参见田澍《嘉靖革新研究》，中国社会科学出版社2002年版。

② 参见田卫疆《论明代哈密卫的设置及其意义》，《西北民族学院学报》1988年第1期；田卫疆《关于明代吐鲁番史若干问题的探讨》，《中国边疆史地研究》2005年第3期；施新荣《明嘉靖初期朋党之争与置哈密不问》，余太山、李锦绣主编《欧亚学刊》（第9辑），中华书局2009年版，第215—223页；姚胜《明代吐鲁番与"大礼议"研究》，九州出版社2019年版。

③ 参见胡小鹏《元代西北历史与民族研究》，甘肃文化出版社1999年版，第66页；杨富学、张海娟《从蒙古幽王到裕固族大头目》，甘肃文化出版社2017年版，第55—56页。

志着明朝对西域的治理进入新的历史阶段。

哈密卫位于古丝绸之路之要冲，尽管为明朝"关西七卫"之一，但沙州、赤斤、安定等六卫并不能与其相提并论。哈密卫是明朝的边防前哨，因其地位特殊，明朝从实际出发，设置忠顺王来统摄其地，并由豳王家族世袭。忠顺王之下设有都督、都指挥、指挥、千户、百户等官，协助其管理哈密卫。哈密卫西接土鲁番，北与瓦剌相邻，其在抵御瓦剌、牵制土鲁番、护卫赤斤诸卫、拱卫甘肃镇等方面发挥着独特作用。长期以来，学界主要从朝贡贸易的视角来论述哈密卫的职能，多数学者认为哈密卫的设置是出于西域朝贡贸易的需要，一再强调哈密"西域要道"的作用，凸显其在中原和西域之间的联系作用。事实上，对明朝而言，设置哈密卫的首要目的在于其能够发挥对甘肃镇的"藩篱"作用，即保护甘肃镇的安全与稳定。对此，英宗在正统十三年（1448）给哈密忠顺王倒瓦答失里及管事大头目的敕谕中说得很清楚："昔我皇曾祖君临大位，尔祖之叔安克帖木儿首先率义来朝，特封忠顺王，锡以金印，命管治哈密人民，保御边境。其后尔祖脱脱承袭王爵，克效忠勤，特命守把西陲后门，缉探外夷声息，恩待尤厚。"[1] 弘治元年（1488），兵部也强调："甘肃孤悬河外，太宗皇帝以诸夷杂处难守，特设赤斤、罕东等卫，各授头目为都督等官，以领袖西戎。又设哈密卫，封脱脱为忠顺王，以锁钥北门，然后甘肃获宁。"[2] 基于此，甘肃巡抚许进论道：

---

[1] 《明英宗实录》卷163，正统十三年二月丁巳，第3155页。

[2] 《明孝宗实录》卷11，弘治元年二月丁未，第249—250页。

"无赤斤、罕东，是无哈密也，无哈密，甘肃受祸矣。"① 嘉靖前期，詹事兼翰林学士霍韬认为："保哈密所以保甘肃也，保甘肃所以保陕西也。若曰哈密难守则弃哈密，然则甘肃难守亦弃甘肃可乎？"又说："保全哈密，则赤斤、罕东声势联络，西戎北狄并受制驭。若失哈密，则土鲁番酋并吞诸戎，势力日大，我之边患日深。是故，保哈密所以保中国也，不得已也。"② 谷应泰就此论道："高帝开置甘、肃二镇，势甚孤危。成祖乃设立哈密七卫，西出肃州千五百里，北抵天山，所谓断右臂隔西羌也。取不亡矢遗镞，守不留兵屯戍，百年逋寇，扼其吭而有之，为国西藩，计诚盛哉。"③ 把守"西陲后门"，能够"抚辑夷众"并"镇压远夷"，准确传递"外夷声息"，有效协调诸卫关系，确保西北边疆安全，从而成为"中国藩屏"，④是明朝设置哈密卫的主要目的。而明朝将"忠顺王"作为哈密卫最高首领的名号，也是有其特殊用意的。只有在西北边疆安全与稳定的前提下，才可以突出哈密卫在绿洲丝绸之路上送往迎来的作用。如永乐年间陈诚所言，哈密"今为西北诸胡往来之冲要路"⑤。指挥王永在弘治七年（1494）对孝宗亦言："先朝建哈密卫，当西域要冲。诸番入贡至此，必令少憩以馆谷之，或遭他寇剽掠，则人马可

---

① （明）许进：《平番始末上》；（明）邓士龙辑，许大龄、王天有点校：《国朝典故》卷99，北京大学出版社1993年版，第1961页。

② （明）霍韬：《哈密疏》；（明）陈子龙等辑：《明经世文编》卷186，中华书局1962年版，第1912页。

③ （清）谷应泰：《明史纪事本末》卷40《兴复哈密》，中华书局2015年版，第591页。

④ 《明孝宗实录》卷11，弘治元年二月丁未，第250页。

⑤ （明）陈诚著，周连宽校注：《西域行程记》，中华书局2000年版，第112页。

以接护，柔远之道可谓至矣。"① 此类言论就是指的这种情形，而非对哈密卫职能的全面描述。

当然，明朝的预期目标能否实现，关键取决于忠顺王是否具有超强的领导能力，哈密卫内部能否团结和哈密卫各派能否真正忠于明朝中央等因素。从实践来看，在西域诸势力错综复杂、各怀心思的环境中，要忠顺王担当有为，要哈密卫忠于朝廷并与瓦剌、土鲁番等周边部族和谐相处，几乎是不可能的。商传认为："哈密这个地方就是这样，极为关键的地理位置造成了在明朝与蒙古之间的争夺，也因此造成忠顺王生死废立的种种事变的突发。两代忠顺王皆死于突然，且皆死因不明，其争斗的复杂激烈由此可见一斑。"② 所以，设置哈密卫并非一劳永逸之事，当然也就不是一成不变之制。恰恰相反，设置哈密卫，只是明成祖朱棣从当时的形势出发而力图稳定西域的第一步。在其周边势力还处于弱小状态时，哈密卫尚能发挥一定的作用。嘉靖初年甘肃巡抚陈九畴等人就此认为，朝廷"与之金印，使掌西域入贡之戎。于时土鲁番尚为小国，其部落回子邻近哈密者，遂臣服于脱脱"③。土鲁番的崛起必将改变永乐时期的西域秩序，而这一变化是以土鲁番残破哈密卫为表现形式的。郑晓论道："土鲁番强，残破我嘉峪关外七卫及城郭，诸国地大人众，非复陈验封奉使时矣。"④ 如何随着形势的变化，在永乐时期的基础上不断强

---

① 《明史》卷329《罕东左卫传》中华书局1974年版，第8565—8566页。

② 商传：《明成祖大传》，中华书局2018年版，第190页。

③ （明）杨一清：《为处置属番以安边徼以杜后患事》，（明）杨一清撰，唐景绅、谢玉杰点校：《杨一清集·关中奏议》卷18，中华书局2001年版，第674页。

④ （明）郑晓撰，李致忠点校：《今言》卷4，中华书局1984年版，第199页。

化对西域的有效治理，依然是明朝君臣面临的艰巨任务。祖宗之制固然要遵守，但祖宗之制也要不断地革新与完善。

由于嘉峪关以西分布着不同的蒙古部族，其内部的勾心斗角以及彼此难以调和的矛盾与冲突便成为常态。面对这一情况，明朝只能采取"以夷治夷"的管理方式，设置羁縻卫所，并通过朝贡贸易和辅助性的支持来加强联系，缓和矛盾，稳定西北边疆。许进称："昔我太宗建立此国，为虑最悉，外连罕东、赤斤、苦峪等卫，使为唇齿，内连甘肃等卫，使为应援，若哈密有警，则夷夏共救之，此非为哈密，为藩篱计尔。"① 对于该区域治理的难度，明朝的统治者是清楚的。他们明白消解嘉峪关以西蒙古内部的矛盾与冲突不是一朝一夕所能完成的。相当一部分论著对明朝在西北边疆的持久经略不以为然，用"退缩""收缩"之词来讽刺明朝的软弱。但从有明一代的实践来看，明朝在西北边疆所采取的基本策略是务实的。需要强调的是，明朝的经略策略也被清朝所继承，清朝统治者在明朝的治理基础上才得以逐渐强化对西域的管控力度。

不可否认，洪武、永乐两朝的立法创制对明朝君臣具有极大的约束力，遵循"二祖"之制是明朝君臣的共识。正如王琼所言："我朝鉴前代之弊，建卫授官，各因其地，姑示羁縻，不与俸粮，贻谋宏远，万世所当遵守者也。"② 面对"哈密危机"，明朝能否"兴复哈密"，或如何"兴复哈密"，则是需要明确回答的首要问题。如果

---

① （明）许进：《平番始末上》；（明）邓士龙辑，许大龄、王天有点校：《国朝典故》卷99，北京大学出版社1993年版，第1960页。

② （明）王琼撰，张志江点校：《晋溪本兵敷奏》，上海古籍出版社2018年版，第211页。

哈密卫不能恢复如初，那么要恢复到何种程度才算"兴复"。在"哈密危机"爆发之后，空喊"兴复哈密"的口号是没有用的，明朝君臣认识到"兴复哈密"已不是简单地恢复原来名义上的哈密卫，而是要阻止土鲁番对哈密卫的侵扰。如果无法遏制土鲁番的侵扰，"兴复哈密"就无法实现。面对日益严重的"哈密危机"，明朝"巨额的投入却不见产出，边事不仅毫无起色，甚至逐至糜烂而不可收拾"①。在阿黑麻和满速儿父子时代，土鲁番持续发展，野心越来越大。阿黑麻在铲除异己力量之后，其"声威日振，蒙兀儿斯坦全境再没有人敢反抗他。他几度用兵喀耳木，连战皆捷，斩获颇众。他同也先大石曾经两次交锋，两战两胜。喀耳木人非常畏惧他，一直称他为阿剌札汗；'阿剌札'这个字在蒙兀儿语中意即 Kushanda（嗜杀者）。这就是把他称为'嗜杀之汗'。这个称号他无法摆脱，他自己的百姓也常常称他为阿剌札汗"②。面对如此强大的对手，明朝不可能将西域秩序退回永乐时代。

除了土鲁番的崛起，哈密内部的不断分裂和由此导致自身治理能力的不断弱化，也使明朝无法依靠哈密的力量来抵御土鲁番的侵扰。自哈密卫设置以来，其自身所暴露的问题主要有三个方面：一是忠顺王后继无人，明朝只能从安定卫等地寻找其后裔，但所选立者，要么能力不足，声望低下；要么对明朝忠诚度不高，与土鲁番勾结；更有甚者直接投入土鲁番的怀抱，拒绝回到哈密。正德十四年（1519）忠顺王拜牙即"自作不靖，正德八年弃国逃走，至今年

---

① 姚胜：《明代吐鲁番与"大礼议"研究》，九州出版社 2019 年版，第 21 页。

② 米儿咱·马黑麻·海答儿著，新疆社会科学院民族研究所译，王治来校注：《中亚蒙兀儿史——拉失德史》（第 1 编），新疆人民出版社 1983 年版，第 338 页。

久，远避绝域，自不敢回，难以强求复立，又启衅端"①。二是忠顺王下属的都督等人也各怀异心，与土鲁番公开勾结，利用朝贡制度为土鲁番传递信息，甚至里应外合，成为土鲁番的走卒。如被"番人之所喜，而哈密之人深怨"②的哈密都督写亦虎仙在土鲁番侵占哈密和骚扰河西走廊"一系列的变乱中起了极恶劣的作用"③。三是在土鲁番的不断侵扰中，忠于明朝的哈密部众不断东迁，被明朝安置在苦峪及肃州附近，不愿返回，哈密卫的人口大量流失，使哈密几乎成为一座空城。正如正德八年（1513）写亦虎仙所言："城池别人占了，印在别人手里，他教我死就死，教我活就活。"④在土鲁番持续摧残哈密卫的同时，其他诸卫也难以为继，"哈密危机"愈演愈烈，"兴复哈密"的可能性越来越小，明朝的颜面由此丢失殆尽。首辅杨一清就此论道：

> 甘肃镇、巡请立陕巴之子速坛拜牙即为忠顺王。未二年，番哈即等给言速坛拜牙即投顺土鲁番，因被拘留，而以头目火者他只丁守其国。边臣具奏，朝廷遣督御史彭泽统兵往处。泽即差通事责文书并赏赐往谕。时虏声言归我金印，而拜牙即竟未致。及泽取回。虏见赏赐未如约，又憾副使陈九畴恣戮寓酋，故速坛满速儿督牙木兰率众以复

---

① （明）王琼撰，张志江点校：《晋溪本兵敷奏》，上海古籍出版社 2018 年版，第 272 页。

② （明）杨一清：《再论甘肃夷情奏对（一）》，（明）杨一清撰，唐景绅、谢玉杰点校：《杨一清集·密谕录》卷 7，中华书局 2001 年版，第 1057 页。

③ 钱伯泉：《明代哈密回回首领写亦虎仙的叛乱》，《西域研究》2008 年第 1 期。

④ （明）王琼撰，张志江点校：《晋溪本兵敷奏》，上海古籍出版社 2018 年版，第 235 页。

仇为名，遂入境杀我游击将军芮宁，虏掠以去。至嘉靖三
年十一月内，二酋长复督火者他只丁等率众围困甘、肃二
州，攻破城堡，大肆杀掠。事闻，皇上遣太监张忠、尚书
金献民、都督杭雄等督调各镇兵马征剿，未至而虏已满载
而归。彼时，镇、巡官又奏，三大酋咸被城炮震死。上以
为然，遂降敕奖励，论功升官，而未暇督其过。及臣嘉靖
四年提督陕西军务，节据镇、巡官递到番文，乃知震死者
惟火者他只丁一酋而已。故边民见赏罚不明，心生怨愤。
虏酋闻知，亦传笑我中国之策无也。①

土鲁番对哈密乃至甘肃镇的侵犯，其实就是对明朝中央的蔑视，
这是自设置哈密卫以来明朝在西北边疆遇到的来自西域势力中最大
的挑战。

二、从"三立三绝"到"甘肃之变"

在土鲁番侵占哈密之后，作为当时的"华夷之主"（西域朝贡文
书把明朝皇帝称为"天皇帝"或"乾坤之主"，自称"奴婢"），明
朝不会轻易承认土鲁番的侵占，"兴复哈密"便成为明朝的第一选
择。成化九年（1473）四月，在得知土鲁番攻破哈密城池并"执其
王母，夺朝廷所降金印"的消息后，兵部尚书白圭对宪宗说道："哈
密乃朝廷所封，世为藩篱，非他夷比。今丧地失国，奔走控诉，安
可置而不问！请命通事都指挥詹昇赍敕往谕速檀阿力，令其悔过自

①　（明）杨一清：《论哈密事情奏对》，（明）杨一清撰，唐景绅、谢玉杰点校：《杨
一清集·密谕录》卷7，中华书局2001年版，第1052—1053页。

新，退还哈密境土。并敕赤斤蒙古等卫会兵并力，以相卫翼。仍敕甘肃总兵等官振扬威武，相机以行。"① 宪宗从之，并要求赤斤蒙古等卫联合收复哈密。宪宗敕谕：

> 近者土鲁番速檀阿力悖逆天道，欺凌哈密忠顺王母寡弱无嗣，侵夺其城池，抢杀其人民财畜，又欲诱胁尔等归附，暴虐僭妄，莫此为甚。且尔西番与哈密素为唇齿之邦，世受朝廷爵赏，为中国藩屏。土鲁番虽来朝贡，终系远夷。尔等岂出其下！哈密因无统属，一时为彼侵据，尔有统领，何患于彼！但唇亡齿寒，不可不虑。尔等宜于邻境互相结约，各保境土，遇贼侵犯，即并力截杀，勿听其哄诱抢劫。若速檀阿力尚在哈密不去，尔等尤宜量度势力，会合精兵，驱剿出境，一以伸讨贼之义，一以施睦邻扶弱之仁，而于尔地，亦免后患矣。事成之日，朝廷重赏不吝，尔等其知之。②

在土鲁番侵占哈密之初，明廷的反应合情合理，无可厚非，但认为"哈密因无统属，一时为彼侵据"，说明宪宗君臣一开始就对土鲁番的野心认识不清，对其侵占哈密的后果预判不足。五个月之后，兵部才认识到了事态的严重性："哈密实西域诸夷喉咽之地，若弃而不救，窃恐赤斤蒙古、罕东、曲先、安定、苦峪、沙州等卫亦为土鲁番所胁，则我边之藩篱尽撤，而甘肃之患方殷。设使河套之虏不退，关中供亿愈难继矣。"③ 事态的发展正如兵部所言，哈密在明朝

---

① 《明宪宗实录》卷115，成化九年四月丙寅，第2224—2225页。
② 《明宪宗实录》卷115，成化九年四月丙戌，第2238—2239页。
③ 《明宪宗实录》卷118，成化九年七月壬辰，第2270页。

的无所作为中被土鲁番逐渐残破，赤斤诸卫也被土鲁番渐次蚕食，在其"益侵内属诸卫"之后"祸中甘肃"①，使"哈密危机"愈演愈烈。正如杨一清所言："西域土鲁番踵恶数世，先年独残破哈密，后则沿边王子庄等处，赤斤、罕东等番卫俱被蹂践，遂敢称兵叩关，犯我肃州，困我甘州镇城矣。"②

纵观明廷"兴复哈密"的举措，主要有以下四项：一是"以夷攻夷"，号召关西诸卫围剿土鲁番，将其逐出哈密；二是"赍敕开谕"，劝说土鲁番归还哈密，撤出兵力，保持通贡；三是"出兵助讨"，由甘肃镇守兵与关西诸卫合力征讨，将土鲁番势力赶出哈密；四是"闭关绝贡"，通过采取停止土鲁番乃至西域朝贡贸易的惩罚措施，引发西域各政治体对土鲁番的怨恨，迫使土鲁番在众怨之中交还哈密。在这四项举措中，前两项没有取得多大效果，由于关西诸卫自身难保，让其与哈密联合赶走土鲁番，可谓纸上谈兵。而要让野心勃勃的土鲁番轻易退出哈密，无异于与虎谋皮。第三项举措其实是第一项举措的延伸，以甘肃镇的军力为主，吸纳关西诸卫兵力，联合行动，力图痛击土鲁番。尽管在弘治年间有这样一次联合行动，但收效甚微。在军事打击未果的情况下，明朝只能选择第四项，即单方面采取闭关绝贡和扣押贡使的手段来迫使土鲁就范。处于扩张时期的土鲁番，随时可以用武力来获得其所依赖的经济资源。所以明朝的这一举动无法迫使土鲁番归还哈密，导致"满速儿汗则将掠夺的矛头指向东部，与明朝争夺哈密地区并一度发兵围困河西地区

---

① （清）谷应泰：《明史纪事本末》卷 40《兴复哈密》，中华书局 2015 年版，第 580 页。
② 《明世宗实录》卷 84，嘉靖七年正月丙申，第 1902 页。

的肃州（酒泉）城，给明边境社会经济造成很大损失"①。首辅杨一清在嘉靖六年（1527）十一月对世宗说道：土鲁番"受累朝浩荡之恩，荷列圣含容之德，服而又叛，去而复来，至再至三，不知改悔。比年入贡之使尚在国门，侵掠之兵已至嘉峪，岂信义之所能结，文告之所能致者哉？"② 又言：

> 土鲁番酋自速坛阿力以来，种恶数世，戕害我哈密封国几六十年。累朝列圣深怀以大字小之仁，兼体王者不治夷狄之义，文告之辞先后继出，抚夷之使相望于道。彼番逆天背命，怙终不悛。尝兴问罪之师，又未能直捣其巢穴；尝下绝贡之诏，又因其纳款求贡而许之复通。致使奸回以哈密为奇货可居，蔑视中国之莫能制。数年之前，戕杀肃州将官，后复大举深入，罪大恶尤，神人共愤，王法之所必诛。③

对于明朝而言，"兴复哈密"的步伐一味地拖延，只会使西域秩序越来越乱。弘治八年（1495），甘肃巡抚许进认为"自吐番倡乱以来，西鄙用兵余二十年，凯音未奏，主忧臣辱"④，对成化以来经略的效果极为不满。尽管其主导的军事行动也没有取得预期效果，但此次行动表明朝廷要改变原有的策略，不再对土鲁番主动交出哈密

---

① 田卫疆：《新疆历史丛稿》，新疆人民出版社 2011 年版，第 166 页。

② （明）杨一清：《论土鲁番夷情奏对》，（明）杨一清撰，唐景绅、谢玉杰点校：《杨一清集·阁谕录》卷 2，中华书局 2001 年版，第 856 页。

③ （明）杨一清：《论哈密夷情奏对》，（明）杨一清撰，唐景绅、谢玉杰点校：《杨一清集·密谕录》卷 7，中华书局 2001 年版，第 1053 页。

④ （明）许进：《平番始末上》；（明）邓士龙辑，许大龄、王天有点校：《国朝典故》卷 99，北京大学出版社 1993 年版，第 1966 页。

且收敛野心抱有幻想。当然，这只是手段的改变，而"兴复哈密"的策略未变。在土鲁番屡屡侵扰之中，哈密卫日渐衰落，逐渐失去了自立能力，原有的西域秩序被土鲁番完全打乱。到嘉靖初年"哈密、沙、瓜，已顺土番，嘉峪关外即为贼境，西域从此不通，地方滋益多事"①。王琼认为：

> 自肃州至于哈密，千五百里之间，赤斤蒙古、罕东左等卫番夷，其初俱能睦族，自保，厥后本类自相仇杀，部落遂渐离散。哈密之西，惟土鲁番一种最为强盛，外阻天方国、撒马儿罕诸夷，制其出入，内压哈密、蒙古、罕东属番，听其驱使，侵扰吞并，假道胁援，莫敢不从。今哈密夷人尚有住本城者，惟掌印都督奄克孛剌逃难内奔，终于肃州，二子承袭，不敢复从。蒙古罕东卫节年避害归附，至今尽失故土。曲先卫岁久年远，徒闻脱啼之名。罕东安定，族亦离散，阿端莫知其处。即今肃州西北千五百里之境已无人烟。②

如果明朝无视哈密卫的残破，甚至不能正视土鲁番的崛起，依旧故步自封，不思变革，新的西域秩序就不可能建立起来。

既然哈密卫是随着西域形势的变化而应时设置的，那么随着西域形势的不断演变，西域治理模式就不可能一成不变。所以，在土鲁番强大之后，明朝的主要任务就不再只是满足土鲁番归还哈密卫

---

① （明）杨一清：《为处置属番以安边徼以杜后患事》，（明）杨一清撰，唐景绅、谢玉杰点校：《杨一清集·关中奏议》卷18，中华书局2001年版，第675页。

② （明）严从简撰，余思黎点校：《殊域周咨录》卷14《赤斤蒙古》，中华书局1993年版，第468页。

的城池和印信，而是要通过新的举措来有效控制土鲁番，使其能够诚心臣服于明朝中央，遵守朝贡贸易规则，扮演维护西域秩序的重要角色。该时期哈密卫的"三立三绝"，集中反映的只是"兴复哈密"不断失败的过程。所谓"三立"，并不是表明哈密卫多次恢复如初，而只是城、印的归还和忠顺王在形式上的存在，且成效一次不如一次。故在"三立"中，哈密卫自身的问题不但没有得到真正的解决，反而越来越严重。所谓"三绝"，也不是哈密卫被土鲁番所占领的问题，而是哈密卫人心背离、忠顺王叛入土鲁番的过程。可以说，哈密卫的"三立三绝"正好集中反映了成化至嘉靖初年杨廷和在阁期间明朝政治腐败日益严重的全过程。在应对"哈密危机"的50 多年间，一朝不如一朝，一代不如一代。[①] 从明朝的实践效果来看，一方面不敢面对强大的土鲁番的存在，另一方面又一味地对土鲁番采取强硬的态度，导致的结果就是既不可能迫使其停止侵扰的脚步，也不可能恢复哈密原有格局。相反，在土鲁番的不断侵扰中，哈密卫已经"城池毁坏，不能住守"[②]，部众逃散，人心惶惶，"多不乐居哈密城"[③]。据《肃镇华夷志》记载："哈密卫自土鲁番数侵扰之后，居者约四五百家，壮男子三百有余，外罗小堡十，俱哈密人住牧，其五堡，每堡或七八十家，或五六十家。其五堡，空虚无人。"[④] 在哈密卫的不断残破之中，当忠顺王不再对明廷"忠顺"之

---

① 参见田澍《明代哈密危机述论》，《中国边疆史地研究》2002 年第 4 期。

② （明）王琼撰，张志江点校：《晋溪本兵敷奏》，上海古籍出版社 2018 年版，第 256 页。

③ （明）陈洪谟撰，盛冬铃点校：《治世余闻》上篇卷 1，中华书局 1985 年版，第 6 页。

④ （明）李应魁撰，高启安、邰惠莉点校：《肃镇华夷志》卷 1《沿革》，甘肃人民出版社 2006 年版，第 59 页。

时，"兴复哈密"事实上已经变成了一个空洞的口号。嘉靖七年（1528），刑部尚书胡世宁直言："忠顺王速坛拜牙即已自归土鲁番，虽还哈密，亦其臣属，其他裔族无可立者。回回一种，久已归之。哈剌灰、畏兀儿二族，逃附肃州已久，即驱之出，不可。然则哈密将安兴复哉？纵令得忠顺王嫡派，与之金印，助之兵食，谁与为守？"① 兵部在研判情势后认为"兴复哈密"已非当务之急，并建议道："至于兴复哈密之事，则臣等窃以为非中国所急也。夫哈密三立三绝，今其主已为虏用，其民散亡殆尽。假使更立他种，彼强则入寇，弱则从彼，难保为不侵不叛之臣。且哈密之复，其力岂能邀绝北虏，使不过河入套也哉！故臣以为立之无益，而适令土鲁番挟以为奸利耳。"②

事实上，自正德七年（1512）杨廷和接替李东阳出任内阁首辅后，明朝处理哈密问题的态度就开始强硬起来。在土鲁番多次求贡的过程中，杨廷和等人对其"累次差人赍书求和"③ 的请求置若罔闻，对"我每没有外心"④ 和"小事不要大了，成的事不要坏了"⑤ 等陈述不以为然。面对土鲁番屡次求贡而不得的情况，时任甘肃巡抚邓璋曾不无担心地说道："土鲁番六次悔罪，请和入贡，合当随宜抚处。"兵部尚书王琼亦言："若终拒绝，不许来贡，恐非抚驭外夷

① 《明世宗实录》卷86，嘉靖七年三月庚寅，第1950页。
② 《明世宗实录》卷96，嘉靖七年十二月庚寅，第2255页。
③ （明）王琼撰，张志江点校：《晋溪本兵敷奏》，上海古籍出版社2018年版，第207页。
④ （明）王琼撰，张志江点校：《晋溪本兵敷奏》，上海古籍出版社2018年版，第221页。
⑤ （明）王琼撰，张志江点校：《晋溪本兵敷奏》，上海古籍出版社2018年版，第251页。

之道。请将在京番使马黑麻等及哈密年例进贡夷使分为几运，伴送甘州，连存留在彼同起贡夷打发出关，见监夷人朵撒恰等俱准放回。"① 对于邓璋与王琼的奏请，武宗与阁臣不置可否。对此杨一清曾一针见血地指出："然我能绝其入贡之路，不能绝其入寇之途。彼番无前数者，则失其所以为命，岂肯坐以待死，必将似前率领兵马，谋入为寇。而我甘肃一镇，边备不严，兵马怯弱，安知不蹈嘉靖三年之覆辙乎？此闭关绝贡之说不可执以为常也。"② 如果说在彭泽经略之前土鲁番一再侵扰哈密卫是为了取代忠顺王的话，那么其后土鲁番侵扰甘肃镇则就是伺机东扩了，"哈密危机"事实上已经演变为"甘肃危机"。对此，时任兵部尚书王琼就有清醒的认识，他在正德十二年（1517）就明确说道："正德八年，谋臣失策，轻举用兵，远调延、宁人马征剿河西番夷，正当饥馑流离之际，乃为邀功生事之举。言者但知希旨附和，惟御史冯时雍以为不可，然竟寝不行，启衅纳侮，致有速坛满速儿提兵犯肃之祸。"③ 次年又言，"弘治年间，侍郎张海经略哈密，未宁先回蒙朝廷拿送镇抚司究问降黜；都御史冯续巡抚甘肃，达贼抢杀，地方失事，拿问发隆庆州为民。今彭泽等开启边衅，辱国丧师，比之张海等情犯尤重，具今甘肃边外夷人结成仇怨"④，并一再强调："土鲁番夷为因都御史彭泽卤莽轻处，送

---

① （明）严从简撰，余思黎点校：《殊域周咨录》卷13《土鲁番》，中华书局1993年版，第443页。

② （明）杨一清：《论哈密夷情奏对》，（明）杨一清撰，唐景绅、谢玉杰点校：《杨一清集·密谕录》卷7，中华书局2001年版，第1053页。

③ （明）王琼撰，张志江点校：《晋溪本兵敷奏》，上海古籍出版社2018年版，第215页。

④ （明）王琼撰，张志江点校：《晋溪本兵敷奏》，上海古籍出版社2018年版，第229页。

赏讲和，纳侮启衅，覆军杀将，损伤国体，甘肃地方自来所无之事。"① 由于彭泽的失误，土鲁番完全控制了哈密，不断向东进逼，"数犯我甘肃"②，频频向甘肃镇发起攻击。"自土鲁番两入甘肃，肆行杀掠，未遭挫损，彼固已有虎视河西之意，而关外赤斤、苦峪、曲先、蒙古、罕东诸卫昔为肃州藩篱者，尽皆逃散避难入关矣。"③ 谷应泰论道："自武宗时，忠顺王拜牙郎弃城抱印归番。而番长乘衅移书边将，责取金币赎还城印。巡抚彭泽复私许缯币，邀功恢复，罪过王恢，辱浮广利。自西方用兵，几四十年，土番未尝一矢及关也。自此心轻中国，径薄甘肃，中国稍稍被兵焉。"④ 但仅仅认为"中国稍稍被兵"，说明其对"甘肃之变"所造成的严重后果认识不足。彭泽此举是正德时期"哈密危机"走向失控的关键节点，由此导致的甘肃"边患"使武宗君臣惊慌失措，无力应对。

土鲁番对甘肃镇的侵扰是空前的，这一行径当时被称为"甘肃事件""甘肃之变"或"甘肃夷情"⑤，由于其与"哈密危机"联系在一起，为了讨论方便，我们便将其归入"哈密危机"之中。鉴于此，在彭泽之后，对"哈密危机"的内涵可用狭义和广义来区别。换言之，狭义的"哈密危机"可以视为哈密卫的"三立三绝"，而广义的"哈密危机"应该是"三立三绝"加上"甘肃之变"，否则就

---

① （明）王琼撰，张志江点校：《晋溪本兵敷奏》，上海古籍出版社 2018 年版，第 260 页。

② （明）郑晓撰，李致忠点校：《今言》卷 4，中华书局 1984 年版，第 198 页。

③ （明）严从简撰，余思黎点校：《殊域周咨录》卷 13《土鲁番》，中华书局 1993 年版，第 460—461 页。

④ （清）谷应泰：《明史纪事本末》卷 40《兴复哈密》，中华书局 2015 年版，第 592 页。

⑤ 参见田澍《彭泽与甘肃之变》，《西域研究》2004 年第 1 期。

无法对嘉靖时期调整西北边疆策略形成理性的认识，也无法对该时期涉及"哈密危机"的彭泽、王琼、杨廷和、陈九畴、金献民等人做出客观的评价。明臣康海在嘉靖年间对成化以来君臣处置"哈密危机"不力的现象进行了深刻反思：

> 国家封哈密为榆关以西之外藩，当时哈密既强，又受有天朝显封，诸番莫敢抗也。逮成化、弘治以来，土鲁番强噬诸番，夺哈密，逐其君，积六十年渐不可制。孝宗虽尝命文武大臣兴师问罪，捣其巢穴矣，王师比还，而骄悍如故。赏之不厌其心，威之不致其畏，固以轨事诸公之过也。何也？国家以一统之盛，臣服万方，土鲁番虽强，窃据西北一席之地，而叛服不常如此。我义未置，兵则何畏？我求方剧，予则何恩？是以信义不行，绥靖无法，徒厪庙堂筹顾之忧，无补疆圉侵凌之患。而中朝士大夫，又重声誉而略综核，腾口说而贱事体，故允韬者少，浮夸者多，遂使生灵厄于原野，转输殄于道途，非轨事诸公之过哉！①

这一批评是符合实际的。如果把"哈密危机"的责任全部推向土鲁番一方，而不能正视明朝中央处置不当的问题，就无法认清"哈密危机"与西北边疆乱局之间的关系。王琼就此论道："中国之于夷狄，顺则抚之，然抚之过则纳侮；逆则拒之，然拒之甚则黩兵。天下事惟有是非两端，夫苟知其为是而必可行，又计后来之成败而不果于行，未有不误国殃民者也。"② 明人李应魁论道："夫诸夷向背视

---

① （明）康海：《贺少傅兵部尚书晋溪王公平土番序》；（明）陈子龙等辑：《明经世文编》卷140，中华书局1962年版，第1403页。

② 《明世宗实录》卷114，嘉靖九年六月庚辰，第2713页。

我边镇强弱与夫，上之眷服何如耳。先年掳掠行人，抢杀边堡，止因上下嗜利，致彼生变耳。或希夷厚利，纵其出没，卒至猖獗，而莫之禁；或骗害夷畜，私交买卖，甚至夺劫，而强与之，乘隙相攻，祸乱所由起也。"①

三、恢复通贡与重构西域秩序

世宗即位之初，要解决"哈密危机"，已经不是仅仅收回哈密城、印这一简单的问题，而是要消除土鲁番威胁甘肃镇的根源。如果无视"甘肃之变"，还停留在成化以来收回哈密城、印或扶持忠顺王的层面来认识嘉靖前期的"哈密危机"，就不可能认清该时期"哈密危机"的本质；如果无视该时期政局的剧变，也就不可能回答"哈密危机"得以解决的缘由。

那么，如何才能调整50多年所坚持的"兴复哈密"策略呢？从成化、弘治、正德到世宗即位之初的实践来看，宪宗、孝宗和武宗以及暂时被杨廷和集团所控制的世宗都不可能放弃"兴复哈密"的策略。如果没有重大的人事变动，"哈密危机"就难以解决。从武宗的暴亡绝嗣到其堂弟世宗的即位，打破了英宗天顺以来父死子继的惯例，是明代皇位更迭的重大变化，成为永乐以后明朝最彻底的一次政治剧变。但要真正建立起由世宗能够掌控的嘉靖新秩序，还必须清除以杨廷和为代表的前朝旧臣。世宗利用"大礼议"这一难得的机遇将杨廷和集团一网打尽，用三年多的时间较好地实现了新旧

---

① （明）李应魁撰，高启安、邰惠莉点校：《肃镇华夷志》卷4《属夷内附略》，甘肃人民出版社2006年版，第277页。

力量的交替。① 需要指出的是，在清除杨廷和集团的过程中，"哈密危机"继续恶化，使彭泽经略以来的甘肃"边患"愈加不可收拾。

嘉靖三年（1524）二月，杨廷和被迫致仕是嘉靖朝政治变化中的一件大事，标志着世宗通过"大礼议"击败了杨廷和集团，开启了一个全新的时代。世宗对内阁进行了改组，追随杨廷和的蒋冕和毛纪先后被解职，留下了能够与杨廷和保持距离的费宏，并立即补充了曾代王琼为吏部尚书兼学士的石珤和吏部左侍郎兼翰林学士的贾咏，召回了以兵部尚书左都御史总制西北三边军务的杨一清和因不满刘瑾专权而辞职的谢迁，三年后又先后新用吏部左侍郎兼学士翟銮、兵部左侍郎兼学士张璁和吏部尚书兼学士桂萼等人。这一重大的人事变动为解决"哈密危机"创造了良好的政治条件。正是在这样的政治环境中，胡世宁才敢言调整西域策略"有转危为安之术，惟在圣明张主于上，一转移之间而已"②。

由于"哈密危机"愈演愈烈，已经严重影响到明朝西北边疆的安全与稳定，故引起了世宗的高度重视。在杨廷和离开嘉靖政坛并钦定"大礼议"之后，世宗亲自处理"哈密危机"。特别是世宗冲破阻力，大胆起用王琼，令其坐镇西北，全权处理哈密事宜，完全改变了以前事权不一的局面，对调整西域策略具有决定性意义。王琼早在正德十三年（1518）认为"哈密危机"的日益严重就是因为事权不一所导致的，他说："照得甘肃地方，近年因哈密忠顺王拜牙即弃城逃走，土鲁番速坛满速儿差人占据哈密，节次添设总制、总督

---

① 参见田澍《大礼议与嘉靖朝的人事更迭》，《西北师大学报》2008 年第 2 期。

② （明）胡世宁：《复土鲁番议疏》，（明）陈子龙等辑：《明经世文编》卷 135，中华书局 1962 年版，第 1347 页。

大臣，与巡抚督御史相并经理，以致事权不一，大坏边事，至今尚未宁妥。"① 在杨一清短暂的"故相行边"② 之后，世宗任用当时最熟悉哈密事宜的王琼，表明其要下决心彻底解决久拖不决的"哈密危机"。

王琼认为要从实际出发，承认土鲁番的崛起，主张宽恕其罪，顺从其意，恢复通贡，同时要正视因朝廷处置不当所引发的"甘肃之变"，不能一味地谴责土鲁番：

> 臣蒙恩起用，提督三边。自入关交代以来，查得黄河套内贼情即今稍缓，惟有土鲁番夷情未宁，急当议处。臣历考往事，正德八年以前，土鲁番虽尝虏杀忠顺王，朝廷亦尝拒之而不遽绝其贡，直尝在我，曲尝在彼，而彼又不知我边之虚实，未尝提兵一至沙州近边寇掠，况敢窥肃州之门户？彼时朝廷处之既得其宜，守臣又不敢任情悠肆。虽或时与哈密构衅，曲自在彼，旋复底定。自正德十年以来，执政者昧于经国之图，引用非人，相继坏事。既增币约，自失信义，又淫刑杀降，大失夷心，直反在彼，曲反在我。肃州之败，甘州之惨，由我致之，不可独咎土鲁番也。此时使甘州守臣即能如杨一清之义，度量时势，曲为抚处，尽遣他国贡使出关，奏发羁留哈密、土鲁番贡使回归本土，而又谕以前守臣坏事之意，使等分任其咎，土鲁番必翻然悔罪，照旧通贡，不待至今日屡魔九重之虑矣。

---

① （明）王琼撰，张志江点校：《晋溪本兵敷奏》，上海古籍出版社 2018 年版，第 249 页。

② 《明史》卷 198《杨一清传》，中华书局 1974 年版，第 5229 页。

奈何守臣之计不能出此，漫谓土鲁番服而又叛，去而复来，非信义之所能结，往往大言以张虚名，不顾酝酿渐成实祸。既将已经奏准遣还夷人自今不放，又将新贡夷人羁留肃州，自谓使之进不得贡，退不得归，操纵在我，以慑其骄悍之气，盖止知泥古欲绝其入贡之路，而不知度今不能绝其入寇之路也。①

王琼此议，的确振聋发聩，要调整近 60 年间"兴复哈密"的策略，如果没有如此清醒的反思意识就难以终结"哈密危机"。

由于甘肃镇面临亦卜剌等势力的新威胁，明朝必须尽快解决"哈密危机"。兵部以为："今甘肃所忧，不在土鲁番，而南有亦不剌，北有瓦剌，最骁劲近边。往者我以为援，今从彼为寇，此甚可忧也。"提出了"自今宜以通番纳贡为权宜，以足食固边为久计"②这一新的河西走廊防御策略。面对嘉靖初年甘肃"边患"的日益严重，面对以哈密卫为核心的西域秩序已不复存在，面对土鲁番已成为绿洲丝绸之路上的主导力量，世宗君臣切实认识到了放弃闭关绝贡为手段来"兴复哈密"策略的必要性和紧迫性。为此，世宗对王琼寄予厚望，要求他"务为国忠谋远虑，力求兴复哈密善后之策"③，并全力支持王琼调整策略，通过恢复通贡来减少对抗，尽可能地解除土鲁番对甘肃镇的威胁。对于王琼的建议，世宗皆予准行。如嘉靖七年（1528）七月，王琼疏言："往年撒马儿罕、天方国、土鲁

---

① （明）严从简撰，余思黎点校：《殊域周咨录》卷 13《土鲁番》，中华书局 1993 年版，第 459—460 页。

② 《明世宗实录》卷 96，嘉靖七年十二月庚寅，第 2256 页。

③ 《明世宗实录》卷 96，嘉靖七年十二月庚寅，第 2255 页。

番、哈密四处夷人各遣使入贡，未及廷献，而土鲁番旋来寇边，故都御史陈九畴议将土鲁番、哈密贡回夷人，羁留不出，以观其变。迄今二年，虏心未悛也。请通行验放出关，仍宣慰番酋，令其改过自新，用示柔远之德。"①世宗从之。同年十一月，王琼认为土鲁番有"悔悟"之心，奏请"圣度含弘，不责小夷之罪，许令照旧通贡"②。世宗亦从之。

但要处理好"不忘祖宗羁縻成法"和"便于今日控驭"之间的关系③，绝非易事。嘉靖八年（1529）四月，针对"今日纷纷，迄无定论"的情况，王琼支持甘肃巡抚唐泽等人，坚持认为"师不可以轻举，寇未可以横挑"，其理由有五：

> 我之军额空存百无一补而兵不足，屯田满望十有九荒而食不充，一也。屡挫而怯，久戍而疲，我之锐气未振；长驱而入，满载而还，彼之逆焰方张，二也。我失瓦剌之援而进无所资，彼合瓜州之力而退有所据，三也。河东临洮诸府，甘肃之根本，而伤夷未苏；关外赤斤诸卫，甘肃之藩篱，而零落殆尽，四也。西南巢海上之虏，防守难撤；东北梗山后之戎，馈饷难通，五也。④

基于哈密卫的衰败，王琼认为"忠顺王之绍封，势宜加慎；土鲁番之求贡，理可俯容"是眼下的必然选择，但恢复通贡，并不意味着丢弃哈密。王琼一再强调"索还城池，存我继绝之名，而渐图

①《明世宗实录》卷90，嘉靖七年七月己丑，第2072页。
②《明世宗实录》卷95，嘉靖七年十一月丙午，第2206页。
③（明）严从简撰，余思黎点校：《殊域周咨录》卷14《赤斤蒙古》，中华书局1993年版，第469页。
④《明世宗实录》卷100，嘉靖八年四月戊子，第2380页。

兴复"是今后的目标。只有在"宣谕酋长，开彼效顺之路，而严加堤防；选任将帅而责其成，搜补卒乘而养其锐，专官运粟河东以济乏籴之急，募民广屯塞下以浚足食之源"之后，"俟我无不修之备而彼有可乘之机，然后惟所欲为，俟瓦剌，屯苦峪，城瓜、沙，兴哈密，襟喉西域，拱卫中华，将无不可矣"①。针对兵部"土鲁番变诈多端，督抚官奏论先后抵牾，请令王琼审处，且练兵积粮，稍为征剿之计"的提议，王琼仍坚持通贡，反对用兵，以诚相待，认为"我朝自洪武、永乐通贡不绝。臣愿皇上远法舜、禹敷德格苗，近守祖宗怀柔远人成法，以罢兵息民便"②。世宗对王琼的这一主张予以坚定支持。

王琼一贯主张用"抚"的手段来应对哈密危机，以求尽可能地恢复明初与土鲁番友好交往的状态，确保西域地区的稳定与安全。早在正德十一年（1516），王琼就认为对待土鲁番"既不可严峻拒绝，激变夷情，亦不可示弱轻许，开启弊端。其土鲁番果来效顺进贡，到边之日依旧例放入，加意抚待，及严谨关防，毋致疏虞"，并一再强调"其土鲁番，理势既难加兵，方议加赏抚处"，反对"轻主用兵"，明确指出土鲁番"尤极遐荒，断无用兵之理"③。嘉靖九年（1530）正月，唐泽等人希望利用土鲁番与瓦剌之间的矛盾，"遣使赍赏远结瓦剌，以离土鲁番之交"，制造两者之间的矛盾，以报先年扰边之仇，王琼表示反对，认为此议为"无故赍赏，侥幸不可必成

---

① 《明世宗实录》卷100，嘉靖八年四月戊子，第2380—2381页。
② 《明世宗实录》卷101，嘉靖八年五月癸亥，第2397页。
③ （明）王琼撰，张志江点校：《晋溪本兵敷奏》，上海古籍出版社2018年版，第193、199、215页。

之功，自启衅端"。兵部也认同王琼的看法，指出"镇巡所论，固兵家用间之策，而总制以生事启衅为虑，尤得中国正大之体。宜咨各官查照议奏事理，土鲁番不来犯边，许其照旧通贡；若再侵犯，即绝其贡使。瓦剌叩关纳款，量行犒赏；如其不来，不必遣使。庶夷情自服，国体自尊"①。世宗从之。

世宗用人不疑，依靠"大才通变，必有奇术转危为安"②的王琼，"西服土鲁番，率十国奉约束入贡，北捍俺答，经岁无烽警。及是，诸番荡平，西陲无事"。当时甘肃巡抚都御史唐泽和巡按御史胡明善对王琼给予极高的评价："土鲁番吞哈密六十余年矣，先后经营诸臣，持文墨者未效安辑之绩，仗节钺者未伸挞伐之威，是启戎心，酿成边祸。幸皇上特起王琼而委任之，琼奉命驱驰，殚厥心力，息兵固圉，克壮其猷"③。王琼在嘉靖前期经略西北，为绿洲丝绸之路的再次畅通做出了积极的贡献。严从简在万历初年编著的《殊域周咨录》中，对"敢于任事、行人所难"的王琼经略效果给予特别关注，并予以高度评价。他认为"自王琼抚处之后，哈密稍稍自立，朝贡时至，迄今不绝"④；赤斤蒙古"自后俱得保袭前职，朝贡至今

---

① 《明世宗实录》卷109，嘉靖九年正月庚子，第2559页。

② （明）胡世宁：《复土鲁番议疏》，（明）陈子龙等辑：《明经世文编》卷135，中华书局1962年版，第1343—1344页。

③ 《明世宗实录》卷114，嘉靖九年六月庚辰，第2712—2713页。

④ （明）严从简撰，余思黎点校：《殊域周咨录》卷12《哈密》，中华书局1993年版，第423页。

无异"①；安定阿端"自后渐得生息，朝贡至今"②；罕东"自后其族渐盛，朝贡不绝至今"③；火州于嘉靖七年（1528）土鲁番通贡之后，"亦克保聚，至今修贡不绝"④；撒马儿罕"自是王琼抚处之后，土鲁番听命通贡，撒马儿罕各夷俱以时朝贡"⑤。在王琼经略之后，明朝与西域的关系进入了一个新的发展阶段。

四、结　语

综上所述，在钦定"大礼议"之后，世宗摆脱了杨廷和集团的羁绊，组建了新的、忠于自己的管理团队，起用被杨廷和所排挤的前朝老臣和重用在"大礼议"中崛起的张璁等中下层官员，实现了较为彻底的人事更迭。其中起用被杨廷和集团试图置于死地的王琼就是一个重大变化和典型案例。从正德时期王琼担任兵部尚书处理"哈密危机"开始，他就一直主张用"抚"的方式来化解危机，但在当时主张用强硬的"闭关绝贡"和武力对付土鲁番的政治环境中，王琼的主张不可能被采纳。在世宗即位之初的乱局中，杨廷和无视武宗对其"门生"彭泽的惩处，公然起用彭泽，并诛杀哈密使臣写

① （明）严从简撰，余思黎点校：《殊域周咨录》卷14《赤斤蒙古》，中华书局1993年版，第469页。

② （明）严从简撰，余思黎点校：《殊域周咨录》卷14《安定阿端》，中华书局1993年版，第470页。

③ （明）严从简撰，余思黎点校：《殊域周咨录》卷14《罕东》，中华书局1993年版，第480页。

④ （明）严从简撰，余思黎点校：《殊域周咨录》卷14《火州》，中华书局1993年版，第481页。

⑤ （明）严从简撰，余思黎点校：《殊域周咨录》卷15《撒马儿罕》，中华书局1993年版，第491页。

亦虎仙，进一步刺激土鲁番，引发了土鲁番对甘肃镇的大举侵扰，将"哈密危机"推向不可收拾的地步，致使以"甘肃之变"为核心的"哈密危机"成为嘉靖前期最为严重的"边患"。换言之，彭泽被杨廷和起用和王琼被世宗起用，集中反映了钦定"大礼议"前后截然不同的政治风气，从中可以明显看出前后对"哈密危机"认识的巨大差异。

藩王出身的世宗，不同于宪宗、孝宗、武宗诸帝。为了树立自己的新形象，世宗决意放弃杨廷和的强硬做法，由"剿"转"抚"，放弃"闭关绝贡"，恢复与包括土鲁番在内的西域诸政治体的朝贡贸易，确保交往的安全和顺畅，与宪宗等帝的策略割裂。换言之，随着西域形势的变化，只有恢复通贡，才能安抚土鲁番，稳定西域局势，并解除甘肃镇的威胁。因为设置哈密卫的根本目的在于稳定西域秩序，确保西北边疆的安全与稳定。世宗即位之后，杨廷和一派依旧坚持闭关绝贡的强硬策略既不能维护明朝在西域的利益，又不能保障甘肃镇的安全与稳定，是一种"双输"的做法。自正德以来，王琼对这种策略始终持否定态度。他认为："土鲁番旧称臣久，第御之失宜，故至此。我其抚之，抚之不听，然后有以为，彼亦无辞可称说也。"[1] 在与土鲁番的交往中，只要明朝以"华夷一统"而不是"严夷夏之防"的态度来对待西域诸政治体，就能够化解冲突，缓和局势。一味地凸显该时期的"封疆之狱"并放大朝臣之间的个人恩怨，而无视杨廷和被停职后世宗所推动的政治变革，就无法理解停

---

① （明）王九思：《西番事迹序》，单锦珩辑校：《王琼集》，山西人民出版社 1991 年版，第 41 页。

止闭关绝贡的重要意义以及明朝与西域关系的新变化，更无法理解此后河西走廊至土鲁番这一广阔区域内呈现出的民族交往交流交融的新景象。

下　编

概念史视野下的"丝绸之路"①

　　"丝绸之路"是 19 世纪晚期才出现的一个词汇。自张骞"凿空"以来，尤其是随着中西文明交流史研究的进展，人们对中国与西域来往的通道就有各种各样的称呼，没有形成统一的认识。自 1877 年德国地理学家费迪南德·冯·李希霍芬首次将连接中国与河中以及印度的贸易之路称为"丝绸之路"（seidenstrasse）以来，该词迅速传播，不断完善，最终取代各类称呼而被普遍接受。李希霍芬从众多贸易物品中选择"丝绸"作为命名的核心要素，反映了他能够继承西方重视中国丝绸的传统和前人研究的成果，在 19 世纪终于提出了"丝绸之路"的概念，对后世具有重大影响。本文从概念史的视角出发，试图就"丝绸之路"一词的发展变化做一较为系统的考察，以便人们对该词的来龙去脉有较为全面的认识。

---

　　① 本文由田澍、孙文婷合作，原文发表在《社会科学战线》2018 年第 2 期。

一、赛里斯与通往中国之路

在古代中西贸易中，丝绸是重要的物品之一。"游牧部落极为看重这种丝织品，因为它质地好、分量轻，铺床做衣都用得上。丝绸同样是一种政治权力和社会地位的象征"，它作为"一种奢侈品的同时，还成为一种国际货币"①，具有特殊的影响力。"丝绸之路"的提出并不是突兀的，而是丝绸的特殊影响力和西方学者长期研究所产生的必然结果。西方最早是通过"赛里斯"来关注和认识中国的。

1. 古代西方世界对通往"赛里斯国之路"的追寻

"赛里斯"一词出现在公元前 4 世纪古希腊作家克泰夏斯的作品中②，而西方人第一次见到中国丝绸是在公元前 53 年的卡莱之战。正是这次战斗中，罗马人见到了令人眼花缭乱的丝绸军旗。③ 以此为开端，西方古籍中开始出现有关赛里斯织物的记载。当时的西方人认为赛里斯织物是产自树上的羊毛，这种观点一直延续到 1 世纪。如罗马人老普林尼在《自然史》中写道："赛里斯人向树木喷水，冲刷下树叶上的白色绒毛，然后再由妻室来完成纺线和织布两道工序。"④ 2 世纪，希腊人包撒尼斯对丝绸有了新的认识，他在《希腊志》中第一次提出赛里斯织物不是从树叶上梳理的"羊毛"，而是一种叫"赛

① ［英］彼得·弗兰科潘著，邵旭东等译：《丝绸之路：一部全新的世界史》，浙江大学出版社 2016 年版，第 9—10 页。
② ［法］戈岱司编，耿昇译：《希腊拉丁作家远东古文献辑录》，中华书局 1987 年版，第 1 页。
③ ［法］布尔努瓦著，耿昇译：《丝绸之路·前言》，山东画报出版社 2001 年版，第 3 页。
④ ［法］戈岱司编，耿昇译：《希腊拉丁作家远东古文献辑录》，中华书局 1987 年版，第 10 页。

尔"（ser）的蚕虫肚子胀裂之后产生的丝。① 包撒尼斯的记载意味着
西方开始意识到丝绸是和动物相关的。遗憾的是，这一认识并未在
当时引起广泛关注。直到6世纪，西方人才弄清了丝与蚕的关系。普
罗科波的作品中有一段关于印度僧侣如何将蚕卵带入拜占庭的描述，
从此西方世界对蚕、蚕卵和丝的认识才算是步入了正确的阶段。② 正
如杨共乐所言，西方人大约用了600年的时间彻底弄清了丝与蚕的关
系，对丝和丝织品才有了正确的认识。③

在古代西方，人们主要围绕"通往赛里斯国之路"来认识中西
交通的。如1世纪末由古希腊佚名商人所写的《厄立特里亚航行记》
（又译名《红海环航记》），是较早的将中西交通与丝绸贸易相结合
的著作。作者指出了从赛里斯国到印度的交通路线，并且分别记述
了可以从陆路和海路两种方式沟通彼此。根据其记载，赛里斯国通
过两条不同的道路向印度出口丝线和丝绸：第一条道路经过大夏到
达婆卢羯车大商业中心，另一条路沿恒河到达印度。关于赛里斯国
的位置，作者认为："赛里斯地区恰好位于小熊星座下面，而且据说
它是蓬特（Pont）和里海对岸毗邻地区（即东方），在里海一侧便是
莫迪斯低洼地（PalusMaeotis），里海海水由这里注入了大洋。"④ 这
部航行记为人们认识中西交通提供了新的视角。

---

① ［法］戈岱司编，耿昇译：《希腊拉丁作家远东古文献辑录》，中华书局1987年
版，第54页。

② ［法］戈岱司编，耿昇译：《希腊拉丁作家远东古文献辑录》，中华书局1987年
版，第96页。

③ 杨共乐：《早期丝绸之路探微》，北京师范大学出版社2011年版，第56—59页。

④ ［法］戈岱司编，耿昇译：《希腊拉丁作家远东古文献辑录》，中华书局1987年
版，第18页。

2 世纪，古希腊地理学家托勒密在所著《地理志》中，明确描述了通往赛里斯国的具体道路，并且标注了赛里斯国的详细位置。托勒密引用了古希腊地理学家马利奴斯的记载，即用丝绸贸易描述中西交通：这条道路，是西方商人以贩运丝绸为目的，从幼发拉底河渡口出发，向东前往赛里斯国的一条商路。这条商路途经一个叫石塔的中转站，最终到达赛里斯国都城赛拉（Sera，洛阳）。6 世纪，古希腊作家科斯马斯在《世界基督教风土志》中进一步对中国的位置进行了详述，并且描述了丝绸之国到波斯的道路，可以分别取道陆路和海路。[①]

2. 欧洲对中国的向往及对"通往中国之路"的描述

9 世纪，波斯地理学家伊本·胡尔达兹比赫在《道里邦国志》中对丝绸之路西段的道路走向进行了描述。[②] 到 13 世纪，威尼斯商人马可波罗在《马可波罗游记》中将中国描述为地域广袤、物产丰殷的富饶之地，无疑更加激发了西方人对中国的向往。西班牙的犹太艺术家亚伯拉罕·克里斯奎于 1375 年绘成《加泰罗尼亚地图集》，描绘了一支沿着连接中国和波斯的丝绸之路旅行的骆驼商队，他们从直布罗陀海峡到西欧、东欧、西亚、中亚直到中国。该地图也是中世纪较早的欧亚大陆交通图。航海家哥伦布正是由于受到《马可波罗游记》以及《加泰罗尼亚地图集》的影响，踏上了寻找游记中的东方帝国之路。1615 年，意大利传教士利玛窦在《利玛窦中国札

---

① ［法］戈岱司编，耿昇译：《希腊拉丁作家远东古文献辑录》，中华书局 1987 年版，第 100 页。

② （阿拉伯）伊本·胡尔达兹比赫著，宋岘译注：《道里邦国志》，中华书局 1991 年版，第 166 页。

记》中进一步证实了欧洲人所说的 "支那" （Sina） 以及马可波罗所说的 "契丹" （Cathay） 就是指中国，并肯定地说道："我也毫不怀疑，这就是被称为丝绸之国 （Serica regio） 的国度，因为在远东除中国外没有任何地方那么富饶丝绸，以致不仅那个国度的居民无论贫富都穿丝着绸，而且还大量地出口到世界最遥远的地方。"[①] 1866年，英国地理学家、东方学家亨利·玉尔 （Henry Yule） 在其著作《中国和通往中国之路——中世纪关于中国的记录汇编》中站在欧洲的角度首次明确提出了 "通往中国之路" 的概念。[②]

从上述记载中可以看出，从对赛里斯织物的探索到对赛里斯国的追寻，自古以来西方世界对于中国的探索从未停止过，并且随着时代的变迁和认知的不断深入，通往中国之路越发清晰地展现在西方世界面前。特别是亨利·玉尔明确提出的 "通往中国之路" 观点，为尔后李希霍芬提出 "丝绸之路" 奠定了良好的基础。

二、李希霍芬正式提出 "丝绸之路"

与马利奴斯、托勒密和亨利·玉尔等早期研究赛里斯之路的学者最大的不同是李希霍芬是较早亲自到中国进行考察的著名西方学者。1861 年和 1868 年，李希霍芬先后两次到中国进行考察，特别是第二次对中国的考察，历时四年，他在参考大量中外文献的基础上，制定了详细的研究方向和工作方法，设计了 7 条考察路线。从

---

① ［意］利玛窦、［比］金尼阁著，何高济等译：《利玛窦中国札记》，中华书局 1983 年版，第 4 页。

② 王冀青：《玉尔〈中国之路〉成书考——欧洲 "中西交通史" 学科创建 150 周年纪念》，载《丝路文明》（第 1 辑），上海古籍出版社 2016 年版，第 225—248 页。

1868—1872 年，他以上海为基地，对中国进行地理、地质考察，足迹遍布广东、江西、湖南、浙江、山西、山东、陕西、甘肃南部、四川、内蒙古诸省区，其"踏查之普遍，著述之精深博大"，均非他人所及。① 1869 年底，李希霍芬得到上海西商会提供的在中国旅行四年的经费，条件是他必须用英文写出关于中国经济特别是煤矿资源的报告。② 1872 年，李希霍芬的旅行报告在上海出版。其中《关于河南和陕西的报告》中这样记载："河南府和黄河之间隔着一道低矮的山丘，黄河深入西北方黄土层的盆地构成了通往中亚的通道，而东边则直到中部的平原和大海。从地图上看，这就是东部通往中亚的天然入口，昆仑山和我们即将前往的山西的丘陵地带在此处形成了一个空档。虽然四周都无路可走，但是这条两侧都是崇山峻岭段的道路构成了自东至西的唯一通道。而河南府正好位于各条大路的节点之上，因此地理位置十分重要"③，进而认为货物从河南"再转运到西安府、兰州府和中亚地区"④。同时，他对这一通道在文化交流方面的作用给予积极的肯定，他说在昆仑山的北坡"有一条民族交往的大道，从中亚出发穿越沙漠和高山，经甘肃到广袤富饶的西安府山谷。这里曾多次生发出高级的文化，艺术和科学十分繁荣"，进而认为"整个中亚及其简单的分界和古老的贸易大道展现在眼前，

---

① 郭双林：《李希霍芬与〈李希霍芬男爵书信集〉》，《史学月刊》2009 年第 11 期。
② ［德］施丢克尔著，乔松译：《十九世纪的德国与中国》，上海三联书店 1963 年版，第 92 页。
③ ［德］费迪南德·冯·李希霍芬著，E. 蒂森选编，李岩等译：《李希霍芬中国旅行日记》（上册），商务印书馆 2016 年版，第 349 页。
④ ［德］费迪南德·冯·李希霍芬著，E. 蒂森选编，李岩等译：《李希霍芬中国旅行日记》（上册），商务印书馆 2016 年版，第 351 页。

触手可及"①。当时，由于陕甘两省的回民起义和新疆的阿古柏事件，李希霍芬未能到中国"丝绸之路"的核心区域进行实地考察。他对"丝绸之路"的描述以及命名除了依据文献记载和前人的研究成果外，在中国特别是在河南和陕西的考察，使得他相信了从洛阳到中亚这段商路的存在。

在《中国——亲身旅行和据此所做研究的成果》一书中，李希霍芬根据亨利·玉尔《中国和通往中国之路》，再次讨论了马利奴斯记录的"赛里斯之路"，并两次提到"马利奴斯的丝绸之路"（Seidenstrasse des Marinus），这是历史上第一次使用 Seidenstrasse 一词，他还在此基础上绘制了历史上第一幅"丝绸之路地图"②。从"丝绸之路"一词出现的具体语境中可知，该词源于马利奴斯的"赛里斯之路"。这样，李希霍芬就历史性地完成了由"赛里斯之路"到"丝绸之路"的转化。正如杨建新所言："中国古籍对丝绸之路境内路线描述虽然很具体，也曾概括出了一定的名称，但由于特点不明显，并未能被广泛使用。而西方学者们对丝绸的具体走向虽然长期处于摸索之中，但一开始就把这条路与蚕丝——赛里斯联系起来，给它围上了一层神奇、美妙的帷幕，引起无数人的向往与追求。终于在19世纪70年代由李希霍芬概括出了'丝绸之路'这一具有鲜明特点的名称，并立即得到学术界的响应关注和赞同，此路遂以'丝绸之路'而名传于世。"③

① ［德］费迪南德·冯·李希霍芬著、E. 蒂森选编，李岩等译：《李希霍芬中国旅行日记》（上册），商务印书馆2016年版，第615页。
② 王冀青：《关于"丝绸之路"一词的词源》，《敦煌学辑刊》2015年第2期。
③ 杨建新：《丝绸之路的产生发展和运行机制》，《西北史地》1995年第2期。

如何理解李希霍芬"丝绸之路"的含义，学界有不同的认知，主要有两种观点：第一种观点认为，李希霍芬提出的"丝绸之路"本义为"通往丝国之路"①；第二种观点认为，李希霍芬提出"丝绸之路"的本义为"丝绸贸易之路"②。比较而言，第二种观点影响较大，且逐渐成为主流的观点。尽管如此，明确李希霍芬的本义在于强调"丝绸之路"是中国与中亚的沟通之路是十分必要的。

1. 丝绸贸易并非李希霍芬关注的重点

就汉代张骞凿空西域而言，当时汉武帝的初衷是通过张骞的出使，联合大月氏沟通西域各国，夹击匈奴，维护汉朝的西北边疆安全。所以说，汉王朝开辟"丝绸之路"本意是要建立一条政治意义上的"外交之路"，而其中的经济、文化交流只是随之产生的"副产品"。在《中国》一书中，李希霍芬对丝绸贸易的叙述极少，大多篇幅用来记载黄金、宝石和香料贸易。由此可见，丝绸贸易并非李希霍芬关注的重点。美国学者米华健指出，欧亚跨大陆交流——这一现象被概括为"丝绸之路"一词的主要意义并不在于丝绸贸易本身，"丝绸之路"一词所指的不仅仅是中国和罗马之间长达几个世纪的丝绸贸易，而是指通过贸易、外交、征战、迁徙和朝圣加强了非洲——欧亚大陆融合的各种物品和思想的交流，有时是有意为之，有时则

---

① 王冀青：《关于"丝绸之路"一词的词源》，《敦煌学辑刊》2015 年第 2 期；单之蔷：《丝绸之路能更名吗?》，《中国财经报》2013 年 1 月 9 日；丹尼尔·C. 沃著，蒋小莉译：《李希霍芬的丝绸之路：通往一个概念的考古学》，载《西域文史》（第 7 辑），科学出版社 2012 年版，第 295—310 页。

② 彭铮：《丝绸之路的由来》，《蚕业科技》1979 年第 1 期；戴问天：《丝绸之路的由来及其他——与杨镰商榷》，《博览群书》2010 年第 1 期；李明伟：《丝绸之路贸易史》，甘肃人民出版社 1997 年版，第 292 页。

是意外收获，在时间上始自新石器时期，一直延续到现代。武士、传教士、游牧民、密使、工匠都和商人一样，为这一持续的碰撞交流做出了贡献，这种交流在帝国和宗教统一的时期愈加兴盛。①

2. 李希霍芬的"丝绸之路"是地理学背景下的"中国与中亚的沟通之路"

李希霍芬作为一名地理学家，"在涉及中国领土的各方面情报时，其地理学的学科背景及思维方式始终贯穿他对中国的研究"②。刘东生认为李希霍芬正是以地理学为视角，按空间和时间变化的序列，从中西方交流之路的自然环境及其变化入手，讨论了人与环境的关系之后，将以上所述综合起来，最终把东部的和西部的交通与交流之路称为丝绸之路。③ 从李希霍芬的学科背景及其学术观点出发，他提出"丝绸之路"这一概念以及他对此所做的研究，都是基于地理学和文献学的综合研究。因此，李希霍芬提出的这个概念并不是强调丝绸贸易的交流，而是出于一个地理学家对道路的探索，从这个意义上来讲，将"丝绸之路"理解为"中国与中亚的沟通之路"更加符合他的本义。

虽然李希霍芬已经认识到广义的"中国与中亚的沟通之路"不仅仅是一条路，而是多条路构成的一张网，这其中不仅仅包括陆路，还应有沟通中国和西方世界的海路，但就"丝绸之路"这一具体的概念而言，他仅仅将其限定在这些众多道路中的核心通道之上，在时间上和空间上赋予了特定的含义。在时间上，李希霍芬根据《史

---

① ［美］米华健著，马睿译：《丝绸之路》，译林出版社 2017 年版，第 42 页。

② ［英］罗伯特·迪金森著，葛以德等译：《近代地理学创建人》，商务印书馆 1980 年版，第 96—97 页。

③ 刘东生：《李希霍芬和"中亚人与环境"》，《第四纪研究》2005 年第 4 期。

记》中汉武帝于公元前 138—前 115 年间两次派张骞出使西域之史实，为这条道路加以具体的时间限定，即公元前 114 年到公元 127年。公元前 115 年张骞第二次出使西域回到汉朝，带来了乌孙国的使者。次年，即公元前 114 年，张骞在乌孙国所遣持节副使也与西域诸国使者相继归汉，汉与西域诸国正式开始友好的交往，汉与西域诸国外交活动的第一个高潮开始到来。127 年即东汉顺帝永建二年，是汉朝再次统一西域的时间。基于此，他认为在汉朝以后，陆路丝路贸易严重衰落，西方商人很少再与中国人打交道，使得西方世界逐渐淡忘了他们之前所了解的中国，因此两汉以后"丝绸之路"的概念也就失去了它的意义。① 在空间上，李希霍芬提出的"丝绸之路"将其范围划定在中国与中亚，充分意识到了该路段在东西方商品贸易核心通道的作用和地位。这一认识与 2014 年联合国教科文组织在第 38 届世界遗产委员会上通过的中国、哈萨克斯坦和吉尔吉斯斯坦三国联合申报的"丝绸之路：长安—天山廊道的路网"世界遗产线路基本吻合，可以说是对丝绸之路这一黄金路段的再次肯定，自然也是对李希霍芬学术贡献的充分尊重。

总之，"丝绸之路"一词最终由李希霍芬提出并不奇怪，是丝绸对西方长久产生巨大影响力的必然反映。李希霍芬明确肯定了汉代凿通"丝绸之路"的开创性贡献，也充分认识到中国到中亚之路在沟通东西方经济文化交流中所起的关键通道作用。对李希霍芬的这一特殊贡献，应该给予必要的尊重和积极的肯定。后人对于这一概

---

① F. Von Richthofen, *China: Ergebnisse eigener Reisen und darauf gegründeter Studien*, Bd. 1, Berlin, 1877, p. 523.

念的不断丰富,也都是围绕着李希霍芬的核心思想来展开的。即使在今天,西方历史学家与李希霍芬的认识一样,对汉代开通丝绸之路之功给予特别的肯定,并一再凸显这一历史之举。如英国历史学家彼得·弗兰科潘认为:汉帝国"首先夺取河西走廊,控制农业富庶的西域地区,接着经过近十年的多次征战(结束于公元前119年),将游牧部落赶回到他们原来的地方。河西走廊通向西部的帕米尔高原,高原以西就是一个崭新的世界。中国为一条横跨大陆的交流通道打开了大门——'丝绸之路'就此诞生"①。

三、赫尔曼等人对"丝绸之路"内涵的再丰富

在李希霍芬之后,"丝绸之路"一词得到迅速传播,在世界范围内掀起了对相关问题的考察和探究热潮,使该词在空间、时间和内涵等方面得以不断丰富,由狭义逐渐走向广义,由两汉逐渐走向中西交流的全时段。

1. 赫尔曼的贡献

1910年,德国历史学家阿尔伯特·赫尔曼(Albert Herrmann)在所著《汉代绢缯贸易路考》一书中,第一次使用了李希霍芬创造的"丝绸之路"一词,他从考古遗物、中国古籍记载以及古希腊罗马文献记载三个方面对李希霍芬提出的"丝绸之路"进行了探讨②,并在李希霍芬的基础上进行了补充和扩展。他明确指出:"'丝绸之

---

① [英]彼得·弗兰科潘著,邵旭东等译:《丝绸之路:一部全新的世界史》,浙江大学出版社2016年版,第9页。

② *Albert Herrmann, Die altenn Seidenstrassenzwischen China und Syrien, Berlin: Weidamannsche Buchhandlung*, 1910, p. 13.

路'这一名称是由李希霍芬首次使用的，确切地说，即公元前114年到公元127年间，中国与阿姆河和锡尔河畔的中亚、中国与印度间以丝绸贸易为媒介的道路。我们应将这条路向西延伸到叙利亚，因为虽然叙利亚在这条路上与这个东方大国从来没有直接联系，但是我们从前面赫尔斯夏德的研究中可以得知，叙利亚就算不是中国丝绸最大的销售地区，但也是较大销售地区之一，而叙利亚主要就是通过中亚和伊朗的这条道路获得丝绸的。"[①] 由此可见，同样是以两汉时期的贸易之路为研究对象，与李希霍芬不同的是，赫尔曼的研究着重考察丝绸贸易，对"丝绸之路"这一概念的补充也是以丝绸贸易所能到达之地为根本进行探讨的，自此"丝绸之路"从李希霍芬的本义逐步发展到了丝绸贸易之路的含义。同时，他指出："丝绸之路从阳关出发，即古代敦煌和罗布泊之间长城最重要的大门，最终以叙利亚工业城市泰尔（Tyrus）为终点。结果将是一个庞大的交通网，几乎经过整个中亚和西亚。"[②] 基于以上观点，赫尔曼使用了"丝绸之路"一词的复数形式，对丝绸之路的网状式认识已经接近今天人们所理解的"丝绸之路"的含义了。

2. 斯文·赫定的贡献

如果说是李希霍芬创造了"丝绸之路"之名的话，那么赫尔曼则赋予了其灵魂，而李希霍芬的学生斯文·赫定（Sven Hdhin）则将神形合一，为"丝绸之路"插上了翅膀。斯文·赫定对"丝绸之路"

---

① Albert Herrmann, *Die altenn Seidenstrassenzwischen China und Syrien*, Berlin: Weida-mannsche Buchhandlung, 1910, p. 10.

② Albert Herrmann, *Die altenn Seidenstrassenzwischen China und Syrien*, Berlin: Weida-mannsche Buchhandlung, 1910, p. 17.

做了重新界定：在时间上取消了李希霍芬主张的时代限定，不再特指汉代；在意义上赋予了"丝绸之路"广义的文化阐释。他认为"丝绸之路"是穿越整个旧世界的最长的路，是连接地球上存在过的各民族和各大陆的最重要的纽带。[①] 斯文·赫定于1865年出生于瑞典，在柏林大学学习期间师从李希霍芬，受其影响，斯文·赫定对中国新疆等地有浓厚的兴趣，并且于1890年至1927年对中国进行四次考察。在第四次科考活动中，他深入中国新疆地区，弥补了李希霍芬当年未能进入新疆考察的遗憾。1936年，斯文·赫定在瑞典出版了《丝绸之路》，用李希霍芬创造的新词作为书名，具有特殊作用和意义，对传播"丝绸之路"做出了极大贡献。该书一经出版，便在西方引起了强烈反响，先后被译成德文、英文等文字而广泛流传。与此同时，被斯文·赫定所阐释的更为广义的"丝绸之路"的概念也随之进入了大众视野。当时《泰晤士报》认为"丝绸之路"是"从中国边境到欧洲的诸多道路"[②]。

3. 斯坦因等人的贡献

同样是前来中国进行科学考察，与斯文·赫定出于对中国的钟情和向往不同的是，另两位丝绸之路考古先驱英国人奥莱尔·斯坦因和法国人伯希和出于盗取文物的目的，分别于1900年至1931年、1906年至1908年对中国进行考察，其间他们将掠夺的大量中国文物运往国外。在对其窃取中国文物行径谴责的同时，人们对他们发展

---

① （瑞典）斯文·赫定著，江红等译：《丝绸之路》，新疆人民出版社1996年版，第215页。

② ［美］芮乐伟·韩森著，张湛译：《丝绸之路新史》，北京联合出版公司2015年版，第9页。

与传播"丝绸之路"所作的贡献也给予了应有的肯定。随着斯坦因《西域考古记》《亚洲腹地考古图记》《从罗布泊沙漠到敦煌》和伯希和所著《交广印度两道考》等书的出版，学术界对丝绸之路发展史、中外文化交流史和中国文明西传史日益重视，也促进了"丝绸之路"这一概念更进一步的传播。1942 年，法国科学院院士、东方学家格鲁塞在其著《中国史》第四版中增设"丝绸之路"专章，意味着"丝绸之路"这个概念已被西方学术界逐步认同并开始广泛使用。①

从李希霍芬到赫尔曼再到斯文·赫定、斯坦因、伯希和与格鲁塞等，可以清晰地发现"丝绸之路"这一概念之所以被广泛接受，并流传下来，且不被其他概念代替的根本原因就在于：这是一个与社会发展、时代变迁共同前行的概念，其内涵的不断丰富与演变也正是中国与西方世界不断沟通和全球一体化过程的真实写照。西方学者以丝绸为中西交通命名，充分反映了以丝绸为代表的中国文化对西方的巨大影响，同时说明他们对以丝绸为代表的中国文化的充分尊重。从这个意义上讲，他们抓住了中西交通中最有代表性的元素，为东西方学者共同认知丝绸之路找到了最大公约数。

四、中国对"丝绸之路"的认知与接受

与西方"丝绸—丝国—通往丝国之路"的研究路径不同的是，中国是丝绸的故乡，就中国人而言，并不存在那层神秘的面纱，因此研究路径是以中西交通道路为重点来展开的，故称呼五花八门，

---

① 鲍志成：《跨文化视域下丝绸之路的起源和历史贡献》，《丝绸》2016 年第 1 期。

未能达成共识。

1. **古代文献和 20 世纪 50 年代之前中国学术界对"丝绸之路"的称呼**

自两汉以来，中国史籍对"丝绸之路"的称呼就多种多样，从未形成统一的称谓。如《史记》称它为"外国道"；《汉书》把塔里木盆地北缘的道路称"北道"，把塔里木盆地南缘的道路称"南道"；唐朝贞元年间（785—805）的宰相贾耽将新疆至阿拉伯阿拔斯王朝各地及古印度之路称为"安西入西域道"①。此外还有诸如羌中道、吐谷浑道、河西道、楼兰道、新道、回鹘道、大宛道、麝香之路、西域道、外国道、玉石之路、玉帛之路等称呼。在这些命名中，都没有涉及"丝绸"这一商品名称。到 20 世纪 30 年代，虽然研究中西交通史方面的成果日益增多，但极少使用"丝绸之路"一词。当时学者大都以"中西交通""通往西域的商路""东西商路""中国—罗马商路"等词来称呼，指向性不明，内容宽泛，实为中外关系史。如向达的《中外交通小史》，所依据的还是亨利·玉尔的《中国和通往中国之路》一书，即好望角航路发现以前中西交通状况的综述。与李希霍芬不同的是，向达的重点在于探索中西交通的政治背景及文化交流。②向达的另外一部著作《中西交通史》也是以中华民族西来说作为开篇，站在文化的角度上讨论中西交通史的。③又如郑寿麟在《中西文化之关系》中，第四章作为全书的重点，在中华民族与文化由来问题中提到了李希霍芬的观点，即中国文化外来说，

① 《新唐书》卷 43 下《地理志》，中华书局 1975 年版，第 1146 页。
② 向达:《中外交通小史》，上海商务印书馆 1932 年版。
③ 向达:《中西交通史》，上海中华书局 1934 年版。

并做了否定。① 1954 年方豪出版了《中西交通史》，该书被誉为中国学界第一部对中西交通史进行全面论述的学术专著。在该书第一章中，方豪对包括李希霍芬等人的"中国人种西来说"予以抨击。② 之所以出现这种情形，就在于 20 世纪 30 年代至 50 年代初中国学界关注更多的是文化交流的内容，并反对中国文化外来说。在这一背景下，李希霍芬的"丝绸之路"一词不可能被中国学者轻易接受。

2. 20 世纪五六十年代，中国学者开始逐渐采用"丝绸之路"的概念

随着中国文化外来说被逐渐否定，在 20 世纪五六十年代，中国学者开始逐渐使用"丝道"或"丝路"，并零星地采用"丝绸之路"一词。如 1955 年季羡林使用"丝道"一词。③ 次年，齐思和在《中国和拜占庭帝国的关系》中介绍了塔里木盆地南北两道以后，说"此东西通商大道，号称'丝路'"④。陈竺同在《两汉和西域等地的经济文化交流》中介绍汉代通往西域的陆路时，称南道为"丝路"，北道为"毛皮路"⑤。1962 年，蔡英在《世界知识》杂志上发表《友好邻邦阿富汗》一文，开始使用"丝绸之路"全称概念。⑥ 1963 年夏鼐所撰《新疆新发现的古代丝织品——织锦和刺绣》一文附有"丝路"地图。⑦ 1964 年的《世界知识》杂志上，世明又使用

---

① 郑寿麟：《中西文化之关系》，上海中华书局 1930 年版。
② 方豪：《中西交通史》，台北中华文化出版事业委员会，1954 年。
③ 季羡林：《中国蚕丝输入印度问题的初步研究》，《历史研究》1955 年第 4 期。
④ 齐思和：《中国和拜占庭帝国的关系》，上海人民出版社 1956 年版，第 3—4 页。
⑤ 陈竺同：《两汉和西域等地的经济文化交流》，上海人民出版社 1957 年版，第 2 页。
⑥ 蔡英：《友好邻邦阿富汗》，《世界知识》1962 年第 10 期。
⑦ 夏鼐：《新疆新发现的古代丝织品——织锦和刺绣》，《考古学报》1963 年第 1 期。

了"丝绸之路"这一名词。① 1972 年文物出版社出版的《丝绸之路：汉唐织物》是中国学者较早以"丝绸之路"为名的专门著作。②

3. 20 世纪 80 年代开始"丝绸之路"概念被中国学术界完全接受

中国学者完全接受"丝绸之路"这一概念的时间是 20 世纪 80 年代，并逐渐形成了"丝绸之路"的研究高潮。在这一时期，中国学者对"丝绸之路"的认识主要依据李希霍芬等人所主张的陆路交通为核心来展开。如 1980 年《新疆史学》杂志第一期以"丝绸之路"为主题发布丝绸之路专辑；1980 年，陈振江在《丝绸之路》中谈到"近几十年来，在东起长安，西至地中海东岸的广大地区，陆续发现了大批我国古代的丝织物。这不仅反映了东西商路的繁荣景象，而且说明，把这条陆路交通要道称之为丝绸之路，是十分明确的"③。1980 年，郭嗣汾在台北锦绣出版社出版的《千里丝路》中认为，"长安通向西方的'丝路'"，从地理上来讲"则为由长安至我国西陲的葱岭，也就是今日的帕米尔高原"④。1981 年杨建新、卢苇在《丝绸之路》一书的前言里写道："编写本书的目的，就是想为读者粗略地介绍丝绸之路这条古代中外陆路通道的开辟、发展和变化；介绍古代中国与中亚、欧洲地区，以及中国内地和边疆通过丝绸之路在政治、经济、文化等方面的来往和交流。"⑤ 1981 年，成一、赵昌春等人在《丝绸之路漫记》中指出："这条总长 7000 多公里的古

---

① 世明：《阿富汗》，《世界知识》1964 年第 20 期。
② 新疆维吾尔自治区博物馆出土文物展览工作组：《丝绸之路：汉唐织物》，文物出版社 1972 年版。
③ 陈振江：《丝绸之路》，中华书局 1980 年版，第 12 页。
④ 郭嗣汾：《千里丝路》，台北锦绣出版社 1980 年版，第 18 页。
⑤ 杨建新、卢苇：《丝绸之路》，甘肃人民出版社 1981 年版，第 2 页。

代东西方交通干道及其支路，从公元前2世纪到15世纪海陆运输蓬勃发展时止，曾经把古老的黄河流域文化、恒河流域文化，以及著名的古希腊文化和波斯文化联结起来。"① 1983年，武伯纶在《传播友谊的丝绸之路》中谈道："丝绸之路是从汉、唐时代中国的都城长安（今陕西省西安市）开始，经过中亚、南亚、西南亚各地，又联结了欧洲、非洲许多国家和地区的陆路交通线的总称。"② 1988年，杨建新、卢苇在《丝绸之路》再版序言中指出："近若干年来，又有不少学者研究认为，古代中国的丝绸不仅通过陆路远运亚欧，而且还通过海上交通远运各地，所以又把从中国东南沿海到日本、东南亚和南亚等地的海上航线，称为海上丝绸之路。这个看法也是有一定道理的。因为海上航运确实是中外之间丝绸等商品贸易，以及中外之间政治、经济、文化交流的重要途径。为此，本书专门用一章的篇幅介绍了海上丝绸之路的情况。但是就'丝绸之路'一词传统的、公认的含义来说，仍主要是指古代从中国出发，横贯亚洲，进而联结非洲、欧洲的古代陆路交通线，以及通过这条线路所进行的政治、经济、文化的交流。"③ 从中不难看出，中国学者在认识丝绸之路时，经历了从独重陆路向陆路、海路并重的转变过程。

4. 从词条的设置变化看"丝绸之路"概念的接受史

中国学术界对"丝绸之路"一词的认知过程，还可以通过《辞海》对该词由无到有、由片面到比较全面解释来做进一步的说明。1936年版的《辞海》中没有收录"丝绸之路"一词。在1963年版

---

① 成一、赵昌春等：《丝绸之路漫记·前言》，新华出版社1981年版。
② 武伯纶：《传播友谊的丝绸之路》，陕西人民出版社1983年版，第1—2页。
③ 杨建新、卢苇：《丝绸之路》，甘肃人民出版社1988年版，第2页。

中，开始出现"丝路"一词，并解释为："古代横贯亚洲的交通道路。其主要路线：东起自渭水流域，向西通过河西走廊，或经今新疆境内塔里木河北面的通道，在疏勒以西越过葱岭，更经大宛和康居南部西行，或经今新疆境内塔里木河南面的通道，在莎车以西越过葱岭，更经大月氏西行，以上两条西行的路线汇于木鹿城，然后向西经和椟城、阿蛮、斯宾等地以抵地中海东岸，转达罗马各地。约自公元前第二世纪以后千余年间，大量的中国丝和丝织品皆经此路西运，故称丝路。其他的商品以及东西方各种经济和文化的交流，在整个古代和中世纪时多通过此路。丝路的支线，亦有取道今新疆天山北面的通道及伊犁河流域西行者；亦有取道海上者，或自中国南部直接西航，或经由滇、缅通道再自今缅甸南部利用其海道西运，或经由中亚转达印度半岛各港再由海道西运。"[1] 可以看出，此版《辞海》将其解释为"古代横贯亚洲的交通道路"，既没有说明是"丝绸之路"的简称，也没有提及李希霍芬的贡献。直到 1979 年《辞海》修订时删除了"丝路"，正式采用"丝绸之路"一词，并言："丝绸之路"亦称"丝路"。但该版只是将"丝路"改称"丝绸之路"，其词意基本上抄录了原"丝路"的内容。[2] 1989 年版《辞海》对"丝绸之路"的释义与 1979 年版一致，未做改动。[3] 1999 年修订时，才第一次指明李希霍芬是该词的最初使用者，并大幅度修改了"丝绸之路"一词的内容，明确了丝绸之路包括陆上、海上两类以及草原之路、绿洲之路和海上丝路三大干线，其言："'丝绸之

---

① 辞海编辑委员会：《辞海》，上海辞书出版社 1963 年版，第 91 页。
② 辞海编辑委员会：《辞海》，上海辞书出版社 1979 年版，第 53 页。
③ 辞海编辑委员会：《辞海》，上海辞书出版社 1989 年版，第 59 页。

路'亦称'丝路'。古代以中国为始发点，向亚洲中部、西部及非洲、欧洲等地运送丝绸等物的交通道之总称。19世纪德国地理学家李希霍芬最初使用该术语时，只指称从中原地区，经今新疆而抵中亚的陆上通道；后来，所指范围逐步扩大，以至远达亚欧非三洲，并包括陆海两方面的交通路线。在现代学术界，该词不仅用以指称联结整个古代世界的交通道，同时成为古代东西方之间经济、文化交流的代名词。通常认为，丝绸之路可以分为两类（陆上丝绸之路、海上丝绸之路）、三大干线：（1）草原之路，主要由古代游牧人开辟和使用，大致从黄河流域以北通往蒙古高原，西经西伯利亚大草原地区，抵达咸海、里海、黑海沿岸，乃至更西的东欧地区；（2）绿洲之路，主要通过亚欧大陆上的定居人地区，始于华北，西经河西地区、塔里木盆地，再赴西亚、小亚细亚等地，并南下今阿富汗、巴基斯坦、印度等地；（3）海上丝路，开辟的时间晚于陆路，繁荣于中世纪以降，始于中国沿海地区，经今东南亚、斯里兰卡、印度等地，抵达红海、地中海以及非洲东海岸等地。近年来有学者主张丝绸之路东端延伸至日本。"[1] 至此《辞海》对"丝绸之路"做到了相对客观和全面的诠释，说明学界对"丝绸之路"的认识进入了一个全新时代。从1999年版《辞海》对"丝绸之路"的释义中可以看出，此时对"丝绸之路"的认识已臻于完善。同时借助1987年联合国教科文组织发起的"丝绸之路考察"十年规划与活动，该词"从书斋走向大众"[2]，"变得家喻户晓，知名度大为提高"[3]。

---

[1] 辞海编辑委员会：《辞海》，上海辞书出版社1999年版，第63页。

[2] 刘迎胜：《丝绸之路的缘起与中国视角》，《江海学刊》2016年第2期。

[3] 党宝海：《丝绸之路漫谈——访陈高华先生》，《中国史研究动态》2016年第2期。

在半个多世纪中,"丝绸之路"一词在中国由零星的使用到最终取代所有称呼,成为各界通用名词,反映了当代中国的巨大变化。其中既包括改革开放的兼容并包,又包括学术研究的理性与自信。只有当中国全面接受了"丝绸之路"一词,才标志着李希霍芬提出的"丝绸之路"被世界普遍认可。

综上所述,"丝绸之路"这一概念从诞生到不断演变,是用"丝绸"的独特性来高度概括这条商路上所发生的一切中西方物质文化乃至精神文化的交流,中国自始至终在这条商道上扮演着重要角色,"丝绸"将中国与世界紧密地联系在了一起。在"丝绸之路"一词的形成过程中,"丝绸"属于中国,但"丝绸之路"属于世界。"丝绸之路"一词的迅速传播并被世界普遍接受,就在于它能准确地表达通过中亚、西亚、印度、北非将中国和欧洲连接的这一历史通道。"丝绸"既是物质的,又是精神的;既是具体的,又是抽象的。它像一条丝带,将沿途的人民紧密地连接在一起;它像一条彩虹,架起了中西方交流的桥梁。不论学者如何认识"丝绸之路"的终点,但对中国是起点都是没有异议的。在经济全球化的今天,"丝绸之路"的意义已经超越了历史上的任何时期,也早已超出了李希霍芬、赫尔曼、斯文·赫定等人对"丝绸之路"的理解。目前中国对"丝绸之路"的认知已经进入了一个全新的历史阶段,"一带一路"的提出,是21世纪"丝绸之路"的中国表达,是中国对"丝绸之路"认识的超越,是经济全球化背景下中国对丝绸之路精神的发扬光大。

世界遗产视野中的丝绸之路①

由于丝绸之路对古代东西方经济文化的交流、发展和世界历史的进步起过巨大作用，故出现了对其持续的全方位研究的世界性学术现象。随着国际政治秩序的演进和国际交流合作的日益密切，地处丝绸之路的各个国家及一些世界性机构重新审视丝绸之路的当代价值，深刻认识到了保护丝绸之路文化遗产的紧迫性。因此，根据世界遗产的特性和操作方式来研究丝绸之路的价值内涵，并为其申报工作中的价值评定和项目确定进行探讨，是十分必要的。

一、丝绸之路的历史演变

作为古代世界的交通线路之一，对丝绸之路的记载与描述史不绝书，希罗多德《历史》第四卷中提及的阿里斯铁阿斯的著作《阿里玛斯比亚》、司马迁《史记》"大宛列传"和 1 世纪佚名西方作家

① 本文由田澍、李勇峰合作，是甘肃省文物博物馆项目（2005—2007）"丝绸之路文化遗产（甘肃段）内涵及价值评估体系研究"阶段性研究成果，原文发表在《西北师大学报（社会科学版）》2007 年第 6 期。

的《厄立特里亚海航行记》《汉书·西域传》等是描述丝绸之路草原道、绿洲道和海洋道的最早代表作。但丝绸之路作为正式的学术命名，却是在近代逐步确立的。1877 年，德国地理学家李希霍芬在其名著《中国亲程旅行记》中首次把汉代中国经西域与欧洲以丝绸贸易为主的主要路线称之为"丝绸之路"，该名称后被普遍接受。在此基础上，其内涵日益丰富，衍生出"瓷器之路""珠宝之路""皮货之路""沙漠之路""骆驼队之路""佛教之路""宗教之路"等概念，但丝绸之路的概念始终无可替代，而中国因素在丝绸之路的历史演进中具有独特的、不可替代的地位。

根据考古学和古人类学的大量资料证明，丝绸之路在西汉以前就是人类迁徙交往的大通道，"天青石贸易之路""玉石之路"和新石器晚期北方草原彩陶文化带等文化现象均在不同区段涵盖了后来丝绸之路通过的地域。从文献记载而言，《山海经》《穆天子传》等中国文献早就对中西交通和交流有过幻想式的描述。西汉建元二年（前 139 年）及元狩二年（前 119 年），汉武帝刘彻派张骞两次出使西域，加强了中国中原地区与西域各国、各民族的联系，完成了凿空壮举，实现了丝绸之路东西段的贯通，促进了丝绸之路的发展和完善，极大地丰富和改变了丝绸之路沿线各民族的日常生活。张骞凿空无疑是丝绸之路历史上极为突出的历史事件，尤其对丝绸之路绿洲道在中国境内的发展有决定性影响。可以认为，作为东西不同文明之间的有明确资料记载的自觉对话与交流，应始于中国西汉时期。

魏晋南北朝时期，中原动荡，战乱不断，从西域直抵长安的交通受到威胁，但是欧洲、非洲、南亚、西亚与控制中国北方特别是西北的曹魏、西晋、前秦、后秦、前凉、南凉、西凉、北凉、北魏等政权的交往并未受到影响。河西走廊在这一时期的中西交往中扮演着非常重要的角色，商人云集，商品荟萃，贸易繁兴。同时，以佛教为代表的世界性宗教文化沿丝绸之路传入中国，并逐渐适应中国的社会与文化。隋唐时期，随着丝绸之路东西两端统一趋势的不断加强和大国的迭兴，交通设施、安全状况与社会秩序显著改善，丝绸之路上的经济文化交流达到鼎盛阶段。

"安史之乱"后，唐朝势力内缩，吐蕃占据丝绸之路中段，中原王朝与中亚、西亚新兴帝国阿拉伯的交往，或借助于日益发达的海上航运，或绕道更加向北的草原，丝绸之路绿洲道进入了调整时期，但区域之间的友好往来和民族融合却有加强的趋势。大蒙古国的崛起极大地改变了亚欧国际关系格局，客观上打通了东西方的通道，使人员的往来更加便利，中西交流进入空前的繁荣阶段。

明清时期，中国社会进入大一统的专制主义中央集权不断强化时期，欧洲历史则渐入近代化进程，地理大发现使海上贸易进一步发展，陆上贸易渐趋衰落，但丝绸之路承担文化交流的功能并没有完全丧失，并在一段时期内贡使络绎于道，东西方交流依然非常活跃。伊斯兰教在这一时期得到迅速发展，并最终在中国新疆以及丝绸之路东段的中国内地形成了多个信奉伊斯兰教的民族。1840 年后，中国被强行纳入了殖民主义国际秩序，丝绸之路沿线大多数民族国家均不同程度地遭受到殖民统治和侵略，各自的经济、文化和政治的自主性都受到严重破坏，传统意义的丝绸之路在这一国际秩序的大变动与近代交通工具的迅速改进和发展中走向衰亡。在丝绸之路成为历史的同时，它开始作为世界性的遗产（物质的和精神的）通过考古发现和学术研究重新进入现代人的视野。

二、丝绸之路遗产的价值认定

丝绸之路是古代东西方经济、文化的桥梁，又是沟通中国与欧亚大陆的友谊之路，在其形成与发展过程中，古代世界性的几大宗教和代表性的文化圈进行了充分的交流、沟通与融合，留下了十分珍贵的遗产。1986 年 12 月，联合国大会通过了"世界文化发展十年"计划宣言，"丝绸之路综合研究"成为其中的重要文化活动之一。以此为起点，20 世纪 80 年代以来，联合国教科文组织、世界遗产委员会开始着手协调有关国家开展丝绸之路沿线的文化遗产保护，并组织一系列国际学术会议对相关问题进行研讨，探究丝绸之路在世界遗产视野中突出的普遍价值。其中以 2002 年 12 月联合国教科文组织在西安举行的丝绸之路国际研讨会最为重要，会议达成的共识有：1. 东西方文明交流开始于 5000 年前，比通常所说的公元前 138 年张骞凿空提前了约 3000 年；2. 丝绸之路并不只是一条商贸道路，而是连接欧亚大陆政治、经济、文化的网络，通过这个网络运输的不仅有丝绸，还有玉石、金银、瓷器、香料、货币、纸张等；3. 丝绸之路不仅指亚欧绿洲通道，尚包括草原通道、海洋通道等。2003 年 8 月至 2004 年 7 月，联合国教科文组织派出了景峰和罗恩·奥尔斯组成赴丝绸之路中国段考察团，最终提出了丝绸之路争取世界遗产提名的系统性方法，并在此基础上启动了协调相关国家将丝绸之路整体申报为世界遗产的工作项目。目前，以莫高窟为代表的一批珍贵文物遗址已经列入了世界文化遗产名录。

在国际社会关注和加强文化遗产保护的同时，对"文化线路"

的保护逐渐成为一种新的理念。历史上人们通过陆路、水道或两者混合的通道进行迁徙和流动，并在一定时期内带动国家和地区内部，或国家、地区之间的经济文化等持续不断的交流，并通过物质和非物质遗产不断地得到体现。这就是"文化线路"。文化线路真实性的判别应建立在它的文化意义及组成它的各个部分之上，应考虑时间、现在使用状况、立法、自然框架以及它可能具有的其他实体和象征层面的问题。丝绸之路作为文化线路，核心价值已经超越了物理概念的普通道路而上升为跨文化交际工具，它所具有的文化成果、物质遗产以及产生的巨大而深远的影响才是其真正价值之所在。其重要遗址虽经长期历史演进和变迁以后很多已经面目全非，大多数的物理特征和社会功能已经消失，或者被一个新的系统所取代，但这并不能否定丝绸之路文化遗产作为文化线路的核心价值。因为得益于丝绸之路沿线独特的生态环境，很多重要的历史遗存至今仍然以时间（同一时间或者具有延续性历史时期）和空间（在丝绸之路沿线）上的延续性和彼此之间的必然联系性体现出这一特性。对此，世界遗产专家苏吉奥先生认为："现存的丝绸之路也许保护得并不完好，但它的非物质遗产，例如现今依然在丝绸之路沿线附近生活的种族和少数民族的特点，他们独特的身体特征、基因、语言、文化遗产、服装、生活方式、农耕方式、城市布局、建筑风格、风俗、礼仪、政治体系、宗教、传统技术、工业、艺术、音乐等保持至今。因此，尽管丝绸之路并不存在或没有保存有通常意义上的道路形式，但当其追溯其作为非物质遗产的存在形式时，它作为文化线路的存在价值便显得非常明显。"①

丝绸之路作为文化线路，离不开它赖以产生的生态环境和赖以存在的物质和精神动力。就生态环境而言，丝绸之路是沿着植被空间中形成的天然道路发展起来的，沿途的生态环境既保障了丝绸之路的畅通，又因丝绸之路的发展所进行特定的改造而被赋予特殊意义，最典型的如绿洲农业是一种名副其实的文化景观。就丝绸之路存在和发展的物质和精神动力来说，具体是指相对于东西向的、大的国家、文明之间的纵向动力。这种动力表现为南北向的、区域间的、文明内部间的民族、文化交流的需要和结果。如果缺少这种短途的、纵向的、小范围但是经常性、持久性的文化活动或经济往来，丝绸之路所通过的大多数自然条件十分恶劣的区域将不会得到有效发展，更不能使丝绸之路在历史时期确保长时段畅通。

三、丝绸之路遗产的价值内涵

综上所述，可以将丝绸之路遗产的价值概括如下：1. 丝绸之路文化遗产本质是与一定历史时间相联系的人类交往和迁移的路线，包括一切构成该路线内容中的典型代表：既有城镇、关隘、驿站、寺庙、石窟、技艺、艺术、民间民俗、歌舞、服饰、典籍、管理制度、礼仪等文化元素，也有道路、河流、植被等与交通路线紧密联系的自然元素。2. 丝绸之路遗产作为一种文化线路，它的尺度是多样的：可以是国际的，也可以是国内的；可以是地区间的，也可以

---

① K·苏吉奥：《全球意义上的非物质遗产和文化线路》，潘普洛纳（西班牙纳瓦拉）：《国际古迹遗址理事会文化线路科学委员会会议》，2001年。

是地区内部的；可以是一个文化区域内部的，也可以是不同文化区域间的。3. 丝绸之路文化遗产的价值构成是多元的、多层次的：既有作为线路整体的文化价值，又有承载该线路的自然地本身作为山地、平原、河谷等生态系统拥有的生态价值；不仅包括物质遗存和单体遗产的价值，还包括相关非物质文化遗产所蕴含的价值。4. 丝绸之路东段的历史及其对它的研究均发端于中国，并有可靠的文献记载和典型遗存。故从中国的角度而言，其文化遗产的时代上限始于中国西汉，下限止于 19 世纪晚期。丝绸之路西段的遗产时限应视现有遗存的年代而定，东西端不必制定划一的时限。丝绸之路遗产的地理范围应该至少包括中国、中亚、西亚和东南欧地区，如此才能反映遗产的真实性和完整性。

在联合国教科文组织的协调组织下，丝绸之路整体申遗工作以中国与中亚五国之间的协作最有成效，国家间的共识与合作也在逐渐深化。通过阿拉木图会议（2005.11）、吐鲁番会议（2006.8）和撒马尔罕会议（2006.10）以及许多民间的学术会议的充分讨论，丝绸之路遗产的性质及其控制性的框架已经形成①：

性质：文化线路

原始提名国：中国、哈萨克斯坦、乌兹别克斯坦、吉尔吉斯斯坦、塔吉克斯坦、土库曼斯坦

控制性框架：

1. 并非每一项被提名的因素本身，都要证实其具有突出的普遍

---

① 苏珊·丹尼尔：《关于中亚丝绸之路战略途径之建议》，撒马尔罕：《联合国教科文组织关于中亚丝绸之路系列景点提名问题分区专题讨论会》，2006 年。

价值。只需要证实其作为丝绸之路整体而言是否具有突出的普遍价值。

2. 有必要对核心（第一或首要）遗产点或遗产群进行评估，证明其是否具有突出的普遍价值。其他提名可视为此遗产点或其遗产群的延伸或拓展来处理。

3. 不要求这条线路上的所有构成因素都必须连接在一起。

4. 世界遗产委员会必须明确系列路线的范围和最终的延伸范围。

5. 就整个景观的管理问题而言，必须有一种协调一致的机制保证完成。

上述几个方面，前3点是丝绸之路文化线路提名的操作方法，契合丝绸之路的特点；第5点是指工作的机制；第4点的核心问题涉及丝绸之路的价值内涵和评估体系。因为当丝绸之路整体遗产价值确定之后，完成其提名的过程其实是与"寻找"和"确认"符合其价值和世界遗产标准的具体遗产点的过程是同步的。那么，在符合丝绸之路遗产价值的所有遗产点中，哪些是最应该加以重视并将其列入丝绸之路的首批候选遗产点呢？从可操作的角度而言，要入选遗产点需符合以下4项条件：1. 这些遗产点的形成时间应该和丝绸之路的存在历史时间相一致，并在时间延续上能够体现丝绸之路的兴衰过程；2. 这些遗产点在地理位置上应该分布在历史上丝绸之路过境地区，并在空间分布上能够体现丝绸之路作为交通网的大致走向；3. 应该在满足1、2项条件的遗产点中确定最具有典型性和代表性的遗产；4. 这些典型或代表性的遗产的保护、管理和展示现状或该国政府对其作出能够在短期内实现的承诺和计划可以满足保证其突出的普遍价值能够延续。

　　根据以上条件，结合上文对丝绸之路历史文化价值的论述，并对照丝绸之路沿线各国现存遗迹可以看出，首批列入世界遗产名录的丝绸之路核心遗产点应从中国到中亚河中地区的核心区段中产生。

　　在李希霍芬提出"丝绸之路"概念之后，学者们在贸易之路的基础上，提出了诸如"文明之路""发展之路""和平之路""友谊之路""旅游之路"等多种观点，极大地丰富了丝绸之路的内涵，充分发掘了丝绸之路的现代价值，使丝绸之路的内在价值不仅没有因其衰落而湮没，反而因现实的需要而被日益关注。各个国家和民族都试图从丝绸之路文明中发掘其独特的价值和现代启示，在享受丝绸之路深厚的文明荣耀的同时，思索着当代文明的对话交流和相互吸纳，探索着沿途各国、各地区经济的互补与共同繁荣，思量着互信与亲善。从丝绸之路跨国联合整体申遗中透露出的多元文化和平、共生、共享与和谐的精神，进一步升华了丝绸之路所凝结的突出的普遍价值。因此，可以预计作为跨国项目的丝绸之路正式列入世界遗产名录之日也将成为联合国教科文组织开展此项国际合作以来最为重要的时刻。

陆路丝绸之路上的明朝角色

陆路丝绸之路发展到明朝，已经发生了重大变化。由于明朝统治者能够认真总结历史经验，大力变革传统制度，使国家治理能力得以大大提升。与此相适应，明朝对丝绸之路的管控能力自然也就明显强化。特别是面对北方元朝残余势力因不甘心失败而造成的长期压力，明朝必须以更加有力的措施来有效控制陆路丝绸之路，以阻隔蒙古与西域诸政治体的联系，使其难以联合起来共同对付朝廷。毋庸置疑，明朝陆路丝绸之路凸显着国防安全的首要特性。同时，由于明朝是 14 世纪至 17 世纪陆路丝绸之路上长期稳定而繁荣的强大之国，有责任来规范和管理丝绸之路，维护其安全和稳定，使其继续发挥已有商道的功能，确保政治、经济和文化的有序交往。在明代，陆路丝绸之路将经贸文化交流和政治互动高度结合起来，使陆路丝绸之路的面貌发生了显著的变化，并凸显着新的时代特点。

长期以来，学界谈论丝绸之路，大多仅仅围绕经济和文化的主线来展开研究，这种状况其实是不利于正确认知丝绸之路的。事实上，以中国古代中原王朝的视角来看，自张骞"凿空"以来，丝绸之路就是国家安全的一个重要组成部分，它不可能离开中原王朝的国家安全和与此相适应的政治支持而独立运行。作为丝绸之路上的大国，中国古代"大一统"王朝在丝绸之路发展史上处于优势地位，扮演着重要的角色，发挥着极大的作用。没有中国古代"大一统"王朝的积极参与和强力支持，丝绸之路便不可能顺利运行。其中明朝在丝绸之路交流史上自始至终地扮演着重要角色，对稳定和发展丝绸之路做出了重要贡献。作为当时世界的大国和领导者，"中国在明代享受着繁荣和发达。与前代相比，其经济发展是前所未有的"①。其掌控陆路丝绸之路长达两百多年，远超汉、唐、元诸朝。对明朝在陆路丝绸之路上所扮演的角色予以专门研究，有助于正确认识丝绸之路的特性和全面认识丝绸之路的走向。

一、丝绸之路的主导角色

众所周知，在不同时期，陆路丝绸之路既是一个特殊而松散的政治共同体，又是一个特殊而流动的经济共同体，具有包容性、开放性、友好性、和平性、互利性、发展性、共建性等精神。这些精神的延续取决于古代中国各王朝对丝绸之路的政治态度和政策支持。总体而言，古代中国奉行积极的对外交往政策，注重与各政治体的友好往来。明朝与汉、唐、元诸朝一样，能够顺应时代的要求，在确保国家安全的前提下，开展积极的对外交流，将丝绸之路的精神发扬光大。在对外方针上，"明朝统治者既用不着靠掠夺别国来增加

---

① [美] 芮乐伟·韩森著，梁侃等译：《开放的帝国：1600 年前的中国历史》，江苏人民出版社 2007 年版，第 407 页。

财富，又不必发动侵略战争以转移人们的视线。相反地，海内升平日久，国运昌隆，使明朝统治者更有心于追溯历代盛世中帝王的治绩，向往在海外树立威望，享有盛名。基于此，明朝统治者在国际事务中只能施'仁政'，对海外诸国采取了以和平外交手段广为联络，建立以中国为主导的国际和平相处局势的方针"①。建国伊始，明朝就对外奉行"一视同仁"的政策，对遵礼守法的西域各政治体予以优厚待遇，确保友好往来。朱元璋向西域别失八里王公开表示：

> 朕观普天之下，后土之上，有国者莫知其几。虽限山隔海，风殊俗异，然好恶之情，血气之类，未尝异也。皇天眷佑，惟一视之。故受天命为天下大君者，上奉天道，一视同仁，使巨细诸国，殊方异类之民，咸跻乎仁寿。而友邦远国，顺天事大，以保国安民，皇天监之，亦克昌焉。曩者我中国宋君奢纵怠荒，奸臣乱政，天监否德，于是命元世祖肇基朔漠入统华夏，生民赖以安静七十余年。至于后嗣，不修国政，大臣非人，纪纲尽弛，致使在野者强凌弱，众暴寡，民生嗟怨！上达于天，简在帝心，以革命新民。朕当大命，躬握乾符，以主黔黎。凡诸乱雄擅声教、违朕命者，兵偃之；顺朕命者，抚存之。是以华夏奠安……其间有称自撒马儿罕等处来贸易者凡数百人，遣使送归本国，今三年矣。使者归，尔别失八里王即遣使来贡，朕甚嘉焉！王其益坚事大之诚，通好往来，使命不绝，岂

---

① 郑一钧：《论郑和下西洋》，海洋出版社 2005 年版，第 9 页。

不保封国于悠久乎！①

不难看出，以武力平定天下的朱元璋作为“大君”，明白以“文德”教化“远人”的政治意义，表示自己不会像宋元诸朝的昏君庸主那样违背天命，残民以逞，以强凌弱，以大欺小。为了构建明朝与世界良好的和平秩序，开国之君朱元璋宣告明朝自我约束，遵守纲纪，替天行道，通过朝贡贸易与西域诸势力保持良好的关系，认为只有如此，彼此才能各安其位，和平交往才能世代延续。在明朝自律的同时，朱元璋也要求西域诸势力认清形势，明白自己的地位与处境，不能威胁明朝的国家安全，以敬从天道之心来尽“事大之诚”，通过朝贡贸易承担各自的责任和实现各自的利益。换言之，只有各自诚心以待，彼此相安无事，才能在长期的和平友好中真正实现各自的发展与繁荣。同时，朱元璋告诫其子孙不得“倚中国富强，贪一时战功，无故兴兵，致伤人命”②。可以说，天道观是明朝主导丝绸之路运行的基本价值观。只有承认大小之别，按照“天道”规范各自的行为，才能保境安民。作为具有古老文明的世界大国，明朝的这一做法“并不是侵略性的帝国主义做法，而是一种‘文化中心主义’的防卫性措施；外国君主如果想与中华帝国保持联系，他们就必须接受后者的条件并承认中国天子的普世权威”③。

明朝对丝绸之路的主导地位是当时的客观要求。在蒙元帝国崩溃的过程中，只有明朝才能担负起维护陆路丝绸之路秩序的重任。

---

① 《明太祖实录》卷212，洪武二十四年九月乙酉，第3141—3142页。

② 张德信、毛佩琦主编：《洪武御制全书·皇明祖训》，黄山书社1995年版，第390页。

③ ［美］费正清著，张沛译：《中国：传统与变迁》，世界知识出版社2002年版，第222—223页。

有明一代，朱元璋的子孙都能以"受命于天"的思想认真践行着对西域的这一承诺，使这一思想和相关政策得以延续。如朱棣所言："朕奉天命，为天下君，惟欲万方之人咸得其所。凡有来者，皆厚抚之。"① 又言："华夷本一家，朕奉天命为天子，天之所覆，地之所载，皆朕赤子，岂有彼此！天道恒与善人为君，体天而行，故为善者必赐之。"② 英宗对亦力把里使臣说："朕恭膺天命，主宰华夷，一体祖宗抚绥之心，无间远迩。"③ 后来又言："自古帝王受天命，主宰万方，凡海内海外大小人民，皆在统御之中。而万方之人必知天命所在，尊敬朝廷，一心无二，然后可以保全长久。"④ 在明朝诸帝看来，"尊天命"与"顺人心"是统一的，只有将两者较好地结合起来，丝绸之路才能正常运行；也只有如此，丝绸之路才能长久运行，各自才能从中受益获利。

作为负责任的大国，明朝以充分的自信管控着丝绸之路。在这一历史时期，明朝将传统的"华夷"秩序发挥到极致。对中国古代王朝而言，"统治者在乎的是自己管辖范围之内的统一，对臣服领土的管理是中央集权体制的延伸。同时，在周边还存在不同族别形成的国家或者政权，这就有一个认同的问题，但这种认同的边界是主要承认自己的宗主国地位就可以了"⑤。明朝看重的不是穷兵黩武式的开疆拓土，而是中国"礼义"文化认同的不断延伸。终明之世，

① 《明太宗实录》卷111，永乐八年十二月丁未，第1419页。

② 《明太宗实录》卷264，永乐二十一年十月己巳，第2407页。

③ 《明英宗实录》卷29，正统二年四月丁卯，第577页。

④ 《明英宗实录》卷124，正统九年十二月癸亥，第2481—2482页。

⑤ 陈理：《"大一统"观念中的政治与文化逻辑》，《中国边疆民族研究》（第1辑），中央民族大学出版社2008年版，第74页。

明朝统治者对自己文化充满信心，将以"和"为贵与"德服远人"的思想充分体现在丝绸之路的交往之中。对此，朱元璋说得很清楚：

> 海外蛮夷之国，有为患于中国者，不可不讨；不为中国患者，不可辄自兴兵。古人有言："地广非久安之计，民劳乃易乱之源。"如隋炀帝妄兴师旅，征讨琉球，杀害夷人，焚其宫室，俘虏男女数千人，得其地不足以供给，得其民不足以使令，徒慕虚名，自弊中土，载诸史册，为后世讥。朕以诸蛮夷小国，阻山越海，僻在一隅。彼不为中国患者，朕决不伐之。惟西北胡戎，世为中国患，不可不谨备之耳。①

不论国家大小和远近，只要按照约定秩序友好互通，明朝就以礼相待，不会发兵征讨。而在实际的交往中，明朝对合法贡使更是关照有加，体现对各个大小政治体的尊重与厚待。如宣德元年（1426），土鲁番城都督金事尹吉儿察等人朝贡后回归，宣宗要求沿途有司予以细心招待，并言："远人朝贡，皆是向慕中国，若待之失宜，岂不觖望！况此人已受重爵，宜令缘途有司优与饮食，陕西行都司拨与居宅，毋令失所。"② 只有厚待贡使，"不贵异物"，才能使"远人自服"，交往愈深，归附愈顺，国祚愈久。换言之，丝绸之路精神的核心在于和平，在于互信，明朝能够厚待来者，以多元经济吸引远人，体现着明代陆路丝绸之路以经济为纽带的时代特点。对此，人们从不同的角度予以不同的解读。如利玛窦认为，贡使"恭维"明朝皇

---

① 《明太祖实录》卷68，洪武四年九月辛未，第1277—1278页。
② 《明宣宗实录》卷22，宣德元年十月甲申，第588—589页。

帝的办法"就是让他相信全世界都在向中国朝贡,而事实上则是中国向其他国家朝贡"①,费正清则将此种现象称之为"明朝花钱买来的和平",认为"对于蒙古人来说,进京朝贡充满了魅力,意味着发财(如使团入京的穆斯林商人须向他们交纳费用)。有许多进贡者自称来自远方的属国,但实际上只是些商人。《明会典》中列出 38 个西方属国,他们一般取道哈密进京朝贡,其中如小亚细亚的拉姆国(the Kingdom of Rum)晚至 1618 年还曾向明廷进京朝贡。在明朝看来,进贡的政治意义要远远超过其经济意义,因为这就意味着边界上的相安无事"②。王继光论道:"明王朝继元王朝立国,当然以中央正统自居,以宗主国姿态对待'四夷'。除对蒙古残余势力兴兵打击外,一般与周边国家、地区皆保持睦邻友好关系,以维护边疆稳定。"③

事实上,明朝注重丝绸之路的政治意义与西域诸政治体所看重的经济意义是相互统一的,从根本上看都是各自政治意义特别是和平相处目标的实现。作为当时的世界大国,明朝的繁荣与富庶对西域各政治体具有极大的吸引力。正因为如此,才能使西域与明朝和平相处,从而分享明朝经济发展的成果。换言之,明朝主导丝绸之路的自信来自自身国力的强大,而要维护丝绸之路的和平局面,就必须为此付出能够承受的合理代价。也只有如此,西域政治体才能对丝绸之路有所预期和较强的依赖,才能感到丝绸之路的安全与稳

① [意]利玛窦、[比]金尼阁著,何高济等译:《利玛窦中国札记》,中华书局 1983 年版,第 395 页。
② [美]费正清著,张沛译:《中国:传统与变迁》,世界知识出版社 2002 年版,第 230 页。
③ 王继光:《陈诚及其西使记研究》,中华书局 2014 年版,第 116 页。

定，自然也就能够认可明朝的大国地位并遵循明朝所制定的规则和秩序。正如撒马尔罕国王所言：

> 恭惟大明大皇帝受天明命，统一四海，仁德洪布，恩养庶类，万国欣仰。咸知上天欲平治天下，特命皇帝出膺运数，为亿兆之主。光明广大，昭若天镜，无有远近，咸照临之。臣帖木儿僻在万里之外，恭闻圣德宽大，超越万古。自古所无之福，皇帝皆有之。所未服之国，皇帝皆服之。远方绝域，昏昧之地，皆清明之。老者无不安乐，少者无不长遂，善者无不蒙福，恶者无不知惧。今又特蒙施恩远国，凡商贾之来中国者，使观览都邑、城池，富贵雄壮，如出昏暗之中，忽睹天日，何幸如之！又承敕书恩抚劳问，使站驿相通，道路无壅，远国之人咸得其济。钦仰圣心，如照世之杯，使臣心中豁然光明。臣国中部落，闻兹德音，欢舞感戴。臣无以报恩，惟仰天祝颂圣寿福禄，如天地永永无极。①

此言集中代表着西域诸政治体对明朝在陆路丝绸之路上主导地位的认可与服从。

二、交往规则的制定角色

明朝之所以能够通过陆路丝绸之路构建西域秩序，就在于其主导地位与作用得到了西域各个政治体的共同认可。为了确保丝绸之路日常的有序管理与可持续运行，明朝必须制定行之有效的交往规

---

① 《明史》卷332《撒马儿罕传》，中华书局1974年版，第8598页。

则。与明代之前管理相对松散的丝路贸易不同，有明一代陆路丝绸之路贸易已完全被明朝政府所控制，使丝绸之路运行具有新的时代特点。在这一巨大变化之中，明朝在陆路丝绸之路上具有无可争议的话语权。而为了适应这一变化，明朝奉行"厚往薄来"的朝贡贸易政策，尽可能地吸引西域诸政治体与明廷开展交流。同时，不断扩大明廷在西域的影响力，进一步稳定西域形势。而对西域各政治体来说，与明廷保持友好关系并获得朝贡贸易权，也是对自身单一经济的补充，必须全力争取。

对于"厚往薄来"的策略，明朝诸帝认真践行，不遗余力。朱元璋对中书省臣说道："蛮夷在前代多负险阻不受朝命，今无间远迩，皆入朝奉贡，顾朕德薄，其何以当之！古之王者待远人，厚往而薄来，其各加赐文绮袭衣以答之。"① 朱棣明言："盖厚往薄来，柔远人之道。"② 宣宗即位后明确指出："远国朝贡，固有常分，然我祖宗以来待下素厚。今朕即位之初，凡事必循旧典，勿失远人之心。"③ 景帝在"土木之变"后仍然重申："夫厚往薄来，致治之常经。"④ 对明朝来说"厚往薄来"是需要以强大的经济做后盾的，对外交往的负担必须与自身的承受能力相一致。否则，只能使自己疲于应付，捉襟见肘，难以为继。而对西域诸政治体而言，因自身经济发展水平低于明朝，自然要设法从明朝获得更多的回赐，从而获取最大的经济利益。在这一矛盾中，明朝必须制定符合双方利益的贸易规则，

---

① 《明太祖实录》卷87，洪武七年正月乙亥，第1546页。
② 《明太宗实录》卷24，永乐元年十月甲子，第444页。
③ 《明宣宗实录》卷3，洪熙元年七月戊辰，第95—96页。
④ 《明英宗实录》卷204，景泰二年五月癸丑，第4370页。

既能使自身的负担保持在合理的范围之内，又能使西域诸政治体获得预期的收益，以维持明朝在陆路丝绸之路上的良好形象和持续的吸引力。明朝统治者明白经济利益是维系丝绸之路顺畅的原动力，自己宣扬的"天道""人心"其实是以雄厚的经济基础为后盾的。换言之，在明朝，丝路贸易必须要在既不劳民伤财和又不让"远人"无利可图之间寻求相对平衡。正如成化年间朝臣所言："边防之险，不在地利，而在人心；朝廷之忧，不在四夷，而在百姓。今疲中国以事边境，重手足而轻腹心，非惟不能保边，而适足以扰边；非特不能安民，而适足以困民。"①《明史·西域传》论道：

> 自成祖以武定天下，欲威制万方，遣使四出招徕。由是西域大小诸国莫不稽颡称臣，献琛恐后。又北穷沙漠，南极溟海，东西抵日出没之处，凡舟车可至者，无所不届。自是，殊方异域鸟言侏僚之使，辐辏阙廷。岁时颁赐，库藏为虚。而四方奇珍异宝、名禽殊兽进献上方者，亦日增月益。盖兼汉、唐之盛而有之，百王所莫并也。余威及于后嗣，宣德、正统朝犹多重译而至。然仁宗不务远略，践阼之初，即撤西洋取宝之船，停松花江造舟之役，召西域使臣还京，敕之归国，不欲疲中土以奉远人。宣德继之，虽间一遣使，寻亦停止，以故边隅获休息焉。②

这里提出了一个现实的问题，即如何妥善解决对外交往的程度与国内经济承受力之间的平衡关系。明成祖时期超负荷的下西洋活动很

---

① 《明宪宗实录》卷275，成化二十二年二月甲午，第4630—4631页。
② 《明史》卷332《坤城传》，中华书局1974年版，第8625—8626页。

快被叫停，其根本原因就在于明代的封建经济不可能持久地维持如此声势浩大的对外活动。所以，停止下西洋活动是符合当时的经济承受力而做出的理性选择。但刹车过快，并因此对外过于保守，则必然闭目塞听，日渐落伍于世界。当然，这一落伍的过程是缓慢的，需要漫长的时间。特别是要让当时的人真正认识这个过程更是困难的。美国学者就此论道：在明朝这个"真正的世界中心"，欧洲人还是"无足轻重"，尽管"他们摧毁了阿兹特克人，用武力打进了东方市场，但是要给东方人留下深刻印象，却没有那么容易。东方的社会发展仍然大大领先于西方，并且尽管欧洲有文艺复兴、船员以及火炮，1521年时，并没有多少证据显示西方将大大缩小差距。在我们看清楚科尔特斯——而不是郑和——烧光特诺奇蒂特兰究竟带来了多大的变化前，还需要3个世纪的时间"①。

正是基于双方利益的周全考量，明朝依据历史的经验和现实的可能，制定了相对完备的朝贡贸易的管控办法，以便持续有效地维护朝贡贸易。这些制度主要包括以下内容：

1. 朝贡期限。规定期限是有效控制贸易规模最有效的手段。明朝根据亲疏远近，对西域各政治体规定不同的朝贡期限，从一年一次、三年一次、五年一次不等，极远者不定期限。

2. 贡使人数。由于朝贡赏赐与使团人数挂钩，故与贡期相适应，根据亲疏远近限定人数，从三百人到几十人不等。控制朝贡人数是仅次于朝贡期限的又一重要举措。

---

① ［美］伊恩·莫里斯著，钱峰译：《西方将主宰多久：东方为什么会落后，西方为什么能崛起》，中信出版社2014年版，第276页。

3. 进京人数。由于嘉峪关离京师较远，沿途驿站接待能力有限，故将合法进入嘉峪关的贡使分为起送和存留两部分，只有极少数的使臣被允许前往京师从事觐见皇帝等外交礼仪活动。起送使臣的比例一般为10%左右。或规定上线人数，从十人到三十人、五十人不等，控制较为严格。只有严格控制起送人数，才能降低明朝境内5500里陆路丝绸之路朝贡贸易线上的运营成本和在京师的招待费用。

4. 存留人数。大多数入关使臣被安置在肃州或甘州，在固定的专门场所居住，由明朝提供生活保障。明朝对存留使臣的赏赐由起送使臣带回。同时，入关后未被选中送往京师的贡物可在当地出售。当同团的起送贡使返回后再一道出关，离开明朝。

5. 进贡路线。由于进入嘉峪关后贡使沿途所有开支由明朝提供，并由专人负责和接待，故必须按照规定的路线行走，不得变道游览，不得随意与一般民众接近，更不得刺探军情。

6. 贡物。由于是按物赏值，故要求所携贡物为货真价实的"方物"，如马、玉石、水晶碗、羚羊角、铁角皮等常见之物，不得以贡"珍玩"而求厚赏。其中，马、驼、玉石是有明一代朝贡贸易中的主要"土物"，特别是撒马尔罕等处所贡"西马"尤为珍贵。

7. 在京逗留时间。起送使臣到京后享受优厚待遇，在完成觐见皇帝、出席宴飨、领敕、领赏、出售剩余贡物后，在规定的期限内离京按原路返回，与在河西走廊的存留贡使一同放行出关，完成朝贡任务。①

不难看出，以上诸多规则中，核心的问题是加强对朝贡贸易规

---

① 参见《明会典》卷107—108，中华书局1989年版；田澍《明代河西走廊境内的西域贡使》，《中国边疆史地研究》2001年第3期。

模的控制，较好地调节西域各政治体的朝贡频率，切实减轻沿途驿站和民众的负担，使明朝能够根据自身的承受能力构建与丝绸之路相适应的贸易体系和贸易规模，对保障丝绸之路的健康运行是十分必要的。从整个实施过程来看，明朝制定的这些规则是符合实际的，达到了政治预期。

三、丝绸之路的稳定角色

有了规则之后，实施规则便成为一项重要的日常行政事务。也就是说，能否将丝绸之路的交往规则变成一种西域各政治体的自觉行为，既是对明朝对外管理能力的一种检验，又是对西域诸政治体政治诚信的严峻考验。总体而言，明朝对陆路丝绸之路的经营是成功的，达到了预期的目标，使国家安全通过陆路丝绸之路得到了保障，明朝与西域的友谊得到了延续。

当然，在实际交往中，出于追逐经济利益最大化的冲动，西域各政治体有时突破规则的约束，违规从事朝贡贸易。纵观有明一代，明朝对西域贡使的违规行为采取了较为宽大的处理办法，以体现厚待"远人"的基本国策。正如费正清所言："在中国方面，尽管有游牧民族的归化来朝，同时却也不得不忍受他们在沿途时的胡作非为以及在京期间的酗酒闹事。"① 当然，明朝也并非对违规之事坐视不管，而是通过适度的惩处来达到相对守规的目的，以确保朝贡贸易秩序的严肃性，使丝绸之路贸易活动处于可控的范围之内。这种驾

---

① ［美］费正清著，张沛译：《中国：传统与变迁》，世界知识出版社 2002 年版，第230 页。

驭之道就是朱元璋所谓的"威惠并行"之法。他说："夫中国之于蛮夷，在制驭之何如。盖蛮夷非威不畏，非惠不怀。然一于威则不能感其心，一于惠则不能慑其暴。惟威惠并行，此驭蛮夷之道也。古人有言，以怀德畏威为疆，政以此耳。"①

不难理解，在当时情况下，从事陆路丝绸之路贸易是极为艰辛的，存在着诸多风险。从贡使所在地出发到嘉峪关，大多数在万里左右②，路途遥远，道路崎岖，小国林立，盗贼出没，秩序杂乱。贡使长途跋涉，既要付出异乎寻常的体力，又要支付昂贵的成本，有时还要付出生命代价。如万历年间，耶稣会士、葡萄牙人鄂本笃从印度出发，装扮成亚美尼亚商人，改名为阿布杜拉·以赛③，经阿富汗、土耳其等地计划取道嘉峪关进入甘肃镇。为了寻求安全，鄂本笃"跟随着四百名或更多的穆斯林商人或朝圣者一同出发。当时的海路既漫长又十分危险，天主教徒们的船只经常在途中遭受新教徒的洗劫抢掠。鄂本笃之所以作这趟旅行，部分目的就是想开辟一条欧洲与中国之间更短的通道，但更重要的目的则是想探明该地区是否存在着一个不同于中国的'契丹国（Cathay）'"④。在翻越帕米尔去叶尔羌的路上"充满危险，鄂本笃五百人的商队雇了四百名保

① 《明太祖实录》卷91，洪武七年七月壬辰，第1599—1600页。
② 参见杨林坤《西风万里交河道——明代西域丝绸之路上的使者和商旅研究》，兰州大学出版社2014年版，第25页。
③ 参见［美］芮乐伟·韩森著，张湛译《丝绸之路新史》，北京联合出版公司2015年版，第291页。其中"阿布杜拉"是阿拉伯语，意思是"神的奴仆"；"以赛"是阿拉伯语名字"尔撒（即耶稣）的西班牙语形式"。
④ ［美］史景迁著，陈恒等译：《利玛窦的记忆之宫——当西方遇到东方》，上海远东出版社2005年版，第168页。

镖同行"①。但不幸的是，鄂本笃"整个旅途运气不佳，他的钱财招来了其他商人的贪欲和敌意。他在甘肃边界肃州城逗留了一年半，由于不懂中文，要么试图通过书信同北京的神父联络，要么试图征得当局同意他们跟随一个骆驼商队旅行。很快，他被骗得身无分文，除了同伴艾萨克还留在身边。1607 年 3 月，北京的一位神父终于找到了他，出钱陪他一同回到北京，但十一天后，他就死了"②。在进入嘉峪关前，"部分行程中道路极为艰难，以致鄂本笃修士有六匹马都累死了"③。鄂本笃的这一经历是 14 世纪至 17 世纪陆路丝绸之路贡使历经千难万险而前来中国的集中写照。由于进入嘉峪关前沿途缺少大国的有效保护，贡使的生命财产无法得到保障。对此，明朝是十分清楚的，这也是为何明朝尽量宽待西域贡使的重要原因。《明史·西域传》就此论道："盖番人善贾，贪中华互市，既入境，则一切饮食、道途之资，皆取之有司，虽定五年一贡，迄不肯遵，天朝亦莫能难也。"④

为了获得更多的赏赐和回赐，西域各政治体时时突破朝贡贸易规则，或不按贡期而频频来朝，或不按规模限制而随意扩大朝贡人数，或贡品以次充好而要求高价赏赐，或献珍禽异兽而漫天要价，或滥充王使而冒领赏赐，或延长期限而靡费牟利。对于西域贡使的

① ［美］芮乐伟·韩森著，张湛译：《丝绸之路新史》，北京联合出版公司 2015 年版，第 291 页。
② ［美］史景迁著，陈恒等译：《利玛窦的记忆之宫——当西方遇到东方》，上海远东出版社 2005 年版，第 168—169 页。
③ ［意］利玛窦、［比］金尼阁著，何高济等译：《利玛窦中国札记》，中华书局 1983 年版，第 386 页。
④ 《明史》卷 332《撒马儿罕传》，中华书局 1974 年版，第 8602 页。

种种违规行为，明朝一方面不断予以告诫，并采取必要的措施予以纠正；另一方面尽可能地予以宽大处理。如景泰七年（1456），撒马尔罕使团"所贡玉石，堪用者止二十四块，六十八斤，余五千九百余斤不适于用"，按照规定由使臣自行出售，但他们"坚欲进献，请每五斤赐绢一匹"，景帝从之。① 成化五年（1469），哈密、亦力把力等地使臣前来朝贡，但哈密人数超额，亦力把力不到贡期，宪宗听从礼部的建议，"今违例来朝，不当给赐，然既到京，宜量为处置，以慰其心，请敕赐其国王并行陕西镇守等官一体禁约"②。但这批还未归，另一批又到。哈密王母与土鲁番速亶阿力王联合瓦剌拜亦撒哈，共遣使二百余人入贡，明显违制，进入嘉峪关后等待处理。礼部和吏部会商后认为："今哈密、土鲁番等使臣在京未回，而各夷又邀结瓦剌遣使来贡，既违奏定额数，又非常贡时月。若听其来京，以后冒滥难拒；若驱使空还，又恐招怨启衅。且瓦剌乃强悍丑虏，今却依托残破小夷，混杂来贡，若非哈密挟其势以求利，必是瓦剌假其事以窥边。中间事机，颇难测度，宜令兵部详度，庶不堕其奸计。"此议得到宪宗的支持，于是诏令镇守太监颜义等人："各夷朝贡，俱有年限。今非其时，尔等其谕以朝廷恩威，就彼宴赍遣回，所进马驼却还之，听其自鬻，以为己资。其果有边情，不得已起送三五人来京。"但使臣马黑麻满剌秃力等拒不听命，决意面见皇帝，并以死相威胁。为了安抚"远人之心"，明朝最后做出妥协，按照10%的比例确定进京人数，化解了矛盾。③ 弘治三年（1490），撒马

---

① 《明史》卷 332《撒马儿罕传》，中华书局 1974 年版，第 8600 页。

② 《明宪宗实录》卷 65，成化五年三月乙未，第 1314 页。

③ 《明宪宗实录》卷 72，成化五年十月己卯，第 1407 页。

尔罕偕同土鲁番进贡狮子、哈剌、虎剌诸兽，甘肃镇守中官傅德、总兵官周玉等人奏闻，未经许可，便起送入京。而巡按御史陈瑶认为狮子诸兽"糜费烦扰"，不应接受，礼部赞同此议，提议"量给犒赏"，并言："圣明在御，屡却贡献，德等不能奉行德意，请罪之。"但孝宗还是宽大处理，并未追究傅德等人宽纵之罪，认为："贡使既至，不必却回，可但遣一二诣京。狮子诸物，每兽日给一羊，不得妄费。德等贷勿治。"①

但对于明显违规的行为，明朝给予及时的处置。如成化年间，撒马尔罕使臣怕六湾从嘉峪关入贡，在北京久待时，广结官宦，在市舶中官韦洛的支持下试图从海道返回，广东布政使陈选以贡道非法"恐遗笑外番，轻中国"，极言不可，宪宗从之。②弘治年间，土鲁番不按照规定的线路从嘉峪关入贡，而是从海上经广东入贡，且又贡献孝宗喜欢的"奇兽"狮子。为了维护朝廷的威严，孝宗听从礼部的建议"治沿途有司罪，仍却其使"，使土鲁番"稍知中国有人"③。嘉靖年间，礼部官员上奏：撒马儿罕等使臣"在途者迁延隔岁，在京者等候同赏，驿递供应不赀，乞行禁约限制。比夷使到馆，已经译审者，给与钦赐下程，待给赏后住支。其见到待译与赏后延住者，与常例下程，应给赏赐，本部题准即行该库给发，无得稽迟。仍行该抚按官查照成化间事例，于各夷回还。但有与沿途军民交市延一日之上者，该驿住支廪给，军民枷号问罪，再行甘肃巡抚查复

---

① 《明史》卷332《撒马儿罕传》，中华书局1974年版，第8601页。
② 《明史》卷161《陈选传》，中华书局1974年版，第4389页。
③ 《明史》卷329《土鲁番传》，中华书局1974年版，第8532页。

伴送人员有在途通同作弊，不行钤束催儹者，从重治罪"①。世宗从之。而对于有违国家安全的行为，明朝则拒收贡品。"由于哈密曾于1469—1470 年间支持卫拉特人反对中国，明朝人遂拒绝接受其贡品。土鲁番人特别是苏丹阿黑麻的贡品曾被明朝政府多次拒绝，因为他曾入侵过哈密。"② 对破坏陆路丝绸之路秩序和安全的行为采取必要的"拒贡"措施是明朝的正当行为，对维护丝路朝贡贸易活动和西域秩序具有积极意义。

纵观陆路丝绸之路的运行过程，可以看出明朝能够较好地掌控陆路丝绸之路的朝贡贸易，使交往活动能够按照相关规则在和平友好中平稳进行，秩序总体良好。明朝借此达到了以德服人、"怀柔远人"的政治目的，既确保了西域的相对稳定，也大大降低了明朝的北部边疆的战争风险，使相对和平的局面得以长久保持。

四、结　语

通过陆路丝绸之路进行朝贡贸易，是明朝与西域诸政治体在政治认同方面的集中反映。换言之，朝贡贸易是双方相互交流的共同愿望，而不是明朝单方面意志的反映。明朝充分考虑到了西域诸政治体的诉求，能够最大限度地保障其安全与利益，使其对明朝怀有真诚的敬意与信任。由于明朝长期坚持用和平的方式对待西域政治体，使明朝的吸引力和影响力持续存在，与广大的西域地区保持着稳定而又和谐的关系。通过朝贡贸易，明朝将西域各个政治体紧密

---

① 《明世宗实录》卷 32，嘉靖二年十月己酉，第 838—839 页。

② （哈）克拉拉·哈菲佐娃著，杨恕等译：《十四——十九世纪中国在中央亚细亚的外交》，兰州大学出版社 2002 年版，第 110 页。

联系在一起，能够长期共享和平机遇。同时，明朝能够承认区域差别，尊重文化差异，在和平交往中以充分的自信和包容的态度对待西域文化。

陆路丝绸之路既是明朝的外交之路，又是贸易之路；既是明朝西北边疆治理的有机组成部分，又是明朝国家安全战略中的核心内容；既是明代文明交汇的重要区域，又是民族交融的重要舞台。作为当时具有悠久传统和富庶文明的世界大国，明朝敢于担当，主动而又积极扮演着重要的政治角色、经济角色和文化角色，全力支撑着陆路丝绸之路的良性运行，使其具有稳定性和安全性，使14世纪至17世纪陆路丝绸之路继续发挥着东西方经济文化交流的重要连通作用。

国家安全视阈下的明代绿洲丝绸之路

丝绸之路是两千多年以来中西方交流的大通道，从丝绸之路交往的历史来看，总的趋势是交流日渐深入。就学界对丝绸之路的研究而言，明显存在着重汉唐而轻明代的倾向；而对明代丝绸之路的研究，亦存在着重海上而轻绿洲的偏向。所以，重新认识明代绿洲丝绸之路的地位与影响，对总体上认识古代丝绸之路具有重要意义。

一、蒙古因素对明代绿洲丝绸之路的影响

自"安史之乱"后，河西走廊先后被吐蕃、西夏等政权控制，中原地区与西域的正常交往被迫中止。直到元朝建立，才使传统的丝绸之路得以畅通，中原地区因此恢复了与西域的正常交往，且"范围更为扩大，往来更为频繁，速度更为加快"[1]，使丝绸之路迈入全新的时期。尽管元朝不足百年而亡，但其政治影响力犹在。与汉

---

① 樊保良：《蒙元时期丝绸之路简论》，《西北民族论集》，甘肃文化出版社 2006 年版，第 294 页。

唐明显不同的是，"明朝取代蒙元王朝这一征服中原的直接草原力量则是绝无仅有的"①，必然要严肃面对元朝所遗留的政治格局。由于明朝难以用军事力量彻底征服蒙古势力，故不可能全部占据蒙古曾经拥有的领地，所以说，明朝与元朝残余势力的对峙是14世纪末期至17世纪中期东亚秩序中的一个主要特点，更是中国历史上前所未有的现象。正是在这一背景下，朱元璋"第一次把贸易系统和进贡体制结合了起来"②，使明朝朝贡政策成为"向仰慕中华之德前来朝贡的各地政权首领，授予王侯君长等而创造的身份等级的制度"，或者说"不是其他政权附属于中华政权，而是为了使各种外交交涉能够顺利进行，所有政权共享以中国皇帝为基点秩序的制度"③。

由于蒙古文化不足以真正征服其控制的世界，所以蒙古人不可能对征服地区进行长期而有效的治理。而元朝的瓦解，使14世纪欧亚大陆迅速处于碎片化的状态，各民族都积极复兴传统文化。在这一过程中，朱元璋脱颖而出，尽力统一了蒙古草原以南中国的核心区域，加强了对农耕区域的有效控制。在取得统治中国的真正权力之后，朱元璋迅速改变策略，承认元朝统治中国的合法地位。他明确指出，"朕惟中国之君，自宋运既终，天命真人于沙漠，入中国为天下主，传及子孙，百有余年，今运亦终"④，主张对归附的蒙古各

① ［美］巴菲尔德著，袁剑译：《危险的边疆：游牧帝国与中国》，江苏人民出版社2011年版，第320页。

② ［英］牟复礼、［美］崔瑞德编，张书生等译：《剑桥中国明代史》，中国社会科学出版社1992年版，第185页。

③ ［日］上田信著，高莹莹译：《海与帝国：明清时代》，广西师范大学出版社2014年版，第98页。

④ 张德信、毛佩琦主编：《洪武御制全书·御制文集》卷1《即位诏》，黄山书社1995年版，第21页。

部以诚相待。明成祖后来亦向天下宣告："夫天下一统，华夷一家，何有彼此之间！"① 有明一代，作为兄弟关系，双方既有冲突，又有交往，其中，交往是主流。特别是由于北部蒙古"本来物资贫乏，如果不和汉族地区进行贸易，自己很难自给。侵寇固使散夷能获得掠夺物，但酋长所得利益极少。因此，蒙古一旦建立秩序，他们便立即要求与中原通商贸易"②。贡赐与互市贸易是明蒙关系中的常态。面对广大西域地区的蒙古部族，明朝则通过丝绸之路来加强联系，以和平的手段确保双方的友好关系，尽可能减轻北方的军事压力。这是明代丝绸之路的基本格局，并因此决定着该时期沙漠丝绸之路的基本走向。作为当时的世界大国特别是丝绸之路上的核心国家，明朝有权力根据国力的变化和形势的需要来调整丝绸之路的交往频率，对某些政治体采取限制或禁止贸易的方式只是为了达到某一政治目的的临时之举，而非常态，属于明朝管控对外交往的正常权力。所以说，明朝根本不可能将自己封闭起来，更不会与世隔绝。终明之世，以丝绸之路为代表的对外交往一直在进行着，未曾中断。

比较而言，绿洲丝绸之路在嘉靖之前相对繁盛，嘉靖之后日渐冷清。除土鲁番残破哈密使明朝的西域秩序逐渐瓦解之外，另一主因在于北方蒙古内部力量的聚合而对明廷形成的巨大威胁。他们一方面向南不断压制明朝，用种种手段向明廷获取更多的利益，以弥补游牧经济的不足；另一方面，不断冲击明廷在西北的防御系统，向青海和甘肃西南积极渗透，扩大生存空间。特别是以俺答汗为代

---

① 《明太宗实录》卷30，永乐二年四月辛未，第533—534页。
② [日] 和田清著，潘世宪译：《明代蒙古史论集》，内蒙古人民出版社2015年版，第629页。

表的蒙古有识之士开始向藏传佛教靠拢，试图借此聚拢蒙古各部，进一步整合蒙古部族力量，解决长期以来蒙古部族各自为政、软弱涣散的局面，挑战明廷分而治之的策略。

二、明代绿洲丝绸之路上的政治体

尽管明初出于防范张士诚残余势力的国防需要而采取海禁政策，但这绝不意味着明朝完全放弃海洋。明朝在继承宋元以来海上交往的前提下，从自身安全出发，制定了新的海洋管控政策，使水陆交通构成了全方位的对外交往体系，而郑和下西洋将中国古代的海上交往推向高潮，同时通过海洋的对外移民出现了前所未有的新局面。"唐宋时期，虽然说中国的沿海居民，也有迁海者，但是一是数量有限而非常态，二是尚不能在迁徙的地方形成具有一定规模的华侨聚居地。而具有真正意义上的海外移民并且形成华侨群体的年代，不能不断定在明代时期。这种情况在福建民间的许多族谱中多有反映"[1]。如隆庆四年（1570），"有 40 位中国人住在马尼拉"，30 年后，即万历二十八年（1600），"中国社群规模骤增至 1.5 万人"[2]。但就当时的科技水平、经济发展程度和明代战略重心而言，传统的绿洲交通仍然是明朝对外主要的交往方式和途径。特别是明朝国防的核心利益在北方，加强绿洲的对外交往和分化蒙古势力是其一贯的国策。作为当时丝绸之路上最大的政治体，明朝的吸引力是客观

---

① 陈支平：《从世界发展史的视野重新认识明代历史》，陈支平、万明主编：《明朝在中国历史上的地位》，天津古籍出版社 2011 年版，第 94 页。

② ［美］芮乐伟·韩森著，梁侃等译：《开放的帝国：1600 年前的中国历史》，江苏人民出版社 2007 年版，第 381 页。

存在的，为了维系和延续亚欧大陆的传统交往，展示大国风范，明朝必须承担更多的责任。

在嘉峪关以西的广大地区，便是明代的西域。自嘉峪关至哈密有一千六百里，在嘉峪关以西以南的广大地区，即今甘肃西北、青海北部和新疆东部的区域，明朝前期先后设置了曲先、阿端、安定、罕东、赤斤蒙古、沙州（罕东左）和哈密七卫，"内附肃州，外捍达贼"①，属于羁縻性质，借此将元朝遗留下来的察合台后裔为明朝所用，作为嘉峪关乃至河西走廊的藩篱，史称"关西七卫"。七卫之内，族属复杂，信仰各异，只能实行因俗而治的政策。七卫之中，哈密位于最西端，是明朝遥控西域的咽喉，具有"迎护朝使，统领诸番，为西陲屏蔽"②的特殊功能。同时，瓦剌也非常重视与哈密的关系，"一方面采取联姻和军事征伐相结合、恩威并用的手段，控驭哈密上层；另一方面又利用哈密等处回回商人善贾的特点，经常与其一起朝贡和经商，西达撒马儿罕，东至甘凉、京师都遍布他们的足迹"③。所以说，哈密在明代绿洲丝绸之路上发挥着十分重要的作用。《明史·西域传》道："元太祖尽平西域，封子弟为王镇之。其小者则设官置戍，同于内地。元亡，各自割据，不相统属。洪武、永乐间，数遣人招谕，稍稍来贡。地大者称国，小者止称地面。迄宣德朝，效臣职、奉表笺、稽首阙下者，多至七八十部。"④《明会典》重点介绍了土鲁番、火州、柳陈城、撒马尔罕、鲁迷、天方国、

---

① （明）陈洪谟撰，盛冬铃点校：《继世纪闻》卷6，中华书局1985年版，第110页。

② 《明史》卷329《哈密卫传》，中华书局1974年版，第8513页。

③ 杜荣坤、白翠琴：《西蒙古史研究》，广西师范大学出版社2008年版，第173页。

④ 《明史》卷332《俺的干传》，中华书局1974年版，第8616页。

于阗国及日落国、八答黑商、俺都淮、亦思弗罕、黑娄、额即乩、哈辛等与明朝交往甚密的政治体，同时专门列举了"西域三十八国"①，即哈烈、哈三、哈烈儿沙的蛮、哈失哈儿、哈的兰、赛南、扫兰、亦力把力（又名别失八里）、乜克力、把丹沙、把力黑、俺力麻、脱忽麻、察力失、幹失、卜哈剌、怕剌、失剌思、你沙兀儿、克失迷儿、帖必力思、果撒思、火坛、火占、苦先、沙六海牙、牙昔、牙儿干、戎、白、兀伦、阿速、阿端、耶思城、坤城、拾黑、摆音、克乩。其中，如哈三、哈的兰、火坛、戎、白等"以疆域褊小，止称地面"②。在《明史·西域传》中，编纂者又列出了11个不由哈密入贡的"地面"，即乞儿、麻米儿、哈兰克脱、乩蜡烛、也的干、剌竹、亦不剌、因格式、迷乞儿、吉思羽奴和思哈辛。③ 此外，林梅村在《蒙古山水地图》中认为，从嘉峪关至天方现存211个地名，加上佚失的13个，共计224个地名。④

对于以上众多的西域政治体，林梅村从东往西将其分为六大部分，即：1. 蒙古、畏兀儿诸部落（原察合台汗国东部地区，今新疆、甘肃交界地带）；2. 亦力把力汗国（原东察合台汗国）；3. 帖木儿汗国（原西察合台汗国）；4. 麦木鲁克苏丹王国（今埃及和叙利亚）；5. 马格里布苏丹王国（北非西部）；6. 奥斯曼帝国。⑤ 这些区域离北

---

① 《明会典》卷107《朝贡三》，中华书局1989年版，第580页。
② 《明史》卷332《西域传》，中华书局1974年版，第8626页。
③ 《明史》卷332《西域传》，中华书局1974年版，第8626页。
④ 林梅村：《蒙古山水地图》，文物出版社2011年版，第116页。
⑤ 林梅村：《蒙古山水地图》，文物出版社2011年版，第116—190页。

京近者如哈密 7000 里，远者如哈烈 17500 里①，可以想象绿洲丝绸之
路长途跋涉的艰辛。在明代两百多年的历史长河中，既有与明代始
终交往的哈密、土鲁番、于阗、天方、撒马儿罕等，也有前期交往
后期中止的哈烈、米昔儿等；既有因地小力薄不能常贡的讨来思、
俺的干等，也有在明代中期加入交往的鲁迷等。特别是鲁迷，离明
朝"绝远"，朝贡一次颇为不易，花费极大。如在嘉靖五年（1526），
该国使臣白哈兀丁奏言："所贡狮、牛、玉石诸物，费以二万三千余
金，往来且七年。"② 尽管其贡物不符合相关规定，但世宗"悯其
远"，还是予以宽大处理，给予厚赏，充分体现了厚待"远人效顺之
诚"和"不贵远方之义"的一贯政策。③

三、明朝对绿洲丝绸之路的有效管控

丝绸之路的活力和动力在于中国与广大西域地区的经济互补性。
明乎此，就能理解为何当时道路艰险，交通不便，安全无保，大批
使臣尚能络绎不绝、以极大的毅力并冒着生命危险往来于丝绸之路
上的缘由了。在前代管理的基础上，明朝对丝绸之路的管控更为有
效，体系更为完备，效果更为显著。"有明一代，来华朝贡的国家数
量之多，朝贡规模之大、手续之缜密、组织管理之完善，皆为历代
所不及。"④ 要而言之，有以下五个方面：

---

① 参见杨林坤《西风万里交河道——明代西域丝绸之路上的使者和商旅研究》，兰州
大学出版社 2014 年版，第 25 页。

② 《明世宗实录》卷 68，嘉靖五年九月己亥，第 1562 页。

③ 《明世宗实录》卷 68，嘉靖五年九月己亥，第 1563 页。

④ 李云泉：《朝贡制度史论——中国古代对外关系体制研究》，新华出版社 2004 年
版，第 61 页。

第一，线路的统一化。元明之前，外国使臣进入中国后有多条道路前往京师。在元朝较为完备的驿递制度确立之后，多线路逐渐变为单一线路。明朝建立后，在元朝的基础上，进一步严明贡使的交通路线，从全国网状的驿站中划定一条贡路专门供使臣使用。当定都南京时，贡使进入嘉峪关后，主要通过河西走廊经兰州、安定（今定西）、会宁、平凉、西安、洛阳、郑州、商丘、滁州等地而到南京。在永乐帝迁都北京之后，贡使从嘉峪关入关后，重要的贡道驿站有：甘州驿、山丹驿、水泉儿驿、凉州驿、苦水湾驿、沙井驿、延寿驿、保宁驿、隆城驿、高平驿、京兆驿、潼关驿、周南驿、河阳驿、覃怀驿、武安驿、卫源驿、邺城驿、丛台驿、恒山驿、金台驿、涿鹿驿等①，各驿站之间最近者 10 里，最远者 90 里，平均距离为 50 余里。该线路是明朝境内对外交流的核心通道之一。

第二，交往的定期化。西域各政治体要从朝贡贸易中获取更多的利益，必须要拥有频繁的朝贡机会；而明朝要利用朝贡有效管控丝绸之路、加强边疆安全和尽可能减轻经济负担，就必须制定合乎实际的朝贡频率。在明代前期，由于地位的特殊性，哈密在贡期方面独享特权，为一年一贡，而且一次人数为三百左右。有时则根据国防形势的变化，对哈密人数也不作要求。但在土鲁番逐渐残破哈密之后，哈密地位迅速下降，对明朝的作用明显减弱，故嘉靖十一年（1532），改定哈密"五年一贡，每贡不过一百人，起送不过三十人"。到了嘉靖四十二年（1563），又减为"五年一贡，每贡三十人，

---

① 参见杨正泰《明代驿站考》（增订本），上海古籍出版社 2006 年版，第 8—134 页。

起送十三人"①。除哈密外，其他"西域三十八国"，"或三年或五年一次，起送不过三十五人"②。还有一些极小的政治体因自身实力不强，偶尔朝贡一次，难以按期朝贡。从严密规定贡期来看，明朝对绿洲丝绸之路的管理达到了新的高度。

第三，管理的严格化。明朝所控制的绿洲丝绸之路的西段即从嘉峪关至兰州是军事防御区，由陕西行都司管理，下辖十五卫所，管理模式与此前各朝完全不同。正是由于明代绿洲丝绸之路的传统黄金路段处于军事敏感区，故对贡使的管理就非常严格，要求各政治体和贡使：必须严格遵守贡期和贡道；必须控制规模，按照约定组织团队；必须经嘉峪关验行后方能进入，取得进入明朝的合法资格；入境后必须遵守相关法律，违者依法惩治；不得携带明令禁止的物品特别是与军事有关的物品出境；不得携带中国人口出境；不得刺探军事情报；在规定的交易中不得漫天要价；存留贡使必须在专门的区域居住，不得与军民杂处；在明朝境内犯法者不得再次入贡。通过以上措施，明朝能够掌控丝绸之路的正常交流，确保了明代绿洲丝绸之路长久而又持续运行。

第四，招待的细致化。为了体现对贡使的关心，明朝对其提供尽可能周到的服务，使其一入嘉峪关便能感受到大国的气度和温暖。对合法入关的使臣，明朝为其免费提供车马、衣物、饮食和专门的陪伴人员等。在沿途重要城市，对前往北京的贡使常有宴请。贡使对明朝周全而热情的招待甚为满意，说道："我们在中国境内共旅行

---

① 《明会典》卷107《朝贡三·西戎上》，中华书局1989年版，第579页。

② 《明会典》卷107《朝贡三·西戎上》，中华书局1989年版，第580页。

100 天，始终拥有整个这一整套排场。我们在沿途中于晚上在某一城乡或居住地下榻，那里为使我们舒适安歇而不缺乏任何东西。那里到处都设备齐全，在往返途中都一样，任何时候都有同样的排场。中国的城乡连城了一片，我们在这 100 多程的旅行中从未被迫露宿旷野，无论走到哪里都能得到上述优待。"① 如有病故者，给予一定的丧葬费，就地埋葬。② 由于甘肃存留使臣较多，病故者亦多，弘治年间根据贡使的要求，诏令在"肃州回回坟傍空地五亩以葬凡哈密使臣之道死者"③。正是明朝对西域贡使全方位的周全优待，使明朝对西域的吸引力持续不断，朝贡贸易盛况空前。如永乐元年（1403），哈密一次贡马 4740 匹④；永乐二十年（1422），柳城等处贡羊 2000 余只⑤；永乐二十一年（1423），哈密贡驼 336 头。⑥

第五，交融的时代化。在明代，绿洲丝绸之路贡使的构成极为复杂，其中信仰伊斯兰教的成员是主体。由于西域各政治体与明朝交流的根本目的在于获得最大的贸易利益，所以将善于经商的"回回"纳入贡使是各使团通行的做法。在长期稳定的丝路贸易中，由于明朝允许西域贡使自愿归附，凡"有能知礼义，愿为臣民者，与中夏之人无异"⑦，同时给予妥善安置，留居各地，娶妻生子，成家立业，成为明朝的"臣民"。如景泰元年（1450），景帝将归附的撒

① ［法］阿里·玛扎海里著，耿昇译：《丝绸之路——中国—波斯文化交流史》，中华书局 1993 年版，第 178 页。

② 《明会典》卷 108《朝贡四·朝贡通例》，中华书局 1989 年版，第 586 页。

③ 《明孝宗实录》卷 18，弘治元年九月丁丑，第 435 页。

④ 《明太宗实录》卷 25，永乐元年十一月甲午，第 455 页。

⑤ 《明太宗实录》卷 254 上，永乐二十年十二月戊子，第 2359 页。

⑥ 《明太宗实录》卷 260，永乐二十一年六月丙子，第 2384 页。

⑦ 《明太祖实录》卷 26，吴元年十月丙寅，第 404 页。

马儿罕贡使哈三、土鲁番贡使察乞儿和居住在凉州的沙即班等"命为头目，送南京锦衣卫安插，给赐钞、布、纻丝、衣、靴、袜、牛羊、柴米、房屋、床榻等物"①；天顺元年（1457），英宗命令兵部"凡来降达子、回回俱留在京安插"②。加之从海路而来的"回回"商人，在明朝各地定居的西域"回回"人数快速增加，在中国历史上掀起"回回"人入附的浪潮，其中"以甘肃为最多，其次是陕西、河南、湖广等省，再次是南北二京及京畿之地，山东、云南、广东、广西、福建、浙江等省亦都为数不少"③，清真寺因此遍布各地。④ 正如张鸿翔所言："明为怀柔远人，固我边圉，于是授之职位以结其心，赐之田园以固其志，而来归者遂乐不思蜀，改名易姓，占籍华土，久而乃为中原之新氏族矣。"⑤

四、结　语

绿洲丝绸之路一直是明朝与西域交往的主要通道之一。将明代绿洲丝绸之路放在历史长河中来看，明朝对绿洲丝绸之路的管控是有成效的，也是成功的。明代以河西走廊为核心的西北边疆相对稳定，绿洲丝绸之路长期畅通。即便后来土鲁番不断残破哈密，使哈密不断式微，西域一直没有给明代的西北边疆安全带来太大的威胁。总之，在继承传统管理经验的基础上，明朝通过完善和创新体制而有效地掌控着绿洲丝绸之路，确保贡使的安全，维护了西北疆域的安定，促进了各民族的进一步交融。

---

① 《明英宗实录》卷 199，景泰元年十二月庚寅，第 4232 页。
② 《明英宗实录》卷 275，天顺元年二月甲寅，第 5853 页。
③ 林松、和龚：《回回历史与伊斯兰文化》，今日中国出版社 1992 年版，第 199 页。
④ 参见马以愚《中国回教史鉴》，宁夏人民出版社 2000 年版，第 87—102 页。
⑤ 张鸿翔：《明代各民族人士入仕中原考》，中央民族大学出版社 1999 年版，第 1 页。

《嘉峪关魏晋民俗研究》序言

嘉峪关地区在四千年前就有人类定居。自汉武帝元狩二年（公元前121年）酒泉郡建立，这里便成为丝绸之路的要冲。随着丝绸之路的繁荣和政治、经济、文化的发展，嘉峪关新城一带就成为历史上各个时期的公共墓地，且遗存较多，保存完好。1972—1979年，先后发掘了十余座古墓葬，其中八座为画像砖墓，墓葬年代多为魏晋时期。这些墓葬及出土的大量砖壁画及随葬品，对研究魏晋时期嘉峪关地区的政治、经济、文化、民族、社会生活提供了实物材料。20世纪80年代以来，许多学人从不同的侧面突现了出土的魏晋墓砖壁画的价值，如牛龙菲的《古乐发隐——嘉峪关魏晋墓室砖画乐器考证新一版》，张军武、高凤山的《嘉峪关魏晋墓彩绘砖画浅识》，林少雄的《古冢丹青—河西走廊魏晋墓葬画》，岳邦湖等人的《岩画及墓葬壁画》和郑岩的《魏晋南北朝壁画墓研究》等。这些著作对挖掘魏晋文化、宣传新城魏晋墓作出了一定贡献。然而，新城魏晋墓砖壁画的内容主要是记录和展示当时嘉峪关地区社会生活的各个层面，特别是系统反映了魏晋时期的民俗风情，因此，从民俗文化入手研究新城魏晋墓葬十分必要。张晓东的《嘉峪关魏晋民俗研究》即以新的视角展示了魏晋民俗文化。

张晓东生活于嘉峪关，熟悉嘉峪关山川地理、关注嘉峪关人文历史。2004 年 9 月，他进入西北师大攻读历史学硕士学位研究生后，就有志于研究河西历史。由于所学专业为人文历史地理，我建议他做较大区域的史地研究，以夯实基础和扩大视野，最后以《甘肃明清进士地理分布研究》作为硕士学位论文题目。该论文具有较高的学术价值，得到了答辩委员会的好评。《嘉峪关魏晋民俗研究》与他的硕士学位论文所研究的问题，虽然各自独立，但从中可见他对学术的敏感和执着。该书是他在学习期间所搜集的资料和工作中实地调查的基础上写出的一部有创见性的著作。

作者潜心研究魏晋砖壁画数年，对书中涉及的每一个问题，都能尽量收集国内研究成果，尤其是学界的最新研究成果。作者在充分利用考古资料的基础上，还用了大量的文献资料。与以往对河西魏晋墓葬研究的不同，作者把着力点放在民俗方面。这部全方位论述嘉峪关魏晋民俗的专著，是作者多年致力于地域文化研究所取得的可喜成果。

希望张晓东以《嘉峪关魏晋民俗研究》的出版为新的起点，甘坐冷板凳，始终坚持区域史与通史研究相结合的治学路径，相信将来还会取得更大的成绩。

是为序。

田 澍

2010 年 3 月 10 日于西北师范大学文史学院

《嘉峪关城防研究》序言

嘉峪关是明代万里长城的西端起点，始建于明洪武五年，由宋国公冯胜选址建造，先后经过178年的时间建成，是长城沿线建造最为壮观、保存最完整的古代军事城堡，素有"天下第一雄关"之称。嘉峪关地处甘肃省河西走廊中部，雄峙于祁连山与黑山之间，位置显要，是古代"丝绸之路"的交通要冲。

嘉峪关建成至今，历经边塞烽火，风雨沧桑，多少文臣武士在此留下宝贵年华，谱写历史篇章，相关资料散见于《肃镇华夷志》《重修肃州新志》《肃州新志》《秦边纪略》等地方史料中。从20世纪80年代起，嘉峪关市地方学者开始收集整理嘉峪关的史料，先后于1989年、1990年编辑出版了《嘉峪关及明长城》和《嘉峪关市文物志》两部国内比较有影响的著作。此后，更多的学者参与到嘉峪关的研究之中，许多长城专家在其著述中专列嘉峪关进行论述，考证明长城的建造。他们对嘉峪关历史和长城文化研究均做出了重要贡献。当然，必须诚恳指出的是，目前所有的论著引用的观点和内容主要来自《嘉峪关及明长城》，而该书由于所处年代的原因需要进一步完善和补充，需要更系统的嘉峪关研究著作出现。

张晓东的《嘉峪关城防研究》就是一部较为系统完整的嘉峪关研究专著，该书从嘉峪关的历史沿革开始，包括嘉峪关的建造背景、嘉峪关城防体系的形成、嘉峪关城防设施的构成、嘉峪关城防的特点、嘉峪关城防的作用等方面，对嘉峪关作为军事防御据点的作用进行了深入的研究和探讨，对多年来学界的一些观点进行了考究和论证，尤其对嘉峪关建成时间、城墙包砖时间和东长城的论断，将会改变以往的认识，意义深远。该书是张晓东自 2007 年取得硕士学位回到地方工作之后的第二部专著，可以说是第一部专著《嘉峪关魏晋民俗研究》的姊妹篇，是他致力于地域文化研究所取得的又一可喜成果。

目前正值甘肃省建设华夏文明传承创新区的有利时机，人们对长城文化极为关心，该书的出版非常及时，可以满足不同层次爱好者的需求。也希望张晓东以此为契机，创造更多的文化食粮，取得更大的成绩。

是为序。

田　澍

2013 年 6 月 10 日于西北师范大学

居丝绸之路古道 开"丝绸之路学"课程①

——关于西北师范大学开设"丝绸之路学"课程的几点认识

西北师范大学是百年老校，位居丝绸之路重镇兰州。西北师范大学"丝绸之路学"课程开设时间长，课程特色鲜明，教学成绩显著，社会效益良好。

一、"丝绸之路学"教学体系

(一) 国外"丝绸之路学"研究状况

从 1877 年德国地理学家李希霍芬提出"丝绸之路"概念时，"丝绸之路学"就具有了国际性，成为国际显学。从事该学科研究和教学的机构遍及欧亚许多国家，其中，法国的研究传统最为久远。从 1822 年以来，相继成立了法国亚细亚学会、法兰西学院亚洲研究所中亚研究中心和高地研究中心、法兰西远东学院、法国汉学研究所、突厥研究所、藏学研究中心、蒙古学和人类学研究中心等机构，

---

① 本文由刘再聪、田澍合作，原文发表在《西北成人教育学报》2011 年第 3 期。

涌现了雷慕沙、沙畹、戴密微、石泰安、拉露、马伯乐、韩百诗、汉密尔敦等著名学者。日本对"丝绸之路学"的专题性研究成就也非常突出，许多学者投身于这一研究领域，更加关注丝绸之路文化交流的机能，形成了日本学术界研究丝绸之路的独特视角和文化价值观，从而使丝绸之路研究成为日本东洋史研究的热点，甚至一度成为日本中亚史研究的主线。

在我国，对西北历史地理的系统关注首推清季的"西北舆地"学派。该学派在汇集、整理西北传世文献和出土文献方面有破冰之功，成绩显著。20世纪二三十年代，一些学者仆仆于西北大漠，并将考察成果与教学联系，开创中国学者研究"丝绸之路学"新局面。陈寅恪、向达等著名学者在清华、北大开设"西域史"等课程，将"丝绸之路学"课程的相关内容正式引入课堂。进入80年代，全国许多高校和研究机构建立并形成了丝绸之路研究的学术队伍和实体，相对集中的地区有北京（中国社会科学院、北京大学）、甘肃（兰州大学、敦煌研究院、西北师范大学、西北民族大学）、新疆（新疆社会科学院、新疆大学、新疆师范大学）、广东（中山大学、暨南大学）和陕西（西北大学、陕西师范大学）等。另外，还有武汉大学、华东师范大学、南京大学等高校。其中季羡林主持的"西域研究读书班"持续了十年多的时间，南京大学刘迎胜开设的"丝绸之路与中国"课程很受学生欢迎。

（二）西北师范大学"丝绸之路学"课程体系构成

西北师范大学开设丝绸之路相关课程起步很早。在北平师范大学期间，陈垣就介绍过敦煌文书，并编写《敦煌劫余录》。西北联合大学期间，黄文弼在参加新疆、甘肃、内蒙古等地考察的基础上，将西北史地、丝绸之路确定为主要研究和教学对象。西迁兰州后，常书鸿、何乐夫、冯国瑞、阎文儒等利用地理上的便利，正式拉开了西北师范大学独立建校后"丝绸之路学"研究和教学的序幕。20世纪80年代初期，西北师范大学成立了敦煌学研究所、古籍整理研究所，将丝绸之路作为重点研究方向。1985年，敦煌学研究所作为发起单位之一，与兰州大学、西北民族大学等单位共同成立甘肃省丝绸之路研究会筹委会，并于1986年在兰州成功举办"丝绸之路暨历史地理学术讨论会"。同时，"丝绸之路学"的教学也全面铺开，在研究生、本科生、专科生、成人教育等各层次，历史学、旅游学、艺术学等各专业都有开设。经过几十年的实践，目前，西北师范大学的"丝绸之路学"教学体系已基本成熟。

1. 课程教学内容

"丝绸之路学"课堂教学内容包括三个大的方面：（1）丝绸之路史。从纵的方面讲述各时段丝绸之路的开通、走向变化、管理及运行状况。主要内容有：先秦时期的丝绸之路、张骞"凿空"与两汉时期的丝绸之路、魏晋南北朝时期的丝绸之路、隋唐时期的丝绸之路、宋元以后的丝绸之路，涉及历史学、历史地理学等学科和专业。（2）丝绸之路文化。从横的方面讲述围绕丝绸之路而产生的各种文化现象。主要内容有：丝绸之路考古、丝绸之路民族宗教、丝绸之路文化交流、丝绸之路文化遗产等，涉及艺术学、宗教学、民族学、考古学、经济学、科技史等学科和专业。（3）丝绸之路学史。讲述中外丝绸之路文献及"丝绸之路"概念内涵的变化、中外学者的西北考古探险活动、丝绸之路学的研究及教学等，涉及教育学、考古学、文献学、中外关系史、语言学等学科和专业。

2. 教师队伍及教学设备

西北师范大学"丝绸之路学"课程师资力量雄厚，专任教师人数一般保持在 5—10 名左右。任课教师学有专长，研究方向有敦煌学、简牍学、历史地理学、西北史、世界史、旅游文化、民族宗教及语言等，涉及学科面较广。目前，该学科任课教师学历层次高，全部具有硕士以上学位，其中教授和拥有博士学位者占半数以上，一些教师还有去中亚、俄罗斯以及欧洲其他国家访学和参加学术会议的经历。总体而言，教师梯队年龄结构合理，教学经验丰富，研究方向稳定。另外，还聘请敦煌研究院、兰州大学、甘肃省考古研究所、甘肃省博物馆等高校和科研机构的研究人员担任兼职教师。为了适应教学发展的需要，开设"丝绸之路学"课程的相关学院均有专设的多媒体教室，影像资料配备齐全。

3. 教学资料和实践体系

西北师范大学丝绸之路图书资料丰富，除大量单册图书外，还有《敦煌宝藏》《英藏敦煌文献》《俄藏敦煌文献》《法藏敦煌文献》《俄藏黑水城文献》等大型图书，有稀见西北地方文献、全国地方志等方志资料。校博物馆专设文物室，收藏有敦煌文书、马家窑彩陶等丝绸之路珍贵文物数千件。丰富的藏书为"丝绸之路学"的教学提供了丰腴的沃壤。为了提升课程的现实性及社会实用价值，西北师范大学与各文化遗产收藏单位合作，商定炳灵寺石窟、敦煌莫高窟、麦积山石窟、南北石窟寺、天梯山石窟、榆林窟等众多石窟及甘肃省博物馆和众多市县博物馆为实习基地。近年来，西北师范大学连续五批共近 700 名学生去新疆教育支教。学生们在支教的同时，加深了对新疆及甘肃河西走廊地区丝绸之路路线的了解和认识。旅游学专业的同学更是学有所用，很多同学都取得了导游资格证。从恢复高考招生以来，历史专业的同学每年都要去西安进行考古实习，不少同学通过参加考古实习和新疆支教完成了对中国境内丝绸之路主要干道的全程考察。

二、"丝绸之路学"教学原则

虽然"丝绸之路"概念的提出已经过了百年，中国学者对丝绸之路相关内容的研究也有近百年的历史。但把"丝绸之路学"为一门独立的学科并进行课堂教学则是近三四十年的事。因此，"丝绸之路学"依然是一门新兴的学科。目前，国内"丝绸之路学"的教学和科研呈以下趋势：科研成果多，教学成果少；丝路成果多，丝路学成果少；专题成果多，通论成果少。因此，"丝绸之路学"教学中有一些内容的研究相当薄弱。按照教学的基本要求，课堂讲授尤其是通识性课程的课堂讲授内容必须概念明确、线索清楚、内容全面。基于这一认识，在教学过程中，我们始终坚持以下基本原则。

（一）突出课程的重要性

为了激发学生的学习兴趣，必须正确而又全面地认识"丝绸之路学"课程的重要性。丝绸之路的文化意义产生于历史的积淀，这种积淀又成为今日文化的重要组成部分。

1. "丝绸之路学"课程具有重要的文化意义

"丝绸之路学"课程讲授的内容是世界文明最重要的组成部分，对此，人们有很多的认识，其中日本学者长泽和俊的认识很有代表性。首先，丝绸之路作为贯通亚非大陆的动脉，是世界史发展的中心。欧亚大陆由蒙古、塔里木盆地、准噶尔、西藏、帕米尔、河中、阿富汗、伊朗、伊拉克、叙利亚、土耳其等地区构成。丝绸之路把这些地区连接起来，并使之相互依存地发展起来，起到了犹如人体动脉那样的作用。第二，丝绸之路是世界主要文化的母胎。尤其是在这条路的末端部分曾经产生了美索不达米亚文明、埃及文明、花剌子模文明、印度河文明、中国文明等许多古代文明。自古以来还出现了祆教、基督教、佛教、摩尼教、伊斯兰教等宗教。这些宗教向东西传播并给予各地的人类文化以极大影响。第三，丝绸之路是东西文明的桥梁。出现在丝绸之路各地的文化，依靠商队传播至东西各地，同时又吸收着各种不同的文化，促进了各地的文明。

2. "丝绸之路学"课程具有鲜明的社会价值

"丝绸之路学"课程讲授的内容与现实联系非常密切。众多的丝绸之路文物，既是中外交往的见证，也是世界各国人民智慧的结晶。如何更好地保护丝绸之路文化遗产、充分发挥其文化宣传和艺术感染作用，是"丝绸之路学"课必须思考和回答的问题。近三十年来，除历史学专业开设"丝绸之路学"相关课程外，西北师范大学还开设"文博专业"达十数年之久，文博专业的很多毕业生现已成为甘肃各地基层文博系统的管理及科研骨干。据不完全统计，河西走廊各地市约有三分之一的文博系统的工作人员都是西北师范大学的毕业生。自1982年以来，"丝绸之路学"及相关方向的不少硕士、博士毕业生已成为中国科学院、中国社会科学院、北京师范大学等高校及科研、出版部门的重要研究力量。旅游专业同学的毕业设计成为甘肃省众多地方旅游景点的规划蓝本，涉及景点面覆盖全省。专任教师及相关专业的教学科研人员也积极参加甘肃省丝绸之路文化遗产的保护、策略制定、申遗工程。

(二) 讲清概念的基本含义

1. "丝绸之路学"课程中的概念来源复杂

"丝绸之路学"课程概念繁杂，词语来源众多。除《中西交通史料汇编》、丝绸之路、丝绸之路学、丝绸之路路线、丝绸之路文化遗产等源于现代汉语外，还有大量的其他来源。如源自中国传统文献者有周穆王、张骞、玄奘、西域、安西四镇、外国道、西域道、大海道等人名地名类，西域都护府、西域长史、轮台诏、羁縻州等制度机构类，《穆天子传》《大唐西域记》《佛国记》《西域图记》等文献类。还有丝绸之路（Seidenstrassen——德文，silkroad——英文）、天房（bait-allāh——阿拉伯文）、阿姆河（oxus——古希腊语）、苜蓿（buksuk——古大宛语）、弥勒（Maitreya——梵文）等外来语概念，祁连、敦煌等少数民族语言概念。若翻检《中西交通史料汇编》每条资料后的注释及书末附录中冯承钧、张星烺两先生的评答，对"丝绸之路学"课程中概念来源复杂性的理解会更加深刻。

2. 概念的含义必须明确

为了便于讲解和记忆，重要概念的含义必须明确。而对一些基本的概念，不但要讲清现今通行的含义，还要讲明其原本的含义。如"丝绸之路"，《辞海》的解释是："古代横贯亚洲的交通道路，亦称丝路……约自公元前第二世纪以后约千余年间，大量的中国丝和丝织品皆经此路西运，故称丝绸之路"；《丝绸之路考古十五讲》的解释是："古代和中世纪从黄河流域和长江流域，经印度、中亚、西亚联接北非和欧洲，以丝绸贸易为主要媒介的文化交流之路。"但最早提出"丝绸之路"概念的李希霍芬的论述是："从公元前114年到公元127年间中国与河间地区（指中亚的阿姆河和锡尔河之间的地带）以及中国与印度之间以丝绸贸易为媒介的这条交通路线叫做Seidenstrassen。"公元前114年是西汉武帝元鼎三年，这年张骞去世，"西北国始通于汉矣"。127年是东汉顺帝永建二年，当年班勇击降焉耆，龟兹等17国服从，"乌孙、葱岭以西遂绝"。可见，李希霍芬对"丝绸之路"的界定明确，地域当在中国与河间以及中国与印度之间，时间在公元前114年至公元127年间，媒介是丝绸贸易。虽然前引两条解释更显合理和全面，但都是后来演化之说。现在有一些学者拿演化后的概念去苛求前人，大可不必。让学生明确这两种含义的时代性，才是课堂教学目的之所在。

（三）理清内容的基本线索

"丝绸之路学"课程内容基本上分为三大块，每一块的线索都是课堂讲授的基本内容。

1. "丝绸之路"路线的出现、开通及变迁

人们对"丝绸之路"路线的认识及概念的使用有一个逐渐放大即泛化的过程。依李希霍芬本意，丝绸之路开通是张骞出使西域的直接结果，张骞的作用在于成功地走通了这条古道。紧接着，德国东方学家赫尔曼在《中国与叙利亚间的古代丝绸之路》中将这条路线延伸至更遥远的叙利亚。经19世纪末20世纪初期国外汉学家及来中国西北的探险家的渲染，李希霍芬和赫尔曼的说法得以广泛传播。但今天的研究成果表明，丝绸之路形成史的基本线索是：在公元前4

世纪甚至更早，就已经有了中国与西方的贸易。丝绸之路的终点则延伸至罗马甚至更远，向东则到了日本奈良。路道也不仅仅一条，而是在主干线之外有了分支：草原之路、海上之路、唐蕃古道等。两汉及隋和唐前期，在强大王朝的威力震慑下，丝绸之路是畅通的。但在魏晋南北朝及唐后期，丝绸之路在很大程度上被阻隔，出现了一系列的支道。进而在 15 世纪后，海上交通逐渐取代了陆上交通。可以看出，今天人们对"丝绸之路"概念的认识除了沿袭李希霍芬所起的经典名称外，对其认识发生了重大变化。

2. "丝绸之路文化"的组成部分及其相互关系

丝绸之路文化内容丰富，各组成部分之间关系复杂。从纵的方面看，随着中原王朝及各民族势力的消长，各民族在丝绸之路的出现颇有点"你方唱罢我登台"的味道。每一个丝路民族都留下了自己的文化痕迹，并对周边及后起民族的文化产生影响。由此就出现了突厥文明、回鹘文明、吐火罗文明、希腊文明、吐鲁番文明、印度文明、大秦文明、波斯文明、贵霜文明等。从横的方面看，即中国丝绸、茶叶等物品及四大发明等技术的外传和中亚、西亚、南亚、北非等地文明的内传。由此在"丝绸之路"之外又有了香料之路、玉石之路、白银之路、珠宝之路、琉璃之路等名称。由于"丝绸之路文化"是围绕丝绸之路而展开研究的各个专题，牵涉面非常广泛，并涉及敦煌学、简牍学、蒙古学、西夏学、藏学、中亚学、汉学等众多学科。因此，"丝绸之路文化"不归属任何一门单一学科，而是一个学科群。基于这一学科特点，在"丝绸之路学"的众多成果中难见通览性的研究成果亦属必然。

3. "丝绸之路学史" 的出现及内容演变

"丝绸之路学"概念何时出现，目前难以确定。笔者初步查阅得知，20世纪80年代初期，"丝绸之路学"或"丝路学"这一概念已经在国内学术界大面积使用。但是，直至80年代末期，以"丝绸之路学"为题的论文少之又少。《丝绸之路文献叙录》收集20世纪初期至1986年近九十年间国内学者的764篇论文，但没有一篇以"丝绸之路学"或"丝路学"为题。直到1997年，西北师范大学《丝绸之路》杂志刊登侯灿、李正宇、齐陈骏等撰写的三篇讨论"丝绸之路学"的专文，"丝绸之路学理论建构学术研讨会"也于同年召开，意味着中国学术界对"丝绸之路学"的正式认可。"丝绸之路学史"当与"丝绸之路"概念同时诞生，至今已有一百多年的历史。时至新世纪初至，学术界"百年回顾"潮骤起，与"丝绸之路学"密切相关的有《西域史研究的回顾与展望》《丝绸之路研究百年历史回顾》、敦煌学百年回顾、中西交通史百年回顾等。这些回顾文章既是"丝绸之路学史"的重要组成部分，又对"丝绸之路学史"基本线索的总结提供了良好的素材。

三、"丝绸之路学"的教学方法

（一）重视科研与实地考察

西北师范大学"丝绸之路学"课程与相关学科密切配合，重视编写教材和整理文献，出版的相关教材与科研成果众多。20世纪六七十年代，就有《汉简臆谈及其它》《帕米尔资料汇编》等。近三十年来，直接以"丝绸之路"命名的科研成果就有《丝绸路上》《丝绸之路文化大辞典》《丝绸之路西段历史研究》《丝绸之路诗选注》

《丝绸之路陇山以东考察研究》《丝绸之路河西段研究》《西北丝绸之路旅游区域合作开发创新研究——基于丝绸之路申遗的视觉分析》《丝绸之路文化遗产（甘肃段）的内涵和价值评估体系研究》《继续推进西部大开发战略对策研究——建设丝绸之路世界遗产、加速西北文化旅游业健康发展》《丝绸之路区域旅游发展与创新研究》《甘肃丝绸之路旅游研究》《西北地区丝绸之路旅游产业区域合作、联动开发创新研究》《甘肃增列世界遗产规划研究》等。这些成果包括教材、工具书、科研项目、文化普及读物。

丝绸之路实地考察是"丝绸之路学"课程的重要组成部分。比较而言，在丝绸之路沿线，甘肃地处黄金要道，甘肃学者在专题研究、实地考察、文献查阅等方面有区位上的优势。与海上丝绸之路相比，陆上丝绸之路由于起迄点固定明确、路线走向清晰单一、文化遗存丰富多样，所经国家民族众多，因能充分全面体现丝绸之路在传播世界文明中的重大作用而受到沿线各国及联合国相关组织的重视。中国境内甘肃段由于大漠绿洲风光奇异、民族宗教风情独特、文化遗存内涵丰富，成为众多丝绸之路考察活动的首选路线。西北师范大学历史学专业的本科生每年去西安考古实习，西北史、敦煌学、简牍学、历史地理学、中国社会史、魏晋南北朝隋唐史、丝绸之路文化与旅游开发、文物与博物馆学等方向的研究生必须去河西走廊实地考察。考察活动不仅增长了见识、开阔了视野，也有助于对课堂教学内容的理解，很受学生欢迎。

（二）重视新材料的运用和学科建设

"丝绸之路"概念问世一百多年的历史，也是中国西北文献不断涌现的百年。西北师范大学对丝绸之路文献的整理和研究非常重视，敦煌学研究所、古籍整理研究所的教学研究成果在国内具有明显优势。进入新世纪，世界文化遗产研究中心、省部共建丝绸之路与西北史地研究中心、甘肃省人文社科重点研究基地西北边疆史地研究中心、简牍学研究所等专门机构相继成立，进一步集中和加大了对出土新资料的研究力量，将出土文物、简牍、文书的研究新成果运用于教学之中，使"丝绸之路学"课堂教学内容更为具体和生动。西北师范大学"丝绸之路学"学科的建设也很有成就，有国家级精品课程"敦煌学"、中国古代史国家级教学团队、历史学一级学科博士和硕士学位授予权、历史学博士后流动站，历史学省级一级重点学科。开设有西北地区唯一的文化遗产（本科）专业，并在全国首批获得文物与博物馆学专业硕士学位授予权。西北师范大学还主办集研究、宣传、教学于一体的专业杂志《丝绸之路》。

（三）重视思想性和国际学术交流

"丝绸之路"概念由德国学者提出，"丝绸之路"考古热及"丝绸之路学"的兴起与国家的前途和民族的命运紧密相连。因此，"丝绸之路学"课程中思想性和国际性非常鲜明。19 世纪晚期开始的丝绸之路考古活动，绝大多数都是外国势力对中国西北文物的不法盗掘。尽管他们在研究、保护文物方面的贡献值得肯定，但其盗掘文物的性质永远不能改变。这是"丝绸之路学"等学科教学中不能忽视的重大问题。

重视和积极参与国际学术交流，是"丝绸之路学"学科建设的客观需求，也是推动学科发展的有效动力。从 20 世纪 90 年代以来，以丝绸之路文书整理和研究为中心，西北师范大学与俄罗斯、中亚五国及日本等国就有学者间的互访及学术交流。进入新世纪，西北师范大学新增本科及研究生层次的对外汉语教育专业。在国家汉办领导下，西北师范大学在中亚、非洲、东欧一些国家开办孔子学院，派出教师任教。文史学院与德国勃兰登堡理工大学世界文化遗产系签订互派留学生、互派教师访问交流及共同从事非物质文化遗产国际项目等合作意向书。

"丝绸之路"横贯欧亚，为世界文明的发展做出重要贡献。丝绸之路文物散居世界各地，"丝绸之路学"为各国关注。目前，将"丝绸之路"整体申请加入世界文化遗产名单已成为沿线各国的共识。这一举措是"丝绸之路"社会价值的最好体现，也将成为推动"丝绸之路学"课程发展的强大动力。由于学科的世界性和课程设置的地域性，西北师范大学位于丝绸之路重镇兰州，开设"丝绸之路学"课程当立足西北，面向世界。我们相信，随着世界文化交流的日趋频繁，在国内外学界的关怀及国家教育政策的正确引导下，西北师范大学"丝绸之路学"课程将更加受到学生及社会的欢迎和重视。

以西北区域史教学为突破口
推动历史学特色专业建设①
——西北师范大学历史学本科教学改革的实践

特色专业建设是实施国家高等学校本科教学质量与教学改革工程的重要内容之一。将通史与区域史教学相结合的教学改革和实践，是历史学特色专业建设的一条重要路径。在历史学本科教学中，如何在强调通史教学重要性的基础上凸显区域史教学的内容，是历史学特色专业建设中面临的重要问题。区域史教学的重要性体现在哪里？如何将通史教学和区域史教学有机结合？通史教学和区域史教学中课程体系如何设置？现有的师资队伍如何朝通史与区域史教学相结合的方向优化组合？如何开发既有通史内容又有区域史特色的系列教材？学生社会实践与专业实习中如何体现通史与区域史教学相结合的特色？等等。这些均是摆在我们面前需要进一步思考和解决的问题。西北师范大学历史学依托历史学国家特色专业、中国古代史国家级教学团队、"敦煌学"国家精品课程，积极从事教学改革

---

① 本文由田澍、何玉红合作，原文发表在《历史教学》2012 年第 8 期。

与实践，根据地域特色和传统优势，走出一条以西北区域史教学为突破口，推动历史学特色专业建设的新路径，形成了特色鲜明的办学模式，对今后进一步推进历史学本科教学改革具有重要意义。

一、突出西北区域史的课程设置与教学特点

历史学是西北师大的传统优势学科。在多年的学科发展中，我们一直强调科研和教学并重以及科研和教学的协调发展。百余年来，西北师大的史学工作者充分利用便利的地域优势，将中国通史、世界通史与西北区域史研究有机地结合起来，主动适应地方文化建设的需要，在西北边疆史地、西北民族史、敦煌学、简牍学、丝绸之路文明史等方面进行了持续不断的研究，取得了一系列重要成果，在学术界产生了重要的影响。

将西北史的研究成果运用到本科教学活动之中，是西北师大历史学人才培养的优良传统，形成了鲜明的特色。在本科生教学中，我们始终坚持中国通史和世界通史教学作为本专业教学的核心内容，与此同时，将通史与西北区域史教学紧密结合，开设与西北区域历史文化紧密相关的课程。在中国通史与西北区域史教学相结合方面，开设有"敦煌学""简牍学""西北文化史""西北经济史"等。通过这些课程，使学生在拥有扎实的中国通史知识基础上，对西北历史有较深入的掌握和全面的了解；在世界通史与西北区域史的结合中，侧重于丝路文明史、中亚史等方面的教学，使学生将世界通史的掌握与西北区域史的学习较好地结合起来。

立足西北区域特色，大力开发具有鲜明地域特色的课程，是西北师大历史学特色专业建设的切入点。在课程设置方面，坚持通史

课程与西北区域史课程的有机结合，自 2000 年以来，通过多期教改工程，持续强化历史学特色专业建设，进一步凸显西北师大历史学的课程特色。在强化"中国古代史""中国历史要籍介绍及选读""中国近代史""中国现代史""中国当代史""世界古代史""世界近代史""世界现代史""世界当代史"等通史主要课程的同时，加强专业限选课和任选课建设，优化必修课和选修课的设置，将"敦煌学""简牍学""丝路文明史"列入必修课，将"西北边疆历史地理概论""西北经济史""西北边疆考古概论"列入选修课。同时淘汰"甘肃经济史""甘肃史"等课程。其中"敦煌学""简牍学""丝路文明史"是最具西北区域文化特色的课程。"敦煌学"立足于甘肃敦煌文物大省这一资源优势，作为历史专业本科生的必修课和骨干课，既是一门颇富特色、具有地缘优势的重要的专业知识课，又是从事爱国主义教育、有效提高学生人文素养的生动的思想教育课。现该课程已经建设成为深受学生欢迎的足以代表西北师大历史学特色和优势的国家精品品牌课程。甘肃是简牍的故乡，开设"简牍学"既宣传甘肃简牍文化遗产，又培养本科生基础的简牍学专业知识。甘肃地处丝绸之路黄金地段，境内丝绸之路文化遗产丰富，"丝路文明史"课程的开设，就是在向本科生传授丝绸之路的历史知识，传播丝绸之路的优秀文化，培养学生的全球意识等。

在具体教学中，我们强调教师在进行通史教学的同时，还必须进行西北区域史的教学。教学团队是特色专业建设的根本保障，只有把科研成果转化成教学内容，并不断更新教学内容，才能确保特色专业建设的良性发展。一方面，我们要求教师从事中国通史和世界通史的基础教学，每位教师至少要讲好一门中国通史课或世界史课程；另一方面，要求教师必须从事西北区域史相关课程的教学，每位教师要讲好一门西北区域史课程，从而形成一课两人或多人承担，改变了因人设课或一人一课的局面，以确保教学秩序的稳定运行。

二、编写填补空白的西北区域史教材

高等学校本科教学质量与教学改革工程领导小组办公室《关于加强"质量工程"本科特色专业建设的指导性意见》指出："教材建设要反映教学内容改革的成果，积极推进教材、教学参考资料和教学课件三位一体的立体化教材建设，选用高质量教材，编写新教材。"① 为了体现西北师大历史学特色专业的特点，我们在教材建设中，并没有像一些高校那样重复编写教材，而是定位于填补空白的教材建设，开发新教材，走出一条特色教材建设之路，我们先后编写的特色教材有《敦煌学教程》②、《史学论文写作教程》③、《历史学本科专业学习指南》④、《甘宁青考古八讲》⑤、《西北边疆历史地理概论》⑥、《简牍学教程》⑦、《西北边疆考古教程》⑧ 等。其中《敦煌学教程》为国家精品课教材建设的重要成果，内容主要围绕敦煌学的基本概念和研究领域；国内外敦煌学主要研究动态；敦煌学在中国

---

① 高等学校本科教学质量与教学改革工程领导小组办公室：《关于加强"质量工程"本科特色专业建设的指导性意见》，2008 年 10 月 7 日。

② 李并成：《敦煌学教程》，商务印书馆 2007 年版。

③ 田澍：《史学论文写作教程》，甘肃人民出版社 2011 年版。

④ 田澍：《历史学本科专业学习指南》，甘肃人民出版社 2011 年版。

⑤ 李怀顺：《甘宁青考古八讲》，甘肃人民出版社 2002 年版。

⑥ 侯丕勋、刘再聪：《西北边疆历史地理概论》，甘肃人民出版社 2007 年版。

⑦ 李宝通：《简牍学教程》，甘肃人民出版社 2011 年版。

⑧ 李怀顺：《西北边疆考古教程》，甘肃人民出版社 2011 年版。

文化史上的地位；敦煌历史及敦煌与丝绸之路的关系；敦煌文物的发现、流散、收藏和有关追讨、回归等问题；敦煌学与隋唐五代政治、经济、法律、社会研究；敦煌学与民族史和古代民俗研究；敦煌学与中国古代教育、科技研究；敦煌学与中国古典文学、语言学研究；敦煌学与佛教、道教等宗教研究；敦煌文学；敦煌艺术；等等。《简牍学教程》对简牍及简牍学、我国简牍的出土历史、简牍文字流变、简牍中的政治法律、简牍中的经济文书、简牍中的军事活动、简牍中的民族关系、简牍中的典籍与思想文化、简牍反映的古代社会生活等各方面作了较为明晰之阐述，并附简牍图版多幅，图文并茂。本教程的编撰，将有助于促进本校简牍学的教学，并希望带动国内高校相关课程的建设与发展。《甘宁青考古八讲》分别为甘宁青发现旧石器时代遗存、新石器时代遗存、商周遗存、秦汉遗存、三国两晋南北朝遗存、隋唐遗存、宋元明遗存等，系统阐述了每个时期的文化遗存分布、发掘状况、文化类型、文化内涵、研究现状，理论贯穿于材料之中。《西北边疆考古教程》主要论述西北边疆地区百年来考古发现和研究状况。西北边疆考古涉及的地理范围，主要是按照今天的行政区划划分，包括陕西北部、甘肃、宁夏、青海、新疆和内蒙古西部，教程在内容安排上分石器时代、青铜时代、铁器时代三个部分。在各章节，分别叙述了考古发现和发掘情况，特别是对一些重要发现作重点介绍，对于不同观点和学术争论也加以梳理；教程配备插图，以便于直观地掌握遗址和遗物。

目前，我们正在编撰的西北区域史教材还有《丝路文明史教程》《西北历史文化遗产教程》《简牍学文献导读》《敦煌学文献导读》等。

西北师大历史学特色教材建设取得了显著成绩，除《史学论文写作教程》《历史学本科专业学习指南》弥补基础课教材建设的不足之外，《敦煌学教程》《简牍学教程》《西北边疆考古教程》《甘宁青考古八讲》等均为首次编撰，具有鲜明的地域特色。

三、高度重视西北区域史的教学研究

国家高等学校本科特色专业建设要求"将优质教学与研究资源用于本科教学，鼓励教师根据教育目标积极开展有针对性的教学研究"①。通过教学研究推动教学改革，一直是西北师大历史学本科教学改革的重要内容。《当代教育与文化》2011 年第 2 期刊发西北师大历史学本科系列教学研究论文四篇：《通史与区域史教学相结合，推动历史学特色专业建设》《特色课程需要不断精心打造——以国家级精品课课程西北师范大学"敦煌学课程建设为例"》《特色课程需要强化特色——简牍学课程建设刍议》《特色课程需要推陈出新——关于开设中国北方民族史课程的思考》。《通史与区域史教学相结合，推动历史学特色专业建设》总体论述通史与西北区域史相结合的理论意义、教学方法、实践价值等重大问题。敦煌学是国际显学，在西北师大开设"敦煌学"课程具有较长的历史，积累了丰富的经验。如何在已有国家精品课的基础上进一步开好"敦煌学"，努力扩大课程受益面，《特色课程需要不断精心打造——以国家级精品课课程西北师范大学"敦煌学课程建设为例"》从完善课程体系、加强师资

---

① 高等学校本科教学质量与教学改革工程领导小组办公室：《关于加强"质量工程"本科特色专业建设的指导性意见》，2008 年 10 月 7 日。

队伍建设、树立精品意识等方面提出，要把"敦煌学"课程建设成
为既有深厚的学术积淀、先进的教学理念和教学方法，又有西部特
色的国家精品课程。西北师大对简牍学的研究起步较早，且在学界
有较大影响。目前，简牍学研究已开始进入黄金阶段，开设"简牍
学"课程，既是通史教学的深化，也是充分利用西北地域历史文化
资源以扩大学生知识面的重要途径。《特色课程需要强化特色——简
牍学课程建设刍议》中就简牍的出土、简牍的内容及价值、简牍学
课程大纲设计及教学经验等问题进行了论述。我国西北地区自古就
是多民族聚居之地，民族关系是西北地区古史的中心内容，也是影
响当今西北社会和经济发展的重要因素。西北民族史内容丰富，既
是中国历史的重要组成部分，也与现实紧密交织在一起。《特色课程
需要推陈出新——关于开设北方民族史课程的思考》就开设北方民
族史课程的必要性和重要性，以及课程内容设置等展开讨论，进而
提出必须予以重视和加强民族史教学，帮助学生树立正确的历史观
和民族观。

　　《西北成人教育学院学报》2011 年第 3 期刊发西北师大历史学本
科系列教学研究论文三篇：《居丝绸之路古道　开"丝绸之路学"课
程——关于西北师范大学开设"丝绸之路学"课程的几点认识》
《〈西北边疆考古通论〉课程建设初探》《西北历史地理的课程建设
与教学》。西北师大位居丝绸之路重镇兰州，较早开设了"丝绸之路
文明史"的课程，特色鲜明。《居丝绸之路古道　开"丝绸之路学"
课程——关于西北师范大学开设"丝绸之路学"课程的几点认识》
认为，在具体教学环节中，应重视课堂教学和实地考察的结合、重
视新材料的运用和学科建设、重视思想性和国际学术交流，以此推

动"丝绸之路学"课程建设。西北边疆地区的历史文化遗存丰富，在我国考古学界具有重要地位，《〈西北边疆考古通论〉教学初探》认为，开设"西北边疆考古通论"课程，对有效保护和开发利用西北边疆地区历史文化遗产具有重要的学术价值和实践意义；在教学中要注重引导学生尊重客观的考古资料进行历史学习，要结合适当的课外考古实习，注重学生综合素质提高和实践能力的养成。中国西北历史地理的研究与教学，西北师大起步较早，且薪火相传，形成了鲜明的研究特色。《西北历史地理的课程建设与教学》就如何将西北历史地理研究与教学相结合，推动"西北历史地理"课程建设展开了具有建设性的讨论。

以上教学研究成果，足以说明西北师大历史学教学团队对本科教学研究的高度重视，同时也反映了长期以来西北师大对西北区域史研究和教学高度结合所取得的显著成绩。

四、强化通史与西北区域史相结合的学生实践

发挥学生的主体地位，增强学生的社会实践能力，是本科教学改革的重要目的。高等学校本科教学质量与教学改革工程领导小组办公室《关于加强"质量工程"本科特色专业建设的指导性意见》指出："积极开展实习实训和社会实践活动，有效利用生产实习、社会实践、科研训练、毕业实习、毕业设计（论文）等各种形式，探索产学研结合的办学模式。"根据西北师大历史学学科特色，我们十分重视学生的学习实践，包括开设"史学论文写作"课程；要求三年级撰写学年论文，优秀论文必须答辩，答辩后获优秀成绩者，在推免研究生专业成绩计算时加权计入；四年级撰写毕业论文，全部

参加答辩；编辑学生学术刊物《文史管窥》等。《史学论文写作》课程从史学论文的选题入手，按照论文的构成要素，对论文的标题、摘要、关键词、引言、正文、结语进行详细的讲述，就如何写作规范的论文进行了有针对性的讲解，并从丰富、翔实的案例来具体说明"如何写"，所讲的方法大都是从这些案例中推导出来的，清晰明白，易于学生理解和接受。西北师大文史学院青年文史学社创建于1986 年，社团在教师指导下以"营造学术氛围，展现学子风采"为宗旨，社刊《文史管窥》在发展过程中受到广大师生的好评，为本科生提供了一个展现自我学术水平的平台和学术交流的机会。

指导意见指出，要"拓宽实践教学渠道，积极与社会、行业以及企事业单位共建实习实训教学基地，推进学生赴企业与联合实验室参与前沿研发项目与毕业设计（论文），增加大学生接触社会的机会。"① 我们的做法是，注重学生实践中的通史与西北区域史的结合，包括赴西安、敦煌、炳灵寺等地进行考古实习和历史文化遗产考察；在甘肃省历史博物馆、甘肃省文物考古研究所等单位建立实习基地，组织学生在甘肃省博物馆、西北师大博物馆担任讲解员等；开展甘肃文化遗产现状、西路军口述史调查等。我们组织本科生开展"甘肃省历史文化遗产保护现状调查"的社会实践，撰写了 20 余篇高质量的调查报告，如《炳灵寺石窟保护状况调查报告》《甘肃庆阳北石窟寺保护现状调查》《陇东窑洞文化保护状况调查报告》《莫高窟保护状况调查报告》《秦安大地湾遗址保护现状》《永登鲁土司衙门保

---

① 高等学校本科教学质量与教学改革工程领导小组办公室：《关于加强"质量工程"本科特色专业建设的指导性意见》，2008 年 10 月 7 日。

护状况调查报告》《庄浪县云崖寺石窟及陈家洞石窟保护状况调查报告》《永靖傩舞戏调查报告》等。我们 2009、2010、2011 年连续三年组织本科生开展"寻访西路军足迹，弘扬革命者精神——西路军口述史社会调查"的社会实践活动，组织学生利用假期前往河西走廊参访西路军红军战士及其相关人士，搜集珍贵的有关西路军的文字资料、实物资料和口述资料，学习西路军战士"顾全大局、服从命令；生命不息，战斗不止；团结一致，同仇敌忾；顽强不屈，忍辱负重"的精神。组织学生开展"寻根历史遗迹，再访红色故土——庆阳红色文化口述史调查"暑期社会实践活动，指导学生利用假期参访庆阳老区老红军、老战士，搜集整理大量革命文献资料。

课堂教学是传授基础知识的重要渠道，社会调查和实践是提高学生综合素质的关键。西北师大历史学教学改革在学生实践方面的特点是既注重课堂教学，又注重实践探索。通过课堂教学和实践活动，使学生动手能力大大增强；论文写作从选题到写作更加符合学术规范，论文质量大大提高，优秀比例从 5 年前的 10%提高到 25%；学生教学能力大大提高，得到用人单位的好评；学生每年积极参与社会实践和社会调查活动，撰写了大量有价值的调查报告。

综上所述，我们认为高校历史学特色专业建设应当不断在"特色"二字上下功夫，在"特色"二字上找出路。就西北师大历史学特色专业建设的经验来看，将通史与西北区域史相结合的教学改革无疑是一条重要路径。我们立足于西北地域特色文化，通过不断优化地域特色课程设置体系，不断开发西北区域特色教材，加强区域史教学方面的研究，推进与地域历史文化资源相结合的学生社会实践活动，以此凸显西北师大历史学特色专业的优势，将之建设成西北区域史教学与研究的重要基地。这可为全国历史学特色专业建设提供重要的经验。

责任编辑：詹　夺　邵永忠
封面设计：胡欣欣

图书在版编目（CIP）数据

明代河西走廊与丝绸之路研究/田澍 著. —北京：人民出版社，2024.6
ISBN 978-7-01-026252-9

Ⅰ.①明…　Ⅱ.①田…　Ⅲ.①河西走廊–研究–明代②丝绸之路–研究–
明代　Ⅳ.①K924.2②K928.6

中国国家版本馆 CIP 数据核字（2023）第 254913 号

明代河西走廊与丝绸之路研究
MINGDAI HEXIZOULANG YU SICHOUZHILU YANJIU

田　澍　著

人民出版社 出版发行
（100706　北京市东城区隆福寺街 99 号）

北京中科印刷有限公司印刷　新华书店经销

2024 年 6 月第 1 版　2024 年 6 月北京第 1 次印刷
开本：710 毫米×1000 毫米 1/16　印张：19.25　字数：300 千字

ISBN 978-7-01-026252-9　定价：90.00 元

邮购地址 100706　北京市东城区隆福寺街 99 号
人民东方图书销售中心　电话（010）65250042　65289539